JN033515

現代アメリカ経済論

新しい独占のひろがり

大橋 陽
Akira Ohashi

中本 悟
Satoru Nakamoto

【編】

日本評論社

は し が き

　本書『現代アメリカ経済論——新しい独占のひろがり』は、現代アメリカ経済の重大な特質を「独占」と捉え、それを1つの視角としてさまざまな分野、領域に迫った共同研究である。

　編者はすでに大橋陽・中本悟編著『ウォール・ストリート支配の政治経済学』（文眞堂、2020年）において、ウォール・ストリート、とりわけJPモルガン・チェースやシティグループなど、巨大複合金融機関がその巨大な経済力を金融権力に転化し、一方で政治的影響力を強め、他方で所得・資産拡大、メイン・ストリートたる中間層崩壊をもたらしていることを究明した。金融権力が政治権力に浸透しているという問題提起はアメリカ経済に関する政治経済研究に一石を投じ、多くの書評によって反響を得た。

　それに対し本書では、金融セクターからアメリカ経済の幅広い産業や領域に分析対象を拡大し、経済力が制度、政治、政策に及ぼす力、経済力と政治権力との相互作用とその帰結について実証的に明らかにすることを目的としている。

　経済学の標準的テキストでは、独占は、一企業による市場の完全な支配を指すが、現実世界においてみられる類のものではない。それは理論の中で寡占、独占的競争として定式化されているものの、厳密な議論によってかえって重要な諸要素を逃してしまっている感がある。それでもジョセフ・E・スティグリッツのようにレント（超過利潤）の概念を中心に、経済力の問題について論じている主流派経済学者もいる。

　前述のウォール・ストリートに限らず、現代アメリカ経済では、1970年代

を境に、グローバリゼーション、デジタル経済化、サービス経済化といった表現に象徴される潮流の中で、企業の経済力が増してきている。その経済力が政治権力となって、ずいぶんと企業に有利な政治経済システムが構築されてきた。これが「新自由主義」とラベリングされる時代にほかならないが、政治経済学の立場からそうした力を備えた企業を新たな「独占」と捉え、それに接近したのが本書である。

　本書は序章と3つの部に配された13の章で構成されている。

　まず序章（中本悟）では、独占企業の行動とその影響を論じたうえで、政治権力との緊密な関係に論及する。実際の独占とは、市場における取引関係だけでなく、政治経済学的分析が不可欠な存在なのである。

　次いで第Ⅰ部「現代アメリカ経済における新たな独占」では、ビッグ・テック（森原康仁）、金融（大橋陽）、農業・食品加工業（名和洋人）、軍需産業（藤田怜史）、小売業（浅野敬一）の各セクターを事例にし、「独占」の態様を解明した。各論者の観点は、新たな「独占」が各セクターで浮上していることを共通して見出した一方、プラットフォーム、株式所有、垂直統合、買い手独占、軍備のエートス、巨大化、反トラスト法の法解釈など、それぞれの領域に独自な分析視角やキー概念から問題接近を図る必要性を示唆している。

　第Ⅱ部「独占のグローバル・リーチの新展開」では、アメリカ多国籍企業が構築するグローバル・バリューチェーン（田村太一）、ドル体制によるアメリカの金融覇権（増田正人）、産業界の要請に応える低スキルと高スキルの移民（下斗米秀之）といったテーマが扱われた。これらの章では、アメリカ企業、アメリカ産業界が利潤追求のために世界経済とどのように関わっているのか、自国と海外の政治経済をいかに変革、再編してきたのかが論じられている。ただし、グローバル経済の中のアメリカは、多国籍企業や金融覇権においては依然として強みを誇るが、財貿易やグローバル人材獲得競争においては経済発展の顕著な中国、インドにより掣肘を加えられている。

　第Ⅲ部「独占と経済・規制政策論」では、「独占」がいかに経済政策、規制政策に影響を及ぼしているのかについて、各論として詳細な分析が試みられている。具体的には、インフレーション論争（本田浩邦）、消費者信用（大橋陽）、反トラスト政策（安岡邦浩）、巨大プラットフォーマー（森原康

仁）に関する経済政策論または規制政策論が対象となっている。

　ここで、いま一つ、別の角度から本書の成立について触れておきたい。それは、本書がアメリカ経済研究会を中心とした研究者ネットワークによる共同研究の成果であることにほかならない。アメリカ経済研究会は、一橋大学経済研究所の佐藤定幸教授を中心に1985年に発足した研究会である。当時からの主要メンバーが執筆した平井規之・萩原伸次郎・中本悟・増田正人著『概説アメリカ経済』（有斐閣選書、1994年）は、産業と企業、金融、財政、国民生活、国際関係を柱として、アメリカ経済の発展を、国際的契機を重視し、世界経済との関連の中で捉えた著作であった。そういった意味で同研究会のアメリカ経済研究のスタイルを強く表明した他に類を見ない業績であり、アメリカ経済論ならびに現代資本主義論の概説書にとどまらず、今日でも参照すべきスタンダードな書となっている。

　また、一橋大学経済研究所の平井規之教授は、一般教書、予算教書と並んで三大教書の一つとされる大統領経済報告の監訳者を務めて『米国経済白書』として出版し、大学院ゼミ生を中心とする翻訳チームを率いてきた。後にその役割は横浜国立大学経済学部の萩原伸次郎教授が引き継ぎ、その出版事業は今日までアメリカ経済研究において大きな役割を果たしている。そして『米国経済白書』が出版されると、アメリカ経済研究会でその報告が行われるのが慣例であり、時の政権の経済政策、もっと広くアメリカの政治経済、社会経済について活発な議論が行われている。

　さて、本書は、このアメリカ経済研究会の会員が中心となって執筆し、日本評論社から出版された3冊目の書籍である。いずれもアメリカ経済論の書籍ではあるが、データのアップデートや単なる改訂ではなく、執筆時の政策論争や学術的に大きな問いと格闘した独立した研究書である。

　1冊目は、萩原伸次郎・中本悟編『現代アメリカ経済——アメリカン・グローバリゼーションの構造』（日本評論社、2005年）である。同書は、1970年代、1980年代のアメリカ経済の「衰退」から1990年代の「ニュー・エコノミー」への転換を共通の問題意識として執筆されたものであった。そして、総著者10名のうち半数の5名がアメリカ経済研究会会員、もう半数の5名が2001年に逝去された平井教授のゼミ出身の中堅・若手研究者——もちろんア

メリカ経済研究会会員——であり、そういった意味でも平井教授に捧げられた一書であった。

　2冊目は、中本悟・宮﨑礼二編『現代アメリカ経済分析——理念・歴史・政策』（日本評論社、2013年）である。同書は、1990年代後半のITバブル、2000年代に入ってからの住宅市場バブル、2008年金融危機後における連邦準備制度理事会（FRB）の超金融緩和という「バブル・リレー」によるアメリカの経済成長のあり方を、ニューディール期に形成され1970年代まで続いた「戦後経済繁栄」の経済レジームからの転換として捉えた。その転換を建国以来の理念や歴史、政策論まで深く分け入って分析したことが、そのサブタイトルに表れている。そして同書は、2013年3月をもって横浜国立大学を定年退職された萩原伸次郎教授に捧げられたものである。

　本書が3冊目に当たるが、その編者の1人である中本悟教授は、2021年3月に立命館大学を定年退職された。中本教授は定年退職後も中本悟・松村博行編著『米中経済摩擦の政治経済学——大国間の対立と国際秩序』（晃洋書房、2022年）を出版するなど、その旺盛な研究意欲は翳りをみせるどころかますます盛んになる一途である。アメリカ経済研究会で初めて筆者が中本教授にお目にかかってから30年近く経つが、当時から大学院生や若手研究者の面倒見がよく、直弟子ではない筆者らにも多くの研究機会を設けてくださった。中本教授のご尽力がなければ、日本評論社から出版された3冊の研究書のいずれも形になりえなかった。今後の一層の活躍と健康を祈念し、本書を中本悟教授に捧げることは執筆者一同の願いである。

　本書ではまた、アメリカ経済研究会の会員だけでなく、アメリカ経済史学会の会員にも執筆陣に加わっていただいた。両者はもちろん排他的ではなく、両方に属している会員も筆者を含めて多い。それは「現代」の意味が時を経るにつれて変わってきたことが一因である。アメリカ経済史学会会員も18世紀、19世紀を研究対象とする研究者よりも、20世紀を対象とする研究者の方が多くなった。しかも20世紀初頭やニューディール期だけでなく、20世紀後半も「現在」からみると「歴史」の領域に入っている。そうした事情もあり、共同研究の幅が広がったのが本書のさらなる特徴である。

　最後になったが、本書の企画段階から編集、出版に至るまで、日本評論社

の小西ふき子氏には大変お世話になった。また、岩元恵美氏には編集の労を取っていただいた。お二人には深く感謝したい。

　筆者は、大学院修士課程に入学した当時、刊行されてまもなくの平井規之ほか著『概説アメリカ経済』をなんとか理解しようと読み耽ったものであった。それと同様に、アメリカ経済論という分野における学問的営為を次世代につなぐ役割を本書が担えたとすれば、編者として、ひいては研究者としてこれ以上の喜びはない。

　2023年5月

編者の一人として

大橋　陽

目　次

第Ⅰ部　現代アメリカ経済における新たな独占

序章 独占化の強まりと政治権力

中本 悟 *Satoru Nakamoto*

はじめに

　ここ40年ほどの間にアメリカのほとんどの産業部門では市場集中が進んだ。その結果、経済力の集中と独占化（本書では、「独占」は「寡占」とほぼ同義で用いる）の傾向がさらに強まった[1]。独占とは、独占企業間の共謀（collusion）とそれ以外の企業に対する排除（exclusion）が一体となった企業間関係である。共謀は売り手独占においては、販売価格を競争市場価格よりも高く設定したり、生産量の調整、さらには販売市場を分割する場合もある（日本でもカルテルや談合は常にどこでもある）。一方、買い手独占においては、買い手企業が競争市場価格よりも低い価格で財・サービスや労働力を購入したり、有利な条件で購入を行ったりする。共謀はカルテルや談合という当事者間では明示的な形をとることもあれば、価格吊り上げにあたって市場支配力のあるプライス・リーダー（price leader）企業がまず価格を引き上げ、ほかの企業がこれに追随するという暗黙の共謀もある。

1）本書でいう独占とは、企業間関係が自由競争という関係ではなく、少数の市場支配力をもつ企業同士がさまざまな方法で共謀・協調行動をとる一方で、それ以外の企業に対しては排除・支配行動をとるような関係（独占原理）をいう。そしてこの独占原理を担う企業が独占企業である。独占は先進国では19世紀末から20世紀初頭にかけて、企業の規模拡大と企業の合併・買収（企業集中）を通じて形成された。企業の合併・買収ブームは不況時ではなく好況時に生じてきたところにアメリカの特徴がある。

本章では、第1に、現段階におけるアメリカの独占化の特徴を捉えたうえで、独占化を強めた反トラスト法（anti-trust law. アメリカ版の独占禁止法）とその執行行政の変化を省察する。第2に、売り手独占と買い手独占の双方における独占企業の行動を分析する。売り手独占は販売価格の吊り上げ（オーバーチャージ）、買い手独占は購入価格の切り下げを可能にする。本章ではオーバーチャージと労働市場における買い手独占、すなわち独占企業による労働市場支配の実態を探る[2]。売り手独占と買い手独占から得られる独占利潤は、独占レント（競争市場で得られる利潤を超える超過利潤）と呼ばれる。第3に、この独占レントの形成の構造を検討する。そのうえで、レントを求める独占企業の政治権力へのアプローチについて論じる。

Ⅰ　グローバル競争とアメリカ産業の独占

1　企業集中と市場支配力の強まり

　現代アメリカの多くの産業部門において、少数企業が高い市場占有率をもつ市場集中が進んでいる（表0-1）。米国商務省によるこのデータでは企業名はわからないが、民間機関による別の調査は個別企業名と市場集中度を明らかにしている。これによれば、業種によっては上位の2社、3社の市場占有率が80％から90％、なかには洗濯機・乾燥機製造のように上位3社で100％を占める業種もある（表0-2）。高い市場占有率を占めるだけあって、日常生活でお馴染みの企業名が並ぶ。

　現代アメリカ産業の市場集中の第1の特徴は、グローバル規模の企業の合併・買収（企業集中）の結果として市場集中が進んでいることである。たとえば、ビール業界のトップのアンハイザー・ブッシュ・インベブ（通称ABインベブ）は、2008年にベルギーに本拠を置く世界最大のビールメーカーのインベブがアメリカでバドワイザーなどを製造していたアンハイザー・ブッシュを520億ドルで買収して生まれた会社である。ビール醸造会社は買収と合併を繰り返してきており、同社はアメリカで55種類ものビールのブランド

2）買い手独占の部分は、中本悟「アメリカ労働市場における『買い手独占』と資本による労働者支配」経済理論学会編『季刊経済理論』第59巻第4号、2023年1月の一部を利用した。

表0-1　各業種の売り上げ上位50社の市場占有率

	市場占有率（%）			1997〜2017年
	1997年	2012年	2017年	の変化
公益事業	64.5	69.1	71.6	7.1
金融・保険	38.6	48.5	45.7	7.1
運輸・倉庫	30.7	42.1	42.8	12.1
小売り	25.7	36.9	38.9	13.2
卸売り	20.3	27.6	28.1	7.8
管理支援	22.1	23.7	27.7	5.6
不動産・レンタル・リース	19.5	24.9	24.2	4.7
宿泊・飲食サービス	21.1	21.2	22.7	1.6
芸術・娯楽	17.1	19.6	22.7	5.6
教育サービス	18.5	22.7	21.7	3.2
宿泊・飲食サービス	21.1	21.2	19.2	-1.9
保健医療・社会扶助	16.4	17.2	18.8	2.4
専門・科学技術サービス	16.0	18.8	17.8	1.8

注：1997年は課税法人のみ。2012年と2017年は課税、非課税法人の双方が対象。
出所：2012年および1997年データについては、Council of Economic Advisors［2016］table 1を加工。2017年データは、U.S. Census Bureau［2020］より作成。

を販売しているが、これらのブランドのほとんどが、これまでの企業の合併や買収の産物である。企業は買収されてもブランドは残る。むしろライバルのブランド獲得を目的として企業買収は行われる。

　洗濯機・乾燥機市場では、上位３社のうちハイアールは中国、サムスンは韓国のメーカーである。この業界のトップは2013年ではGE（General Electric）であったが、2016年にハイアールがGEの家電部門を買収した。この結果、洗濯機・乾燥機市場から独立企業としてのGEは消えた。ただしこの買収では、ハイアールはGEというブランドを2056年まで使用できる権利を獲得した。そこでハイアールは、GEブランドによってアメリカ市場でハイエンド製品の販売を展開できることになった。またこの買収には、GEが48.4％の株式保有するメキシコの家電メーカーで中南米市場に圧倒的なシェアを誇るマベ（Mabe）の買収も含まれており、これによってハイアールは中南米への進出の足掛かりを得たのである。

　これら外資系多国籍企業によるアメリカ進出は、子会社の新設のための株式投資（グリーンフィールド投資）よりも既存企業の買収という方法による

表0-2 市場集中の高い産業の独占企業例

業種	年	シェア	独占企業
マヨネーズ*	2018	87%	Unilever, Kraft
検索エンジン*	2017	97%	Alphabet, Microsoft
スマートフォンOS*	2018	99%	Google, Apple
電子商取引*	2018	56%	Amazon, eBay
手術用衣類*	2018	59%	Cardinal Health, Medline Industries
ソーシャル・ネットワーキング・サービス	2018	85%	Facebook, LinkedIn,Twitter
患者向け医療金融	2017	77%	Synchrony, Citigroup,Wells Fargo
ピーナッツバター	2017	82%	J. M. Smucker, プライベート・ブランド, Hormel
洗濯機・乾燥機製造	2018	100%	Whirlpool, Haier, Somsung
トレーラーハウス	2018	71%	Berkshire Hathaway, Champion Enterprises, Cavco
薬剤給付管理	2018	68%	CVS, Express Scripts, Unitedhealth
ペースメーカー製造	2018	89%	Medtronic, Abbott Laboratories, Boston Scientific
ホームセンター	2017	87%	HomeDepot, Lowe's, Menards
レンタカー	2018	50%	Enterprise, Hertz, Avis Budget
メガネ・コンタクトレンズメーカー	2019	61%	Luxottica Group SpA, National Vision, Vision-works of America
PETスキャナー製造	2019	82%	Siemens, GE, Philips Healthcare
乳児用粉ミルク	2018	89%	Abbott, Reckitt Benckiser, Perrigo
医療電子記録システム	2017	58%	Epic Systems, Cerner, Allscripts Healthcare Solutions
国内航空便	2018	76%	Delta, American, United Continental
ビール	2017	75%	Anheuser-Busch Inbev, MillerCoors, Constellation
医療コンサルタント	2018	66%	Accenture, The Advisory Board, Deloitte

注：＊は上位2社の市場シェア。
出所：America's Concentration Crisis より作成。 http://concentrationcrisis.openmarketsinstitute.org/

 もののほうが金額的には圧倒的に大きい。欧米ではTOB（株式の公開買い付け）による企業の買収・合併が一般的だからである。2016年では国内における企業の合併・買収取引額は2000億ドルだったのに対し、国際的な企業の合併・買収取引額は5000億ドルであった[3]。国際的な企業の合併・買収は、前述のベルギーのインベブによるアメリカのアンハイザー・ブッシュの買収のように巨額のディールになるのである。このようにアメリカ国内における市場集中は、いまや外資系多国籍企業によるアメリカ企業の買収というグロ

3）イギリスの証券市場コンサルティング会社 Dealogic のデータ。Dealogic, "M&A Highlights: Full Year 2018." https://dealogic.com/insight/ma-highlights-full-year-2018/

ーバルな企業集中の1コマであり、グローバル競争がアメリカ国内市場における独占化を強めているのである。

　第2の特徴はGAFAM（Google＝Alphabet、Apple、Facebook＝Meta、Amazon、Microsoft）と略称され、あるいはビッグ・テック（Big Tech）、プラットフォーム企業とも呼ばれる新興巨大IT企業による高い市場集中度である。これらの企業はAppleとMicrosoftを除けば、いずれも1990年代の創業であり比較的若い企業であるが、短期間のうちにグローバル規模の独占企業となった。それはこの産業の技術特性によるものである。第1に、これらの企業が提供するサービスの利用者が増えれば増えるほど既存の利用者の便益が高まるというネットワーク効果、そして第2に取引規模が拡大すればするほど固定設備を効果的に利用できるという規模の経済性が働く。このため少数巨大企業にITサービス業は集中する傾向があり、新規参入は困難になるのである。

　検索エンジン市場におけるGoogleのシェアは、2011年の64％から2017年には91％に達した。検索エンジンのユーザーは無料で検索サービスを利用できるが、同時にGoogleはユーザーが閲覧する情報（書類や広告など）を無料で収集し、それにより「ユーザープロファイル情報」を作成・更新し、ユーザーの行動を予測する。そしてターゲティング広告を広告主に販売するのである。無料の個人情報の買い手独占を基礎に、Googleはオンライン広告市場で売り手独占の地歩を築き、高収益を獲得することが可能となった。GAFAMのほかの企業もネットワーク効果を活かし、個人情報から高収益を創出する点では、程度の差はあれ、Googleとほぼ同じである。ここで問題となるのが、個人情報の何をどこまで公開するかという個人の権利そのものが、個人の同意なくこれらの企業によって握られている点である。プラットフォーム企業による個人情報のこうした私的独占のシステムをショシャナ・ズボフは「監視資本主義」と呼ぶ（ズボフ［2021］第3章）。

　この業界においても、有力なライバルを買収して独占は強化された。Facebookはインスタグラム（2012年）とワッツアップ（2014年）を、Googleもまたユーチューブ（2006年）とモバイル広告のアドモブ（2010年）を買収することによって、脅威となるライバルを取り込んだのである。このように「競争するな、独占せよ」というペイパルの創始者ピーター・ティー

ルの主張を地で行くような大規模な企業買収が、当局による規制なしに展開
された。

2 反トラスト政策の変遷と市場集中

　なぜここ40年ほどの間に企業の合併・買収が増加し、企業集中が進んだの
か。当然ながら一層の市場支配を志向する企業行動がその要因である。しか
し、こうした志向はいつでも企業はもっているので、この40年間に市場集中
が強まった要因ではない。その最大の要因は、スティグリッツも言うよう
に、反トラスト法の中身とその運用が変わり、反トラストのための行政およ
び司法が独占化の傾向を容認するようになったことに求めるべきであろう
（スティグリッツ［2020］111頁。なお、反トラスト行政については、第12章
が詳しい）。

　かつて独占企業といえば、その市場支配力に基づいて「管理価格」
（administered price）（米国上院反トラスト小委員会編・坂根監修［1970］）
を設定し、一定期間その価格を維持し、需要の変化に対しては価格ではなく
生産と販売を変えることにより対応するものとされた。独占企業は需要と供
給で決まる価格に対応するプライス・テイカーではなく、プライス・メーカ
ーだというのである。そして独占企業は、競争市場における価格よりも高い
価格を設定し超過利潤を確保する一方で、消費者や非独占企業は損失を被る
のである。

　このような独占を違法とし公正な競争と取引を促進するために、早くも19
世紀末に初めての反トラスト法であるシャーマン法が成立した。それ以来、
独占企業の行動を後追いする形で反トラスト法は何度も改定と新法の成立を
繰り返してきている。戦後の反トラスト行政の理論的支柱となったのはハー
バード大学のエドワード・S・メイソン（Edward S. Mason）やその門下で
あったジョー・S・ベイン（Joe Staten Bain）らで、彼らはハーバード学派
と呼ばれた。ベインらは「市場構造、市場行動、市場成果」の枠組みの中で
企業合併や寡占の是非を問おうとした。市場構造とは市場集中度や新企業の
参入条件などの市場における企業間関係であり、市場行動とは企業の投資、
価格、製品などに関する政策である。市場構造と市場行動の相互作用が市場
成果を生み出すが、この成果とは生産技術の改善、そして利潤率や成長率の

上昇などである。この成果によって、有効競争があるのかどうかを判断しようとした（宮崎［1972］173-176頁）。有効競争が作用せず望ましい成果を生まない企業間関係や企業行動は、反トラスト法に基づいて厳しく規制された。それゆえ1940年代から70年代初頭までは反トラスト法の「黄金時代」と称される（Bakir et al.［2021］）。

しかし、1970年代初頭には市場原理主義のシカゴ学派が反トラスト規制分野にも台頭してきた。彼らは企業合併について、ハーバード学派のように市場集中そのものを問題視するのではなく効率性を最重視した。市場それ自体は消費者にも企業にも利益をもたらすように成立しているのであり、効率化の結果であるような独占はむしろ推奨されるべきだというのである。そして価格吊り上げや生産量制限がない限り、反競争的な企業行動の証拠はないというのであり、消費者利益の有無だけに焦点が絞られる。

シカゴ学派は司法の場でも勢力を増長させたが、その背景には、一つはニクソン政権が最高裁判事の人事において反トラスト法を限定的に運用するような者を任命したこと、いま一つにはアメリカ企業の国際競争力が低下し、輸入品の国内市場への浸透が進んでいたということが挙げられる（Kovacie and Shapiro［2000］）。

このようにシカゴ学派の反トラスト法の運用では、企業の合併・買収は独占化への懸念よりも国際競争力の強化や生産性と効率性の改善、そして消費者利益の観点から評価されるようになった。規制当局の水平的合併に対する調査と規制実績をみると、1996〜2011年では重要な競争企業が1社しか残らないような合併案はほぼ完全に認可されないが、5社以上残る場合には60%が、8社以上残る場合にはすべての合併案件が認可された（Kwoka［2016］）。

また1970年代末から90年初めにかけて最高裁は、市場支配力をもつ企業が取引先に再販価格維持[4]を強要する垂直的取引制限の規制を緩めたり、略奪的価格設定[5]を提訴する告発者に重い立証責任を課すようになった。それとともに下級審においても、排他的取引制限については反トラスト法の運用が緩和されたのであった。

4）再販価格維持とは、メーカーが小売店に対して小売価格（再販売価格）を下げないように拘束すること、またメーカーが卸売業者を通じて小売価格を下げないように拘束すること。

このような1970年代以降の反トラスト行政の変化は、市場原理主義の台頭と軌を一にするものであり、新自由主義のイデオロギー旋風の一部をなしていたというべきであろう。2010年には司法省と連邦取引委員会が水平的合併のガイドラインを改定した。水平的合併の規制基準には、従来の効率性の改善の有無に加えてイノベーションと商品の多角化の有無を加えたが、これらの判定には困難が伴う。もともと反トラスト法というものは寡占的な市場構造を変えるわけではないが、ここ40年余りにその規制緩和は独占化と経済力の集中を促進してきたのである[6]。

II　独占企業の行動

1　売り手独占における独占企業の行動

米国司法省のホームページには反トラスト法違反で刑事起訴された件数、罰金額、実刑で刑務所に収容された平均期間などが公表されている。2021年ではそれぞれ25件、1.5億ドル、15か月である。そもそもカルテルや談合はその性格からして秘密なので、反トラスト法によって起訴に至る件数は実際の共謀の「氷山の一角」に過ぎないといわれている。ましてプライス・リーダーに追随して価格を引き上げるような暗黙の共謀を反トラスト法違反で止めさせることは難しい。

カルテルによる価格の水増し（overcharge）については、いくつかの推計がある。コナーとランデは研究者の200点以上の公刊物に基づき、1780〜2009年にかけての381業種に及ぶ1517件のカルテルの価格吊り上げ率をまとめている。それによれば、カルテル参加者は通常価格の平均23.3％高で販売

5）略奪的価格設定（predatory pricing）とは、赤字が出るほどの価格引き下げによってライバル企業を市場から追い出し市場を略奪するような価格設定。市場を略奪した後に販売価格を大幅に吊り上げて利潤を増やす。シカゴ学派によれば、原価を大幅に上回るような価格引き上げは新規産業の参入を招き失敗する。したがって略奪的価格設定をしても利潤を増やすことはできない。最高裁判所もこの見解を採用した。住宅・金融でも低所得者および情報弱者に対して、最初は低金利だが後で高金利になり支払い不能となるような「略奪的貸付」（predatory lending）が横行し、これが2008年のサブプライム・ローン危機の一因となった。

6）金融の独占構造は別途検討する必要があるが、さしあたり、中本「金融権力の基礎——巨大企業とアメリカ経済」（大橋・中本編著［2020］第1章）を参照されたい。

していたのである。最近の価格吊り上げ率に限っても、1990〜99年では22.2％、2000〜09年では22.5％であった（Connor and Lande［2012］）。

　カルテルでなくても市場支配力を高めて、価格吊り上げを行う場合もある。2008年6月に大手のビール醸造メーカーのSABミラー（SAB Miller, 2007年の市場シェア18％）とモルソンクアーズ（Molson Coors, 同11％）が合併し、ミラー・クアーズ（MillerCoors）が誕生した（前掲表0-2参照）。この合併により新生ミラー・クアーズの市場シェアは29％になった。ライバルはバドワイザーのブランドのビールを製造するABインベブであり、その市場シェアは35％であった（Constellationは輸入業者）。両社合わせて64％のシェアである。ビール市場は競争が激しくミラー・クアーズが誕生する前の7年以上において、すべての銘柄のビールの小売価格は低下傾向が続いていた[7]。しかし、合併直後からミラー・クアーズが生産するミラーライト（Miller Lite）とクアーズライト（Coors Light）の小売価格は急に上がり、同じようにライバルのABインベブのバドライト（Bud Light）を含め小売価格が約8％も上がり、結局2年間で7年前の価格を超えるまで上がった。一方、輸入銘柄のコロナとハイネケンはミラー・クアーズの誕生後も価格低下が続いた。

　2008年といえば、リーマン・ショックで消費不況が深刻になっていた時期である。にもかかわらず、これらライバル2社はそれまでの価格低下傾向を逆転させ、小売価格は急上昇したのである。これには、これら両独占企業の協調行動があったと考えるべきだろう（Miller and Weinberg［2017］）。

　このようにカルテルや談合の存在が明るみにならなくても、ライバル関係にある独占企業同士が何かしらの共謀を図れば、市場支配力はもっと強くなり販売価格を吊り上げることができる。

2　買い手独占と独占企業の労働市場支配
(1)　多数の低賃金労働者雇用の波及効果

　既述のように小売業においては企業集中が進み、超巨大小売企業が誕生し

7）アメリカでは大手ビール醸造メーカーは、直接小売店に卸すことは禁止されている。アルコール販売の免許をもつ卸売業者にのみ卸売りすることができ、次に卸売業者が小売業者に売る。メーカーは販売促進協力金などの支払いは禁じられている。

た。これらの企業は有力な競合企業が存在しない地域に進出すると、圧倒的な市場支配力を得ることになり、売り手独占であるとともに買い手独占（monopsony）になる。よく知られた例は、巨大な多国籍小売企業であるウォルマートである（同社の発展過程の詳細については、第5章を参照）。

ウォルマートが新店舗を設置すれば、進出先地域の労働市場にどのような影響を及ぼすのか。店舗数が急増した1990年代（1992～2000年）において、店舗新設による進出先のカウンティ（郡）ならびに州における賃金への影響を国勢調査から検討したデュベらによれば、その結果は以下のようであった。

第1にウォルマートが1店舗新設すると、カウンティでは総合商品ストアの従業員の平均時給が1%、食料品スーパーマーケットのそれは1.5%、それぞれ低下した。州レベルでは10店舗新設されると、州の小売業の雇用者の平均時給の2%減少を、また50店舗新設されると、同じく10%の減少をもたらした。これらの平均時給の低下はもともと平均時給が低い農村部よりも、組合組織率が比較的高い都市部で顕著であった。第2に雇用主提供の医療保険の適用率は同業の雇用者への適用率よりも5%低かった。

ウォルマートの進出が進出先地域の競合企業の賃金を下げるのは、一つはウォルマートの低い時給の大量の新規雇用が作用して、総合商品ストアやスーパーマーケットの雇用者の平均時給の引き下げ圧力となるからである。いま一つはウォルマートの新規参入に対して競合相手であるスーパーマーケットがコスト削減のために賃金を下げるからである（Dube et al. [2005]; Dube [2007]）[8]。

ウォルマートによる多数の低賃金労働者の雇用は、同社の安い小売の一因である。しかし、ウォルマート進出による賃金低下は進出先地域の小売業労働者に集中する一方で、同社の安い小売の利益はすべての消費者に及ぶ。たしかに消費者物価低下による節約はあるが、小売業の労働者にとっては賃金低下を埋め合わせるものではない。このようにウォルマートの進出は、労働

8）同様の調査は、D・ニューマークらによっても行われている。ウォルマートは進出先のカウンティの小売業の雇用を2.7%減少、換言すればウォルマート従業員1人は1.4人の小売業雇用と代替したという。そして既存の小売業の雇用減少に伴い、小売業の平均時給は1.5%減少した（Neumark et al. [2008]）。

市場における地域的な買い手独占をもたらし、進出先の競合企業との競争を通して、競合企業の労働者の賃金や付加給付の引き下げ、競合企業の倒産を引き起こす。同社は2007年まで長年にわたって "Always low prices" をスローガンとしてきたが、それを可能とした一因には買い手独占による労働市場支配力の強化があり、労働者にとっては、"Always low wages" にほかならなかった。

(2) 競業避止契約（non-compete contract）

買い手独占による労働市場支配力の強化は、上述のような低賃金雇用以外の要因も働く。その一つが競業避止契約（non-compete contract）であり、企業が労働者に対して、解雇または離職してから一定期間は一定の地域内でその企業と競合するような業種で再就職することや起業することを禁止する労働契約である。

この競業避止契約の存在が社会的にクローズアップされたのは、2014年のことであった。全米に2700店舗のフランチャイズ店を擁するサンドイッチ・チェーン店のジミー・ジョンズ（Jimmy John's）は、低い職位の労働者に対して当該店を離職後2年間は、売上の10％以上をサンドイッチ販売が占める競合店では、全米規模で当該店の3マイル以内の地域では就業することを禁じる契約を結ぶことを求めていた（同社は2017年にはこの契約を廃止したという）。この契約は、サンドイッチ作りのような職位の低い労働者がほかのサンドイッチ店に就職することを広い地域で妨げていたといえる。

このような競業避止契約が異例ではないことは、その後の調査でも明らかである。スターらによる1万1505人を対象にした調査によれば、2014年で競業避止契約を結んでいた労働者は全体の15％、「おそらく契約していた」とする者は30％であり、大卒以上の学歴では30％、大卒未満の学歴では14％、年収4万ドル以上の労働者のうち30％、4万ドル未満の低所得労働者の13％がそれぞれこの契約を結んでいた。また契約の有効期間は2年以上が33％、地理的範囲は「無制限」が最も多く23％であった。また労働者全体では約20％がこの労働契約に拘束されている（Starr et al.［2021］pp.29-31）。

一方、経済政策研究所（Economic Policy Institute）は、2017年に634の事業所を対象に労働者側ではなく雇用主側から調査を行った。その結果は以下

のとおりである。第1に、全従業員にこの契約の署名を求めた事業者の割合は31.8%、いずれかの従業員に署名を求めた事業所の割合は49.4%であり、この比率からこの契約がカバーする民間労働者数は3600万人（低い推定値）から6000万人（高い推計値）に及ぶ。第2に、全従業員に競業避止契約の署名を求めた事業所の割合は、事業所の従業員規模が50〜99人では30.3%、5000人以上の大規模事業所でも30.8%とほぼ同じであった（Colvin and Schierholz［2019］）。

　このようにアメリカの多くの職場では、学歴、賃金、事業所規模などにおいて多少の違いがあるとはいえ、競業避止契約が広く浸透しており、低学歴で低賃金の職位の低い、そもそも企業秘密をもちえないような労働者にもそれが適用されている。その結果、低賃金労働者は賃上げの好機にも転職の機会を奪われ、低賃金を強いられる。そしてこの労働契約のために、ほかの競合企業への転職が抑制され、労働条件の向上を求める雇用主に対する労働者の交渉力が低下し、結果として低賃金や低い労働条件が維持される。あるいはこの契約のために、離職前とはまったく異なる職種に就くことによって労働者の蓄積された経験が消失する。競業避止契約は、このように労働者に対して大きな損失を強いるのである（U.S. Department of the Treasury, Office of Economic Policy［2016］p.3）。

(3) 従業員引き抜き禁止協定（non-poaching agreement）

　競業避止契約と併せて使われるのが、雇用主間で合意される従業員の引き抜き禁止協定（non-poaching agreement）である。従業員引き抜き禁止協定は、しばしば雇用主間で秘密裏に締結されるため、その存在は裁判になってから公になることが多い。

　最近では、2010年9月にシリコンバレーの大手IT関連企業6社が技術者の引き抜き禁止協定を締結していたとして、司法省は反トラスト法の民事訴訟で6社を提訴した。AppleとGoogle、Appleとアドビー、Appleとピクサー、Googleとインテルは、お互いに高度技術人材の引き抜きを行わないように各社で勧誘電話禁止名簿（Do not call list）を作り、勧誘電話（cold call）をかけることを自社の従業員に禁じる協定を締結していた。またGoogleとインテュイット（Intuit）はGoogleがインテュイットの従業員の

引き抜きの勧誘をすることを禁じる協定を結んでいた（U.S. Department of Justice, Office of Public Affairs［2010］）。

　さらに大きな社会問題となったのが、2017年にハンバーガーのフランチャイズ店のマクドナルドの従業員が、引き抜き禁止協定は反トラスト法違反だとして訴えた事案である。同社は少なくとも1987年から2017年までの長きにわたり、フランチャイズ加盟店に対してほかの店舗で働いている労働者の引き抜き禁止協定を締結していた（同社は、この協定が社会問題となった2017年初めにはこれを撤廃したとしている）。

　従業員引き抜き禁止協定は、協定の性格上なかなかその実態がわからない。そこで労働経済学の専門家であるアラン・クルーガーらは、大手のフランチャイズ本部45社の公開文書に基づいて、1996年に35.6％の本部にこの協定があったが、20年後の2016年にはそれは53.3％に高まったことを明らかにした（Krueger and Posner［2018］）。

　このように競業避止契約は企業と労働者との間で、従業員引き抜き禁止協定は企業間で、それぞれ締結される。その結果はいずれも、独占企業が労働市場における市場支配力によって労働者の自由な転職の機会を狭めるものである。低賃金労働者に対しては転職の機会を奪い、賃上げを抑制し、あるいは労働条件の改善に向けて雇用主と交渉するパワーを弱めるものとなる。高度技術者にとっては、雇用主の共謀によって、より良い労働条件へのオファーのチャンスが封殺されるのである[9]。

Ⅲ　独占レントとレントシーキング

1　付加価値分配における資本所得、労働所得、独占レント

　既述のように独占による販売市場と購買市場における市場支配力の強化

9）アダム・スミスは、1776年初版の『国富論１』において述べている。「親方たちは滅多に団結しないなどと考える人があれば、その人はこの問題に無知なのはもちろん、世間知らずというものである。親方たちは、いつどこにあっても、一種暗黙の、しかし、不断の、統一的な団結をむすんで、労働の賃銀を現在の率以上に高くしないようにしている。（中略）こうした団結は、その実行の瞬間まで極度の沈黙と秘密のうちにことが運ばれるのが普通である」（スミス［1978］114頁）と。250年後のアメリカの労働市場を見てスミスは何と言うだろうか。

は、独占企業に対して競争市場において得られる利潤を超える超過利潤（独占レント）[10]をもたらす。労働は付加価値というパイを大きくし、その対価が労働所得である。これに対して独占レントは市場支配力によって獲得する超過利潤であり、パイ自体を増やすわけではない。それ自体は不労所得であり、むしろレントを増やすためにパイの生産を削減することもある。

　独占企業は市場支配力により高い利益率を獲得できる。非金融企業の対総資本（株式と借入れ）税引き後利益率の分布は、第90分位企業においては1980年代半ば以降上昇傾向が続き2014年では中位企業の利益率の5倍超になっている（図0‐1）。ごく少数の企業がきわめて高い利益率を獲得しているのであり、この期間に市場集中が進んだことを考えれば、この利益は独占レントの増加によるものであると考えられる。

　独占レントはどの程度の大きさなのか。ここでは、ジョセフ・E・スティグリッツ（スティグリッツ［2020］98頁）と基本的には同じ方法で独占レントを推計したシムハ・バーカイ（Simcha Barkai）の研究結果を見てみよう。両者とも、企業の標準的な利益率（たとえば、国債利回りにリスクプレミアムを加えた利益率）を基準に、投下資本にこの利益率を掛けて資本分配を推計するものであり、この資本分配は競争的な市場で得られる分配とみなされる。これを超えた利益が超過利潤である独占レントということになる。

　バーカイによる1984年から2014年のアメリカの非金融企業の独占レント推計の方法は、以下のとおりである。まず企業の年間の必要利益率（required rate of return）を求める。それは株式や借入の利率、インフレ率、減価償却率、株式や借入れに対する税率からなる。そして資本ストックにこの必要利益率を掛けたものが、資本所得である。バーカイによれば、1980年代半ば以降、資金調達金利は低下を続け、他方では資本財や消費財の実質インフレ率はほぼ一定であり、また減価償却率の変動はごくわずかであったため、必要利益率は低下傾向にあった。それは1984年の18.9％から2014年には13.3％に低下した。もちろん利益率の低下を投資の増加による生産拡大によって補

10）レント（rent）とは、もともと地代を指すが、近年では独占による利益、さらには所有による利益――たとえば、利子、配当、キャピタルゲイン、特許料、技術使用料など――を含んで広義に使われるようになった。共通するのは価値を創造するのではなく、所有に基づいて価値を取得するという点である。本章では、独占レントに限定する。

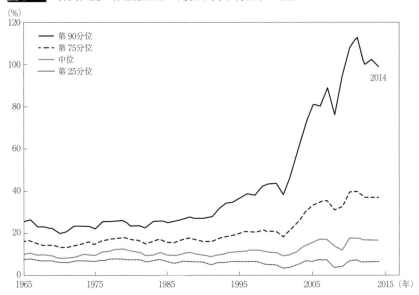

図 0 - 1 株式公開の非金融企業の対投下資本利益率の格差

注：税引き後利益で、のれん代を含まない。
出所：Furman and Orszag［2018］p.10, Figure 1.7より作成。

うことはできるが、アメリカ企業はそうしなかった。

　そのうえで付加価値の労働所得、資本所得、そしてレント（バーカイは「純粋利潤」（pure profit）と呼ぶ）への分配シェアを推計する。その結果は、同期間にアメリカ非金融企業推計の付加価値のうち、労働所得分配率は11％低下したが、資本所得分配率はその2倍の22％も低下した。これは労働コストの上昇に対して資本コストの低下が大きかったからである。そして付加価値の残りがレントであり、その分配率は−5.6％から7.9％へ13.5ポイントも上昇した。既述のように、この期間は市場集中度が高まり、市場支配力を強めた独占企業は独占レントを増やすことができたのである（Barkai［2020］）。

　これらの独占レントの増加は独占企業への利潤集中を進め、前掲図0-1に見られるように非独占企業との利益格差を拡大するとともに、独占レントの分配は労働者よりもCEOなど経営陣、そして株主に向けられた。その結果、労働者と経営幹部や金融資産所有者との所得格差はさらに拡大する。グ

ローバリゼーションや技術進歩の格差に加え、独占レントの増加が所得格差を拡大してきたのである[11]（福田［2021］も参照）。

2 レントシーキングと政治権力

独占企業はその市場支配力を維持し、独占レントを増加させるために政治権力に接近する。立法、政策、行政によって市場支配力をより強め、独占レントを増やそうとするからである。この活動は政治的レントシーキングといえよう。具体的には、連邦議会議員や大統領の選挙資金および政治活動資金への拠出、あるいはロビイング会社と契約してロビイストに議会で審議される関連法案の分析、修正案や対案の作成、そして現職議員への働きかけをしてもらう。さらには、大統領政権が代わるごとに「政治的任命」によって、ビジネス界の実力者を行政府の高官に送り込み、あるいは逆に行政府からビジネス界に入るという「回転ドア」といわれる人事もまた、人的ネットワークと価値観の共有によるレントシーキングである[12]。

選挙資金についていえば、連邦議会の2020年選挙では当選者の平均選挙費用は下院議員で235万ドル、上院議員で2716万ドル、落選者の平均選挙費用は下院で107万ドル、上院で2484万ドルであった[13]。選挙に投じた資金が勝敗を分ける。これだけの資金を政党やPAC（政治活動委員会）、個人から集める必要がある。下院は2年に1回、上院は6年に1回の選挙サイクルなので、現職でも年がら年中選挙資金の調達活動に取り組まなければならない。この多額の選挙費用を支えるのが利益集団であり、毎年上位業界に入るのは証券、不動産、保険、ロビイング会社などである。労働組合もPACや個人献金などで資金を提供するが、その総額は業界団体のそれの24分の1に過ぎ

---

11) 中国などから安い輸入品が大量に入ってくると、競合品を製造する国内企業は経営破綻し、失業者が増え、地域経済が不況になるというのがグローバリゼーション要因。情報通信技術（ICT）の進歩により仕事が単純化されたりなくなる職種、機械化が進まないのでなくなりはしないが低賃金のサービス職種、一方ではより高度な知識と技能が必要な職種が生まれ、仕事と所得が2極化するというのが技術要因であり、教育達成度要因と連動する。ただしアメリカでは人種差別要因も大きい。

12) 金融界の政治権力へのアプローチについては、さしあたり、中本「金融の復権——ウォール・ストリートによるワシントン政治の支配」（大橋・中本編著［2020］第2章）を参照されたい。

13) これらの数値は、Open secret（https://www.opensecrets.org/）による。

ない（2020年）。

　ロビイングは、ビジネス界や各種の利益団体がロビイング会社と契約して、業界や自社に有利な立法や行政を進めるために行う議員や大統領に対する政治的行動である。ロビイング会社は、伝統的にワシントンのホワイトハウス近くのKストリートに集中する。議会事務局に登録されているロビイストは2022年では1万2000人余り、そのほとんどは行政府や議会の幹部職員、または元連邦議会議員である。何百ページにも及ぶ法案を読み、修正句を挿入するようなスキルは、行政府や議会の幹部職員として勤めあげた者くらいしかもっていない。そして元議員が立法のために現職議員に働きかけるのである。またロビイストは、PACを組織して議員に対して政治資金を提供してくれる。

　このようなロビイング会社への支出額（1998〜22年）が多いのは、各種業界をその傘下に置く全米商工会議所で、その拠出額は破格である。次いで全米不動産業協会、全米病院連合、全米医師会、アメリカ薬品研究・製薬協会などである。ここでも金融・保険・不動産業界の支出が100億ドルに対して労働組合の支出は10億ドルと大きな差がある。

　政治・選挙資金献金やロビイングは、国民の政治的権利だといわれる。しかし、多くの政治家は多額の献金をしてくれる高所得者や企業のCEOに耳を傾けることが多くなり、議員の価値観も変わる。ビジネス界の目的は、献金やロビイング、回転ドア人事を通じて議員や大統領との人脈を創り、それを維持することである[14]。そのための手段として「金はモノを言う（Money talks）」のである[15]。

　このようなレントシーキングは、GAFAMのような新興独占企業では一層顕著である。この業界は個人情報の漏出、関連市場の独占、優越的地位の濫用、コンテンツ内容の説明責任、既存メディアとの関係、労働問題などさまざまな問題に直面している。議会では「Facebook、メディア・プライバ

14）民主党のエリザベス・ウォーレン上院議員は、ロビイストが議員に対してどのように接近してくるかを活写している（ウォーレン［2018］第4章）。

15）英米両国に国籍をもち格差や貧困の研究の第一人者であるアンガス・ディートンは、企業が政策に影響を及ぼすことはヨーロッパに比べてアメリカのほうが容易だという。アメリカでは豊富な資金をもつ支援者なしには議員になれないし、それゆえ企業側に立たないと議員になるのが難しいという（Schechter［2018］）。

シー、データの利用と濫用」（上院、2018年）や「オンライン・プラットフォームと市場支配力」（下院、2019年）などをテーマに、GAFAM をめぐって公聴会が続いている。また司法省は2020年には検索サービスで、2023年には広告業で、それぞれ反トラスト法違反があるとして Google を提訴した。そしてソーシャル・メディアは民主主義にとって悪いとするアメリカ国民の割合は、先進国では頭抜けて高く64％に達する（ピューリサーチセンターによる2022年３月の世論調査）。

　このように短期間に独占企業となった GAFAM に対しては、内外から厳しい目が注がれている。これに対して GAFAM はロビイングに拍車をかけて応じようとしている。これら企業を含むインターネット業種のロビイング支出は、2000年ではわずか700万ドルであったが、2022年では14倍の9500万ドルに増え、契約するロビイング会社は57社から103社に倍増した。この支出は潤沢な利益のほんの一部に過ぎないが、この新興産業もまたレントシーキングにおいてはオールド産業と何ら変わるところはない。

　GAFAM が提供するサービスは、いまやビジネスや社会生活に不可欠のインフラであるが、政治、経済、社会を動かす情報を収集、創造、発信するという点で独自である。それだけに、その活動に対してはビジネス、市民社会、行政、司法からの絶えざるチェックが必要であろう。

　おわりに

　レントシーキング経済は、あらゆる分野での不公正な取引を基礎としてできあがっており、その結果もまた不公正である。独占レントは売り手サイドおよび買い手サイドの不公正取引、そしてまた独占レントを増やそうとする不公正な政治行動によって実現する。このプロセスで先進国の中でアメリカは最も大きな所得格差が生まれ、多くの人たちは不公正感を募らせた。所得格差の拡大という経済的な分裂は、社会的・政治的分断と対立に連動する。

　この傾向を是正するには、積極的な反トラスト行政によって独占レントを削減し、また政府の責任で、法人税の引き下げの国際競争を食い止め、最低賃金の引き上げによって付加価値の分配を公正にすることが不可欠である。経済格差の縮小と経済民主主義を強める必要があるが、その理路を間違える

と社会的・政治的対立をかえって激化させる。

　トランプ政権は中間層の再興を訴えたが、その手段は規制緩和と減税という1980年代のレーガノミクスの再版であり、中間層の崩壊を招いた。このような政策は成功するはずもなかった。その一方で、人種差別やジェンダー差別、移民者排斥など、社会の分裂を煽り、そこに生じる敵対心を自分への政治的支持のエネルギーに変えたのである。

　独占規制には、たしかに大きなエネルギーを必要とする。それはまた40年来主流のイデオロギーであった新自由主義の転換を伴う必要がある。イデオロギーは社会を変える大きなエネルギーだからである。

【参考文献】

ウー、ティム／秋山勝訳［2021］『巨大企業の呪い──ビッグテックは世界をどう支配してきたか』朝日新聞出版（Wu, Tim, *The Curse of Bigness: Antitrust in the New Gilded Age*, New York, NY: Columbia Global Reports, 2018.）。

ウォーレン、エリザベス／大橋陽訳［2018］『この戦いはわたしたちの戦いだ──アメリカの中間層を救う闘争』蒼天社出版（Warren, Elizabeth, *This Fight is Our Fight: The Battle to Save America's Middle Class*, New York, NY: Metropolitan Books/Henry Holt and Company, 2017.）。

大橋陽・中本悟編著［2020］『ウォール・ストリート支配の政治経済学』文眞堂。

スティグリッツ、ジョセフ・E／山田美明訳［2020］『スティグリッツ　プログレッシブ・キャピタリズム』東洋経済新報社（Stiglitz, Joseph E., *People, Power, and Profits: Progressive Capitalism for an Age of Discontent*, New York, NY: W. W. Norton & Company, 2019.）。

ズボフ、ショシャナ／野中香方子訳［2021］『監視資本主義──人類の未来を賭けた闘い』東洋経済新報社（Zuboff, Shoshana, *The Age of Surveillance Capitalism: The Fight for a Human Future at the New Frontier of Power*, New York, NY: PublicAffairs, 2019.）。

スミス、アダム／大河内一男監訳［1978］『国富論1』中公文庫。

福田泰雄［2021］『格差社会の謎──持続可能な社会への道しるべ』創風社。

米国上院反トラスト小委員会編・坂根哲夫監修［1970］独禁政策研究会訳『管理価格──公共政策論集』ぺりかん社。

宮崎義一［1972］『寡占──現代の経済機構』岩波新書。

Bakir, Erdogan, Megan Hays and Janet Knoedler［2021］"Rising Corporate Power and Declining Labor Share in the Era of Chicago School Antitrust," *Journal of Economic*

Issues, Vol.55, No.2, pp.397-407.

Barkai, Simcha [2020] "Declining Labor and Capital Shares," *The Journal of Finance*, Vol.75, No. 5, pp.2421-2463.

Colvin, Alexander J. S. and Heidi Schierholz [2019] "Noncompete Agreements," Economic Policy Institute, December 10.

Connor, John M. and Robert H. Lande [2012] "Cartels as Rational Business Strategy: Crime Pays," *Cardozo Law Review*, Vol.34, pp.427-490.

Council of Economic Advisers [2016] "Benefits of Competition and Indicators of Market Power," *Issue Brief.*

Dube, Arindrajit T. [2007] "A Downward Push: The Impact of Wal-Mart Stores on Retail Wages and Benefits," UC Berkeley Center for Labor Research and Education, Research Brief, December.

Dube, Arindrajit T., William Lester, and Barry Eidlin [2005] "Firm Entry and Wages: Impact of Wal-Mart Growth on Earnings through out the Retail Sector" Institute of Industrial Relations, *Working Paper*, No. iirwps-126-05, November.

Furman, Jason and Peter Orszag [2018] "A Firm-Level Perspective on the Role of Rents in the Rise in Inequality," Martin Guzman ed., *Toward a Just Society: Joseph Stiglitz and Twenty-First Century Economics*, New York, NY: Columbia University Press.

Kovacie, William E. and Carl Shapiro [2000] "Antitrust Policy: A Century of Economic and Legal Thinking," *The Journal of Economic Perspectives*, Vol.14, No.1, pp.43-60.

Krueger, Alan B. and Eric A. Posner [2018] *A Proposal for Protecting Low-Income Workers from Monopsony and Collusion*, The Hamilton Project, February.

Kwoka, John E. [2016] "The Structural Presumption and the Safe Harbor in Merger Review: False Positives, or Unwarranted Concerns?" May 19.

Miller, Nathan H. and Matthew C. Weinberg [2017] "Understanding the Price Effects of the MillerCoors Joint Venture," *Econometrica*, Vol.85, No.6, pp.1763-1791.

Neumark, David, Junfu Zhang, and Stephen Ciccarella [2008] "The Effects of Wal-Mart on Local Labor Markets," *Journal of Urban Economics*, Vol.63, No.2, pp.405-430.

Schechter, Asher [2018] (Interview) "Angus Deaton on the Under-Discussed Driver of Inequality in America: It's Easier for Rent-Seekers to Affect Policy Here than in Much of Europe," *Promarket*, Stigler Center for the Study of the Economy and the State, University of Chicago, Booth School of Business.

Starr, Evan P., J. J. Prescott, and Norman Bishara [2021] "Noncompete Agreement in the U.S. Labor Force," *The Journal of Law and Economics*, Vol.64, No.1, pp.53-84.

U.S. Census Bureau [2020] *Selected Sectors: Concentration of Largest Firms for the U.S.,
2017, 2020.*

U.S. Department of Justice, Office of Public Affairs [2010] *Justice News,*. Friday,
September 24, 2010.

U.S. Department of the Treasury, Office of Economic Policy [2016] *Non-compete
Contracts: Economic Effects and Policy Implications*, March.

I

現代アメリカ経済における
新たな独占

第一章 ビッグ・テック
ハイテク製造業からプラットフォーマーへ

森原 康仁 *Yasuhito Morihara*

はじめに

アメリカのIT／エレクトロニクス産業は、その新陳代謝という点で他地域、他産業の群を抜く（Waldman［2001］）。その技術的根拠は「ムーアの法則」と呼ばれる経験則だが[1]、これは一方では技術の陳腐化のサイクルと新技術の普及がきわめて急速であること（「動態的効率」が高い）、他方では、性能ベースでみたときの要素技術の価格下落が急速で価格競争が激しい（「静態的効率」が高い、すなわち資源配分の効率性が高い）ということに帰結する。つまりIT産業における企業の参入・退出はきわめて活発なのである。

Datamation 誌の売上高ランキング調査（年次）によると、1975〜96年の22年間に上位20社にランキングされた企業は全部で56社にのぼるが、そのうちすべての期間においてランキングされたのはわずか3社しかない（IBM、

1）「ムーアの法則」とは、1960年代半ば以降、半導体のチップ当たりの集積回路の数が1〜2年で約2倍になってきたという事実をもとに提唱された経験則である。この結果、コンピューティングの処理能力は指数関数的に増大してきた。「ムーアの法則」の提唱者であるゴードン・E・ムーアは、1993年にこの経験則の限界を示唆したが（Pugh［1995］p.394）、いまだに処理能力の向上は続いている。しかし、現在では、光の速度と物質の原子的性質という2つの物理的限界を踏まえ、早晩限界に突き当たると考えられている。

25

HP、DEC)。そのうちの1社であったDECも1998年にCompaqに買収され、独立企業としては消滅した。1970年代、IBMと競合したメインフレーム・メーカー5社はその頭文字をとってBUNCHと呼ばれたが、いずれも独立企業としては消滅するか、あるいは情報処理システム事業からは撤退している。世界市場ベースでの調査が始まった1984～96年の13年間でみると、この期間すべてにランキングされた企業は、先の3社にApple、富士通、日立、NEC、Siemensの5社を加えた8社である。しかし、1990年代後半のIT産業の主役は、(富士通、日立を除けば)Microsoft、Intel、Dell、Amazon、Google、Oracleとなった[2]。

　本章では、こうしたIT／エレクトロニクス産業の特性を踏まえつつ、同産業の独占のあり方について検討する。すなわち、アメリカのIT／エレクトロニクス産業は1980年代と1990年代、2000年代以降で大きく様変わりしているのであり、他の多くの産業のように、一様に論ずることはできない。この「様変わり」を一言で表現すれば、章題にあるように「ハイテク製造業からプラットフォーマーへ」ということになろう。競争は、最終製品をめぐるものから技術プラットフォームをめぐるものにシフトした。あるいは、「ネットワーク外部性」のようなある種の自然独占を梃子とした利潤獲得が行われている(取引プラットフォームの独占)。さらに、コストや品質だけではなく、サービス(ソリューション)提供による囲い込みやデザイン、ユーザビリティが競争の焦点になった。

　以下、第Ⅰ節ではこうした様変わりの画期となった1980～90年代のアメリカIT／エレクトロニクス産業の変貌に触れる。そこでは、日本企業のキャッチアップにアメリカ企業がどのように対応したか、また、その対応策をめぐる議論がどのようなものであったかが整理される。次に第Ⅱ節では、これらを経た1990～2000年代のアメリカIT／エレクトロニクス巨大企業の事業モデルについて触れる。その一方の代表例はMicrosoftとIntelであり、もう一方の代表例はIBMである。最後に第Ⅲ節では2000年代後半以降のGoogle、Apple、Facebook(Meta)、Amazon(以上、GAFA)のようなプラットフォーマーの台頭について触れる。GAFAの独占的超過利潤獲得の

---

2)　以上、*Datamation*誌の調査の詳細については森原[2017]84-90頁を参照されたい。

メカニズムは Microsoft や Intel、あるいは IBM とも異なっている。

I ポスト・フォーディズム論争再訪

1980年代後半から1990年代初頭は、日米経済摩擦をきっかけとして、アメリカ企業の産業競争力低下に対する深刻な懸念が投げかけられた時代である。この議論の特徴は、財政収支や金利環境、為替動向といったマクロ的な諸要因だけでなく、製品開発と製造プロセス開発への投資、設計と製造の協調、多能工の育成や労使一体的な生産性向上・品質改善運動、メーカーと部品業者の協力関係といった産業や企業のあり方――ミクロ的諸要因――にも注目が集まったことである（坂井［2004］16-18頁）。

それゆえ、この時期のアメリカでは、「競争力」をテーマにした政策論争が活発に行われた。たとえば、沖本は、「日本の産業政策を構成する最も決定的な動因の一つは、産業的な後発国としてのこの国の歴史的な経験であった」としたうえで、自動車産業やハイテク産業の奇跡的な成功を体系性という意味で独自な日本の産業政策に求めた（沖本［1991］32頁）。また、こうした見方の走りとなったマガジナーとライシュの『アメリカの挑戦――日米欧の企業戦略と産業政策』は、アメリカにも暗黙の産業政策は存在するが非体系的であるとしたうえで、体系的な産業政策――ターゲティング・ポリシー――を導入した日本に学ぶべきだと強調したのである（マガジナー／ライシュ［1984］）。要するに、育成すべき産業を絞り（ターゲティング）、その産業の成長をあらゆる政策手段を用いて系統的に支援する政策を実行せよ、というのである。

しかし、結局のところ何が「アメリカ企業の競争力の低下」を招いたのか。当時、「競争力」というタームでイメージされていたのは製造業企業の競争力であり、なかでも製造過程の効率性であった。Kenny and Florida ［1988］は、製造効率が低下した要因を製造現場と設計・開発部門の乖離に見出し、日本のフレキシブルな産業組織こそ両者の円滑な協調関係をうながす生産システムであると指摘した（「フジツー主義」）。

ケニーとフロリダによれば、日本企業の生産システムとそれを支える産業組織は、プロダクト・イノベーションとプロセス・イノベーションを密接に

連関させ両者を同時に達成しているが、アメリカ企業は前者に偏重し2つが
バラバラになってしまっているという。その一方で、彼らは、イノベーショ
ンとりわけプロダクト・イノベーションの群生という点で、はなばなしい成
果を挙げつつあったシリコンバレーに対して、それが大量生産活動ないし
「基本的製造活動」との密接な連関がないという観点から、アメリカの産業
競争力を復活させるものではないという評価を下した。すなわち、彼らによ
れば、ベンチャー・キャピタルに主導された新興企業のイノベーション活動
は、若い企業の近視眼的な視野に制限されており、大規模研究所の研究開発
を破壊し、しかも「企業家的基盤をもった（新興企業の）イノベーションへ
の強い金融的インセンティブが一連の形で確立したことは、独占的な製品も
しくは技術を指向し、製造技術や製造過程を改善するイノベーションから遠
ざけるという強いバイアスを生んで」（Kenny and Florida ［1988］ p.135）
しまった。

　つまり、1980年代後半から1990年代初頭の「競争力問題」とは、製造過程
（基本的製造活動）と研究開発ないしイノベーションとの連関が不十分であ
るという問題だったということができる。このことは、「製造業とサービス
業の密接連関」という把握に基づいて、「製造プロセス」ないし「生産技
術」こそ産業競争力に決定的な役割を果たすと述べたコーエンとザイスマン
の『脱工業化社会の幻想』（1987年）や[3]、産業競争力のミクロ的諸要因に
関心が払われるきっかけになったダートウゾスらの *Made in America:
Regaining the Productive Edge*（1989年）においても同様である（Dertouzos
et al. ［1989=1990］）。

　このような見方は、コンピュータや半導体のような「ハイテク産業」での
アメリカ企業の影響力の低下によって裏付けられているようにみえた。実
際、Intel の CEO だったアンドリュー・グローブは、1990年代のデータ処理
機器の世界市場において日本企業がアメリカ企業を逆転すると予想していた
（1990年時点）。つまり、1990年前後においては、「1990年代のハイテク産業

3）「とりわけ重要なのは、製品生産能力における競争力だ。今起きている製造革命は、
　製品革新を加速させることと同じくらい重要だ。実際、製品革新の速度は製品を研究室
　から工場、そして、市場に送りだす能力にかかっている」（Cohen and Zysman
　［1987=1990］ 163頁）。

は日本企業が席巻する」という見方が支配的だった（Grove［1990］）。

しかし、その後アメリカの地位は急速に復活した。半導体産業では、かつて日本企業との競争に敗れてメモリー生産から撤退した Intel が CPU の開発・製造に特化して復活し、1992年に世界の半導体メーカー別売上高ランキングで NEC を抜いて首位についた。翌93年には、各種半導体全体の世界販売シェアでも、アメリカ企業が日本企業から7年ぶりに一番手の地位を奪還したのである。

では、アメリカ企業の産業競争力の復調は、かつての日本企業のような「製造プロセスと設計プロセスの密接な連関」がアメリカ企業においても採用されたからもたらされたのだろうか。多くの論者は、むしろ、両者のネットワーク的な分離にこそアメリカ企業の復調の根拠があったとみる。すなわち、自社工場をもたず外部の契約製造業者に生産を委託する生産と労働の大規模な外部化の進展が、製造プロセスと設計プロセスが分離していても両者が持続的に発展し続けられる条件を与えた、とみるのである。

エレクトロニクス産業ないし IT 産業において大規模にみられるような、こうした産業組織のあり方は「水平的なコンピュータ産業」（Grove［1996 ＝1997］）と呼ばれ、Intel や Microsoft、Cisco Systems といった専業企業の市場支配を生み出すと同時に、IBM や DEC のような、かつてのコンピュータ関連企業を倒産の危機に追い込んだと考えられた。つまり、製造活動と設計活動をともに企業内に統合していた IBM のような企業は、新たに台頭してきた専業企業によって傍に追いやられていったと考えられたのである。

こうした産業組織のあり方を、その典型企業の名前をとって「Wintelism」という術語で特徴づけたのが、Borrus and Zysman［1997］だった。その議論の特徴は、①製品が「オープンだが所有された open but owned」製品になっていること、②要素技術は多様な産業部門に属する専業企業によって市場を介して供給されること、③市場支配力はアセンブラーから「製品を定義する企業」にシフトすること、④その結果、プロダクト・イノベーションは製造活動ないしプロセス・イノベーションから分離するようになり、ブランド企業は、先進諸国に立地する本社の近くに製造拠点を維持することに関心を失うようになることの4点である。

このように、「Wintelism」に基づく議論は、「独占的な製品もしくは技術

を指向し、製造技術や製造過程を改善するイノベーションから遠ざけるという強いバイアス」（Florida and Kenny［1989］）が、「オープンだが所有された」製品の普及のもとで、ブランド企業（ファブレス企業）と契約製造業者のネットワーク的な協業によって克服された、と考える。それゆえ、シリコンバレーにおいて特徴づけられるこのような産業組織は、1980年代に日本でみられた「リーン生産方式」に対するオルタナティブであり、「製造活動の新たなアメリカ・モデル」ないし「産業組織の新たなアメリカ・モデル」とみなされるようになった（Sturgeon［2002］）。

II 技術プラットフォームの独占とソリューション・サービス

1 Wintelism の台頭

　Wintelism の支配的な産業組織は、通常、垂直分裂ないし垂直特化（vertical specialization）型産業組織と呼ばれる。垂直特化とは「産業全体のバリュー・チェーンのリストラクチャリングであり、開発・生産・マーケティング・プロセスといった異なる段階が、独立企業の境界内において垂直的に統合されるのではなく、異質な諸企業によって支配されていることである」（Macher and Mowery［2004］p.317）。これはコアとなるコンポーネントやケイパビリティを外部企業からの調達に依存するような社会的分業構造である。その典型的な理解は図1－1を参照されたい。

　Bresnahan［1999］の整理したように、こうした産業組織の下での企業間競争は垂直的競争（vertical competition）が支配的になる。すなわち、垂直統合が弱体化し諸企業が諸種の下位部門に垂直的に特化しているがゆえに、技術的に補完的な（complementary）部門に属する異質な企業同士の競争が一般化したわけである。そしてこの下で、産業に対する影響力は、バスやAPI のようなインターフェースを掌握しているかどうか[4]、すなわちプラットフォームを掌握しているかどうかをめぐる競争に転化した（Bresnahan and Greenstein［1999］）[5]。

4）Intel のバス・アーキテクチャの変遷とプラットフォーム・リーダーシップの獲得の関係をめぐる優れた研究として、立本［2007］がある。

図1-1 **IT産業における垂直分裂型の産業組織（模式図）**

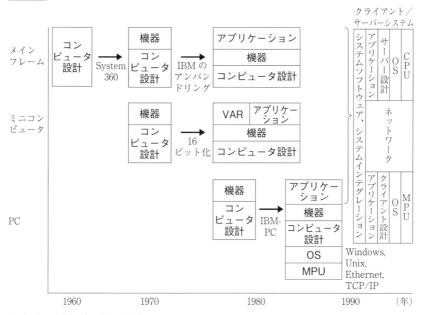

出所：Funk［2012］p.52より作成。

　ここで注意したいのは、第1に、こうした産業組織が成立したことによっ
て、アメリカのIT／エレクトロニクス産業は、1980年代の日本企業による
挑戦を克服することができたということである。すなわち、キーボードやマ
ウス、コンピュータの筐体のようなほとんど利益を生まないコンポーネント
は台湾をはじめとした新興国の企業に任せ、アメリカの巨大企業は採算性の
高い要素技術に集中することが可能になった。

　同時に、以上によってPCの価格は大幅に低下した。1989年、アメリカ国
内のPC出荷台数は933万台だったが、1995年には約2258万台まで増加した。
この間のPCの1台当たり平均出荷額はほぼ横ばいながらも、製品の多様化
や高機能機種の誕生によってわずかに増加している（約1961ドルから約2112

5）ここでの「プラットフォーム」とは技術プラットフォームのことである。これとは別
　　にコミュニケーションや商取引を媒介する取引プラットフォームとされるものがある。
　　この点については後述する。また、第13章も参照されたい。

ドルへ)。しかし、その PC も1990年代末には平均単価約1356ドル（1999年）に下落し、2004年にはついに1000ドルを割り約967ドルになったのである[6]。ハードウェア価格の劇的な低下、すなわちハードウェアのコモディティ化は、日本企業の採算性を悪化させ、最終的に PC 産業の撤退に追い込んだ（富士通や NEC など）。この意味において、1990年代の Wintelism の覇権はグローバリゼーションとともにあるということもできる。

第2に、競争の焦点が最終製品から技術プラットフォームにシフトし、水平的競争から垂直的競争に変化したとはいえ、依然として、この競争は独占的競争であるということである。先の検討から明らかであると思われるが、Wintelism 型の産業組織の下では、技術プラットフォームを掌握した者が産業全体を支配することができる。Microsoft の API、Intel のバス・アーキテクチャはその典型例なのであり、彼らは直接には関係のないさまざまな要素技術のあり方を支配することができる。PC のメモリーの仕様は Intel の定義に従わなければならないし、Windows で動くアプリケーションは Microsoft の定義した API に準拠しなければならない。当然、産業全体で生み出される付加価値は、これらの企業に偏って配分されることになる。

2 垂直統合企業のチャレンジ

1990年代の Microsoft や Intel の挑戦に、かつての「ガリヴァ」（坂本[1992]）だった IBM や同様の垂直統合企業は後退を余儀なくされた。1960〜70年代初頭における IBM の独占は、販売政策であるレンタル制度および包括的価格制度と結びつけたコンピュータの計画的な技術的陳腐化政策を採用することで独占的優位性を維持していた。IBM は自社に都合のよいタイミングでコンピュータの世代交代を図り、競合他社はこれを常に後追いすることを余儀なくされたわけである（夏目[1977]160頁）。しかし、こうした競争戦略は、垂直的競争が支配的となってしまえば意味をなさなくなる。この結果、1990年代初頭に IBM は経営史上最悪の赤字を計上したのだった。

こうしたなかで IBM が見出した新たな戦略が、さまざまな要素技術を企業境界内に保持することが独占的優位性を発揮しうる市場を作り出すという

6）以上の数値は、すべて、U.S. Census Bureau [various issues] より算出。

ことであった。それが、ソリューション・サービスの提供である。Wintelism 的な産業組織の下では、定義によって最終製品にトータルな責任をもつ企業は存在しない。「オープン・モジュラー」がデバイスの安定的稼働を保証すれば問題はないのだが、実際にはそうしたことはなく、Windows は頻繁にフリーズした。要素技術の「相性」問題もなくならず、事業法人がこれらのシステムを完全に信頼することはきわめて困難であった。IBM はここに事業機会を見出したのである（森原［2017］）。

　これは、「製造業のサービス化」と形容されたトレンドの先駆的事例であった。コモディディ化した最終製品市場において価格ベースの競争を行うのではなく、ハードウェアやソフトウェアを特定の「ソリューション」のために提供し、アフターケアにも責任をもつわけである。こうした事業は独自の独占的優位性をもたらす。

　そのポイントは、顧客接点の獲得による「規模の経済」の実現にある。すなわち、生産財マーケティングの既存研究によれば、売り手が、既売り手のもつ買い手の情報と内外の経営資源を情報処理に付し、この情報に基づいて売り手起点で提案を行うことが、売り手－買い手間の「情報格差」を生む（澤井［2007］）。このことが、売り手企業による独占価格の設定と独占的超過利潤の獲得を可能にする。

　ここで本質的な問題は「情報格差」を持続的に生み出すメカニズムの実態がどのようなものであるか、ということである。Miozzo and Grimshaw［2011］が先駆的に指摘したように、そのポイントは、顧客の企業組織から売り手の企業組織への従業員異動に基づく暗黙知の集積である。すなわち、ソリューション・サービスの提供においては買い手企業組織に売り手企業のスタッフが「異動」し、数年単位でシステムの構築やその維持・メンテナンスを行う。当然、その過程では顧客企業に体化されている形式化されていない経営能力（暗黙知）が把握される[7]。そして、売り手企業は、そうした知

7）資源ベース戦略論によれば、持続的な競争優位（独占）の源泉は希少かつ模倣困難な経営資源である。ポジショニングよりも組織能力に優位性の源泉を求めたという点で画期的だったが、その体系化を図ったのがティースのダイナミック・ケイパビリティ（動的能力）論である。多くの場合、この種のケイパビリティは言語化（形式化）されておらず、暗黙知として組織に埋め込まれている（Teece［2009=2013］）。IBM のようなソリューション企業はこうしたケイパビリティを吸収するのである。

識を異動したスタッフ個人にとどまらせず、社内で共有し、売り手企業のサービス提供能力の改善に結びつけるのである。

　このことが買い手企業に対する売り手企業の「情報格差」を生んでいると考えられる。以上をまとめれば、①スタッフ異動に伴う顧客組織のインターフェースの構築、②買い手の組織に埋め込まれた企業文化の習得、③売り手企業への知識の移転、という３点になるだろう。これらが、IBM の独占的優位性をもたらしていると考えられるのである。

　IBM などの包括的ソリューション・サービスを提供する巨大企業は、そのサービスの価格決定にあたり、顧客企業の経営コスト削減分を測定・評価しその一部を「報償」として対価を得るような「報償型契約」を普及させようとしている。具体的には、アウトソーシングの場合「何本の電話を何秒以内に対応するか」、銀行の基幹システムの場合「障害率」などの指標が設定される。つまり、顧客企業の属する産業や業務ごとに指標を設定し、ある程度の期間それを把握するのである。

　こうした形式化されにくいノウハウは、しかし、業種や職務によってある程度の共通性をもつ。IBM は複数業種にまたがる大量の顧客企業と継続的な接点を獲得することで、個々の産業において蓄積された経験を集積し、顧客企業単独では実現できないコスト効率を実現することができる。これが同社の提供するサービスの差別化──独占的優位──につながっているのである。

Ⅲ　GAFA──取引プラットフォームの独占

1　GAFA の事業活動

　2000年代以降になると、Microsoft や Intel あるいは IBM とも異なった IT 関連巨大企業が台頭した。GAFA あるいは GAFAM と呼ばれる、取引プラットフォームを独占することで巨額の独占的超過利潤を獲得する企業群がそれである（GAFAM とは GAFA に Microsoft を加えた造語である）。すなわち、GAFA は単一ないし特定の要素技術を所有・独占することによって産業を支配しているわけではない。GAFA 4 社はデバイスからアプリケーション、サービス・プラットフォームといった複数の事業領域を展開している。

表1-1 **GAFAの競合相手**（Form 10-Kのアイテム1A（risk factors）による）

Amazon	Google	Apple	Facebook
①小売、出版、（…）その他製品 ②その他オンラインeコマース、モバイルeコマースサイト ③メディア企業、ウェブ・ポータル、価格比較サイト、検索エンジン、SNS ④eコマース関連企業（ウェブサイト開発、実装、カスタマー・サービス、ペイメント処理を含む）、ストレージ、コンピューティング・サービス提供企業 ⑤コンシューマー・エレクトロニクス、電気通信、電子デバイス関連企業	①汎用的な検索エンジン ②特定用途の検索エンジン、eコマースサイト（Kayak、Linkedin、Amazon等） ③SNS（Facebook、Twitter等） ④その他の広告媒体（テレビ、ラジオ等） ⑤オンライン広告プラットフォーム（Facebook等） ⑥OS、モバイル・デバイス関連企業 ⑦オンライン・プロダクト、サービスのプロバイダ	①ハードウェア ②デジタル・デバイス ③ソフトウェア ④オンライン・サービス、デジタル・コンテンツおよびアプリケーションの流通業者	①コミュニケーションをオンライン上で再現する企業（Google+のモバイル・アプリケーションなど）。メッセージのやりとりや写真、動画等の共有機能、モバイルベースの情報、オンライン上で楽しむことができるエンターテインメント製品・サービス。

注：いずれも2014年度のForm 10-Kに基づく。
出所：Miguel and Casado［2016］p.134より作成。

この点は特定の要素技術に特化し、専業企業化することで成功したWintelismとは明らかに異なった特徴である。

表1-1は、GAFAを構成する4社がForm 10-Kにおいて、競合相手として報告している企業、製品・サービスを整理したものである。この表によれば、Googleはその競合相手として「②特定用途の検索エンジン」を挙げ、具体的な企業名の一つにAmazonを挙げている。Amazonはウェブ検索サービスを提供しているわけではないので、これは個々の技術や能力をめぐっての競争ではない。しかし、両社は「検索によってユーザーに便益を提供する」という点において実質的に競合している。たとえば、オンライン・マーケティング企業のBloomReach社の調査によれば、2016年において、オンライン・ショッピングのスタート地点としてGoogleなどの検索エンジンを

使用するユーザーの割合は約28%だったのに対して、Amazonを利用して検索するユーザーの割合は約56%にのぼったという（Soper［2016］）。

　ここからわかるように、GAFAにおける競争の特質は、個別のサービスやデバイスにおける市場シェアではなく、最終ユーザーが利用する製品やサービスの「体験」や「便益」にある。こうした「体験」や「便益」は、GAFAの提供する「プラットフォーム」のありようによって決まってくるので、GAFAの競争の特質が「（取引）プラットフォーム間競争」にあるということもできるだろう。

2 技術プラットフォームと取引プラットフォーム

　ここでプラットフォームの定義について整理しておきたい。プラットフォームとは、さしあたり、「複数の階層（レイヤー）あるいは補完的な要素（コンポーネント）で構成される産業やシステム商品において、他の階層や要素を規定している下位構造（基盤）」と定義できる（丸山［2006］）。先述のように、IT産業においてプラットフォームの重要性が増したのは、垂直特化型の産業組織が一般化し、その下で技術的に補完的な部門に属する異質な企業間の競争が広範にみられるようになったからである。こうした産業組織においては、他の階層や要素を規定する基盤であるプラットフォームを掌握できるかどうか（プラットフォーム・リーダーシップ）が、独占的超過利潤の獲得にあたって決定的となる。

　これは、共通の技術プラットフォームをベースとした要素技術・部品の開発が念頭に置かれたものだが、財やサービスの取引の場においてもプラットフォームを見出すことができる。丁・潘［2013］は、前者を「技術プラットフォーム」、後者を「取引プラットフォーム」に類型化し、後者の「取引プラットフォーム」を「両面プラットフォーム（もしくはマルチサイドプラットフォーム）の形をとっている市場仲介組織」と特徴づけている。GoogleやFacebook（Meta）は、この意味におけるプラットフォームを、すなわち取引プラットフォームを提供していることになる。

3 取引プラットフォームの独占

　多くの場合、こうした取引プラットフォームは無料で提供されているが、

その経済的目的はネットワーク外部性という需要側に生じる規模の経済を最大化することにある。すなわち、SNS 等の取引プラットフォームは利用者が多ければ多いほどその「効用」は高まり、利用者が多いことそれ自体が利用者を増やすことにつながる。したがって、先行して大量のユーザーを獲得したプラットフォームは容易には淘汰されない。一般的な製品・サービス市場においては、イミテーターの台頭が当該製品・サービスの陳腐化、コモディティ化を促すが、取引プラットフォームにおいてはそうしたことは生じにくい。「ネットワークをコピーするのは、機械の機能をコピーするよりもずっと難しい。ノキアとブラックベリーが Apple と Google に負けたとき述べたように、携帯電話の機能がもたらす価値は、無数のアプリ開発者のコミュニティーがもたらす価値と比べると、はるかに小さい。ネットワーク効果は、『経済的に最強の堀だ』」(Moazed and Johnson [2016=2018] 116頁)。

　以上のような経済効果は郵便ネットワークや電気通信分野においてもみられることであるが、GAFA が新しいのは、こうしたある種の自然独占を通じて利用者を囲い込むだけでなく、囲い込んだ利用者の取引（検索行為やSNS 上のコミュニケーション等）をビッグ・データとして集積し、それに解析を加えて、従来の広告関連企業では提供できない精度をもったターゲティング広告を提供している点にある。この場合、ユーザーは無償で「データ労働」を行っていることになり、これが GAFA の巨額の利潤の源泉かつ株価押し上げの原動力になっている（Posner and Weyl [2018=2020]）。QUICK ファクトセットによれば、GAFA 4 社合計の売上高税引き前利益率は2018会計年度において20.8％だった（『日本経済新聞』2019年 2 月 6 日付朝刊）。一方、日本の代表的な IT サービス企業である NTT データの売上高営業利益率は5.8％である（2018年 3 月期決算）。両者を単純に比較することはできないが、GAFA の利益率がいかに高いかが理解できるだろう[8]。

　しかし、ビッグ・データの集積がもつ意味はそれにとどまらない。より重

8）以上については、森原［2019］および森原［2022］も参照されたい。プラットフォーマーは対価なしにデータ労働を取得しているが、そのためにはユーザーの囲い込みが必要となる。これは言い換えれば、人々の生活世界にいかにして浸透するかということが競争戦略においても死活的に重要になっているということになる。GAFA の独占をめぐる問題は狭い意味での経済学や経営学だけでなく、政治学的、社会学的あるいは心理学的な視点が不可欠である。

要なことは、需要側に生じる規模の経済が、供給側の「範囲の経済」に帰結
しているということである（範囲に関して収穫逓増）。GAFA の提供するさ
まざまな財・サービスの利用によって収集された大量のデータを連携するこ
とが可能であれば、個別のデータ部分（データ・サイロ）の総計よりも大き
い「超付加的な」知見を得ることが可能になるだろう（OECD［2015＝2018］
202頁）。この結果、GAFA の取引プラットフォームはますます「魅力的」
になりうるのであり、ユーザー・ロックインが強化される。

　つまり、ひとたびユーザーの囲い込みに成功すれば、そこから無償で膨大
な量のデータを収集することができ、このデータがプラットフォームの魅力
を高めることにも利用される。そして、そのことがさらなるユーザー基盤の
拡充につながり、無償で収集しうるデータ量の増大に帰結する。端的にいえ
ば、GAFA など巨大プラットフォーマーの独占の根拠は、ネットワーク外
部性という需要側に生じる規模の経済を対価なしのデータ労働を取得するた
めに活用していることに求めうる。そして、こうした「好循環」を実現させ
ることによって、独占の強化につなげているのが GAFA をはじめとしたプ
ラットフォーマーなのである[9]。

　おわりに

　本章では、アメリカ IT／エレクトロニクス関連巨大企業の独占につい
て、おもに1990年代以降の事例を取り上げて整理してきた。そこでの独占の
類型を改めて指摘すれば、①技術プラットフォームの独占に基づく産業支配
（＝典型企業は Microsoft や Intel）、②取引プラットフォームの独占に基づ
く無償の「データ労働」の取得（＝典型企業は GAFA）、③ソリューショ
ン・サービスの提供による顧客企業の囲い込み（＝典型企業は IBM）の3
つということになる。そして、あえてこれらに共通する特徴を挙げるとすれ
ば、「脱ハードウェア」ということになる。

　第Ⅰ節で触れたように、1980年代のアメリカ「ハイテク製造業」の課題

9）GAFA は中小業者との不公正な取引（オーバーチャージ等）などでも問題視されて
　いる。これは他の産業でもみられる独占的行為であるが、本章では割愛した。この点に
　ついては、福田［2021］が平易に整理している。

は、日本企業のキャッチアップだった。多くの日系企業をめぐる議論が指摘するように、日本企業の強み（と弱み）は、製造現場と開発部門の距離の近さにあった。このことは高い製造効率につながり、競争の焦点が最終製品のコストと品質にあるのであれば、アメリカ企業は後退を余儀なくされる。しかし、こうした日系企業の強みは、競争の焦点が最終製品ではなく革新的な技術に、機能ではなくデザインやソリューションにシフトすればむしろ弱さに転化する。製造効率の高さは事業目的が明確であって初めて意味をもつ。事業目的が不動でも自明でもなくなれば、むしろ「過剰品質」が問題とされるようになるからである。

　1990年代以降、アメリカのIT／エレクトロニクス産業は、低採算の組み立て部門やコンポーネントの製造を中国をはじめとした新興国に任せ、自らはデザインやサービスに集中することで独占的超過利潤を獲得してきた。この意味において、1990年代以降のアメリカIT関連企業の影響力はグローバリゼーションとともにあろう。以上を踏まえるならば、2010年代に入って激化しはじめた米中対立は、アメリカのIT／エレクトロニクス産業の独占にとっても重大な課題となる。

【参考文献】

沖本、ダニエル・I／渡辺敏訳［1991］『通産省とハイテク産業——日本の競争力を生むメカニズム』サイマル出版会（Okimoto, Daniel I., *Between MITI and the Market: Japanese Industrial Policy for High Technology*, Stanford University Press, 1989.）。

ケニー、マーティン、リチャード・フロリダ［1993］「日本的生産システムこそポスト・フォード主義の最先端である」加藤哲郎／ロブ・スティーブン編『国際論争日本型経営はポスト・フォーディズムか？』窓社。

坂井昭夫［2004］「憂愁の様相——1980年代米国経済の回顧（1）」Discussion Paper、京都大学経済研究所、No.0403.

坂本和一［1992］『コンピュータ産業——ガリヴァ支配の終焉』有斐閣。

澤井雅明［2007］「コンピュータ産業における組織間関係の維持に関する研究」『経営教育研究』第10巻、155-174頁。

立本博文（2007）「PCのバス・アーキテクチャの変遷と競争優位——なぜIntelは、プラットフォーム・リーダーシップを獲得できたか」MMRC Discussion Paper、No.171、東

京大学 COE ものづくり経営研究センター。

丁可・潘九堂［2013］「『山寨』携帯電話——プラットフォームと中小企業発展のダイナミクス」渡邉真理子編著『中国の産業はどのように発展してきたか』勁草書房。

夏目啓二［1977］「IBM の技術独占」井上清・儀我壮一郎編著『講座経営経済学⑦ 転換期の「多国籍企業」』ミネルヴァ書房。

福田泰雄［2021］『格差社会の謎——持続可能な社会への道しるべ』創風社。

マガジナー、アイラ、ロバート・ライシュ／天谷直弘監訳［1984］『アメリカの挑戦——日米欧の企業戦略と産業政策』東洋経済新報社（Magaziner, Ira C. and Robert B, Reich, *Minding America's Business: The Decline and Rise of the American Economy*, 1983.）。

丸山雅祥［2006］「市場の二面性（two-sided market）」神戸大学大学院 MBA プログラムビジネスキーワード。

三菱総合研究所［2017］『サイバー国際経済に関する調査』2017年3月。

森原康仁［2017］『アメリカ IT 産業のサービス化——ウィンテル支配と IBM の事業変革』日本経済評論社。

—— ［2019］「プラットフォーム・ビジネスと GAFA によるレント獲得」日本比較経営学会編『比較経営研究』第43号、47-68頁、文理閣。

—— ［2022］「コミュニケーションからレントを獲得する——新自由主義的統治性下でのプラットフォーマー」唯物論研究協会編『唯物論研究協会年誌 第27号「つながる」力の現在地』大月書店。

Arrieta-Ibarra, I., L. Goff, D. Jiménez-Hernández, J. Lanier, and E. G. Weyl [2018] "Should We Treat Data as Labor? Moving beyond 'Free'," *AEA Papers and Proceedings*, 108, May, pp.38-42.

Borrus, M. and J. Zysman [1997] "Wintelism and the Changing Terms of Global Competition: Prototype of the Future?," Berkley Roundtable on International Economy Working Paper 96B, University of California, Berkeley.

Bresnahan, T. F. [1999] "New Modes of Competition: Implications for the Future Structure of the Computer Industry," in J. A. Eisenach and T. M. Lenard eds., *Competition, Convergence, and the Microsoft Monopoly: Antitrust in the Digital Marketplace*, Norwell: Kluwer Academic Publishers.

Bresnahan, T. and S. Greenstein [1999] "Technological Competition and the Structure of the Computer Industry," *Journal of Industrial Economics*, Vol. 47, No.1, pp.1-40.

Cohen, S. S. and J. Zysman [1987] *Manufacturing Matters: The Myth of the Post-Industrial Economy*, New York, NY: Basic Books Inc.（スティーブン・S・コーエンほか／大岡哲・岩田悟志訳『脱工業化社会の幻想——「製造業」が国を救う』TBS ブリ

タニカ、1990年）

Dertouzos, M. L., R. K. Lester, and R. Solow [1989] *Made in America: Regaining the Productive Edge*, Cambridge, Massachusetts: MIT Press.（マイケル・L・ダートウソスほか／依田直也訳『Made in America——アメリカ再生のための米日欧産業比較』草思社、1990年）

Florida, R. and M. Kenny [1989] *The Breakthrough Economy: The Separation on Innovation and Production in the United States*, New York, NY: Basic Books.

Funk, J. Lee [2012] "The Unrecognized Connection between Vertical Disintegration and Entrepreneurial Opportunities," *Long Range Planning*, Vol.45. No.1 pp.41-59.

Grove, A. S. [1990] "The Future of the Computer Industry," *California Management Review*, Vol.33, No.1, pp.148-159.

—— [1996] *Only the Paranoid Survive: How to Exploit the Crisis Points that Challenge Every Company and Career*, New York: Doubleday.（アンドリュー・S・グローブ／佐々木かをり訳『インテル戦略転換』七賢出版、1997年）

Kenny, M. and R. Florida [1988] "Beyond Mass Production: Production and the Labor Process in Japan," *Politics & Society*, Vol.16, No.1, March.（小笠原欣幸訳「大量生産を超えて——日本における生産と労働過程」加藤哲郎、ロブ・スティーブン編『国際論争 日本型経営はポスト・フォーディズムか？』窓社、1993年）

Macher, J. T. and D. C. Mowery [2004] "Vertical Specialization and Industry Structure in High Technology Industries," *Advances in Strategic Management*, Vol.21, pp.317-356.

Miguel, J. C. and M. Casado [2016] "GAFAnomy (Google, Amazon, Facebook and Apple): The Big Four and the b-Ecosystem," in M. Gómez-Uranga, J. M. Zabala-Iturriagagoitia and J. Barrutia eds., *Dynamics of Big Internet Industry Groups and Future Trend: A View from Epigenetic Economics*, Cham, Switzerland: Springer International Publishing.

Miozzo, M. and D. Grimshaw [2011] "Capabilities of Large Services Outsourcing Firms: The 'Outsourcing Plus Staff Transfer Model' in EDS and IBM," *Industrial and Corporate Change*, Vol.20, No.3, pp.909-940.

Moazed, A. and N. L. Johnson [2016] *Modern Monopolies: What It Takes to Dominate the 21st-Century Economy*, New York, NY: Apptico.（アレックス・モザドほか／藤原朝子訳『プラットフォーム革命——経済を支配するビジネスモデルはどう機能し、どう作られるのか』英治出版、2018年）

OECD [2015] *Data-Driven Innovation: Big Data for Growth and Well-Being*, Paris, France: OECD.（大磯一・入江晃史監訳『OECD ビッグデータ白書——データ駆動型イノベーションが拓く未来社会』明石書店、2018年）

Posner, E. A. and E. G. Weyl [2018] *Radical Markets: Uprooting Copitalism and Democracy for a Just Society*, Princeton, New Jersey: Princeton University Press.（エリック・A・ポズナーほか／安田洋祐監訳、遠藤真美訳『ラディカル・マーケット——脱・私有財産の世紀』東洋経済新報社、2020年）

Pugh, E. W. [1995] *Building IBM: Shaping an Industry and Its Technology*, Cambridge Massachusetts and London, UK: The MIT Press.

Soper, S. [2016] "More Than 50% of Shoppers Turn First to Amazon in Product Search," *Bloomberg News*, September 27.

Sturgeon, T. J. [2002] "Modular Production Networks: A New American Model of Industrial Organization," *Industrial and Corporate Change*, Vol. 11, No. 3, pp.451-496.

Teece, D. J. [2009] *Dynamic Capabilities & Strategic Management: Organizing for Innovation and Growth*, New York: Oxford University Press.（デビッド・J・ティース／谷口和弘ほか訳『ダイナミック・ケイパビリティ戦略——イノベーションを創発し、成長を加速させる力』ダイヤモンド社、2013年）

U.S. Census Bureau [various issues] *Statistical Abstract of the United States*, U.S. GPO.

Waldman, D. E. [2001] "Using the Tools: A Case Study of the Computer Industry," in D. E. Waldman and E. J Jensen, *Industrial Organization: Theory and Practice*, 2nd ed., Boston, Massachusetts: Addison-Wesley.

第2章　金　融

2008年金融危機後における
巨大資産運用会社の台頭

大橋 陽　*Akira Ohashi*

はじめに

　1929年に始まる大恐慌は、1933年銀行法（通称グラス＝スティーガル法）など一連のニューディール金融規制を導き、商業銀行の金利、地理的営業範囲、業態を厳しく規制した。これはアメリカの戦後経済繁栄を支える国内金融秩序を構成してきた。しかし、1960年代の多国籍銀行化に続き、インフレが高進し変動相場制へのなし崩し的移行が生じた1970年代において、ニューヨーク証券取引所委託売買手数料の自由化を意味する1975年5月1日の「メーデー」によって、金融規制緩和・自由化の四半世紀の幕が切って落とされた。

　2度にわたる貯蓄貸付組合（S&L）危機を経験しつつも、1999年金融サービス近代化法（グラム＝リーチ＝ブライリー法）により金融自由化は完成をみた。これは、1998年の銀行持株会社シティコープと保険大手トラベラーズ・グループの合併によるシティグループの誕生を追認し、2000年には商業銀行チェース・マンハッタン銀行と投資銀行JPモルガンが合併しJPモルガン・チェースが誕生する決定打となった。結局、金融自由化は住宅モーゲージ・ローンの証券化を通じて2008年金融危機に帰結した。

　「大きすぎて潰せない」（TBTF）ほど巨大化した一握りの巨大複合金融機関（LCFI）は、金融界のみならず経済全体を揺るがすほどリスクが大きか

った。したがって、2010年ドッド＝フランク・ウォール・ストリート改革及び消費者保護法により、金融安定監視委員会（FSOC）がそれらを「システム上重要な金融機関」（SIFI）に指定し、より重い規制を課すなどして一定の牽制が加えられた。

　他方、金融危機以降、金融緩和が続いたことで巨大資産運用会社の存在感が高まってきた。よって本章では、巨大資産運用会社を含む現代アメリカ金融システムの態様について概説し、研究課題を展望することを目的とする。第Ⅰ節でアメリカ型金融システムの展開を振り返ったうえで、第Ⅱ節では、プライベート・エクイティによるメイン・ストリートの収奪の問題を明らかにする。第Ⅲ節では、危機後の新展開の中でもパッシブ・インデックス・ファンドの急成長に目を向け、それがもたらす研究課題について論じることにしよう。

Ⅰ　アメリカ型金融システムとその新展開

1　家計からみる資金循環と金融規制緩和・自由化

　日本では、「貯蓄から投資へ」というスローガンが掲げられて久しいが、銀行などの相対型取引がいまだに優位である。日本の1946兆円に及ぶ家計金融資産の構成は、現金・預金が54.3％と過半を占めており、債務証券1.4％、投資信託4.3％、株式等10.0％、保険・年金・定型保証27.4％、その他2.7％となっている。それとは対照的にアメリカの109兆6000億ドルの家計金融資産は、現金・預金が13.3％ときわめて低位であるのに対し、債務証券4.2％、投資信託13.2％、株式等37.8％と金融市場を通じた市場型取引の構成が大きいという特徴をもっており、残りは保険・年金・定型保証29.0％、その他2.5％となっている（日本銀行調査統計局［2021］3頁）。

　大恐慌による銀行倒産の波を経験したアメリカでは、ニューディール期前半に矢継ぎ早に金融制度改革が行われた。グラス＝スティーガル法として知られる1933年銀行法、1935年銀行法などは、金利、地理的営業範囲、業態（銀行と証券の分離など）を制限することで商業銀行に非対称的に厳しい規制を課してきた。さらに金融システム安定化のため、中央銀行たる連邦準備制度の主要政策手段の確立と統治機構の改革が実施された（須藤［2017］）。

その結果、商業銀行業は、3％の金利で預金を集め、3％の利鞘を乗せて6％で貸付を行い、午後3時には仕事を切り上げてゴルフを楽しむ「3−6−3の法則」と揶揄される退屈なものとなった。

　しかし、1970年代、インフレ高進により預金と貸付の金利が逆転する逆鞘が生じ、バランスシートの借方をなす預金は後述のMMMF/MMFと競合し、貸方では貸付が停滞する非仲介化が生じた。それにより、1980年預金取扱金融機関規制緩和・通貨管理法による商業銀行の預金上限金利を定めた規則Qの段階的撤廃、1982年ガーン＝セント・ジャーメイン預金金融機関法による商業銀行への市場金利連動型普通預金（MMDA）導入が生じた。さらには1994年リーグル＝ニール州際銀行業・支店設置効率化法による地理的営業範囲の緩和が行われ、1980年代後半に進んだ各州の互恵ベースの地理的営業範囲規制緩和と相まって、1980年には1万4434行あった商業銀行は、中小銀行の合併により年平均3.9％で減少し、1998年には8774行まで、2020年には4377行まで減少した。最後に、1999年金融サービス近代化法による業態の垣根の撤廃で、四半世紀にわたる金融規制緩和・自由化が完成することになった。

　現在に至るアメリカ型金融システムの進化を、表2−1のアメリカ家計の総金融資産と総負債のデータに基づきながら確認しよう。

　総金融資産からみていくと、第1に、前述のように預金が一貫して低位安定していることである。預金の比率は、1970年には18.5％、2008年には17.9％、2022年には16.0％となっている。MMMF/MMFは1971年に開発され、短期債券で運用するオープンエンド型、会社型の投資信託であった。1口当たりの純資産価値が基準価格の1ドルを保ち、現金に等しい安全資産だと想定されていた。メリルリンチは証券総合口座（CMA）を導入し、預かり資産を担保に貸付を行ったり、小切手を振り出せるようにし、銀行口座と同等の機能をもたせた。

　第2の特徴は、株式と出資金が比較的多いことである。両方を合わせると、1970年には44.4％であったものが、2008年には28.7％へと急落しているが、これは金融危機により株式評価額が大幅に低下したことに起因する。NYダウ平均株価は、2007年10月11日に当時の最高値1万4198ドルをつけた後、2008年9月15日のリーマン・ショックを経て2009年3月6日の6470ドル

表2-1 アメリカ家計の総金融資産と総負債（1970年、2008年、2022年）

	1970年		2008年		2022年	
	金額 (10億ドル)	比率 (%)	金額 (10億ドル)	比率 (%)	金額 (10億ドル)	比率 (%)
総金融資産	2,936.2	100.0%	45,638.0	100.0%	115,508.2	100.0%
預金	542.1	18.5%	8,171.5	17.9%	18,524.3	16.0%
預金類	542.1	18.5%	6,591.5	14.4%	15,784.4	13.7%
MMMF／MMF	0.0	0.0%	1,580.0	3.5%	2,739.9	2.4%
債務証券	192.4	6.6%	4,692.4	10.3%	2,961.0	2.6%
ローン	53.7	1.8%	967.9	2.1%	1,482.1	1.3%
株式	650.2	22.1%	5,614.4	12.3%	30,310.1	26.2%
MF	44.5	1.5%	2,791.5	6.1%	11,792.5	10.2%
売上債権	n.a.	n.a.	n.a.	n.a.	287.7	0.2%
生命保険	130.7	4.5%	1,050.2	2.3%	1,919.7	1.7%
年金基金	639.5	21.8%	14,087.7	30.9%	31,120.0	26.9%
出資金	654.6	22.3%	7,496.2	16.4%	15,674.5	13.6%
その他資産	28.5	1.0%	766.3	1.7%	1,436.3	1.2%
総負債	478.7	100.0%	14,272.8	100.0%	18,637.7	100.0%
債務証券	0.0	0.0%	259.5	1.8%	202.3	1.1%
ローン	467.2	97.6%	13,749.5	96.3%	18,010.8	96.6%
住宅モーゲージ	286.0	59.7%	10,579.9	74.1%	11,969.9	64.2%
消費者信用	133.7	27.9%	2,644.2	18.5%	4,467.3	24.0%
その他ローン	47.5	9.9%	525.4	3.7%	1,573.6	8.4%
その他負債	11.6	2.4%	263.7	1.8%	424.5	2.3%

注：2022年のデータは、2022年第1四半期のものである。各項目は四捨五入があるため、「総金融資産」と「総負債」は各項目の合計と等しくならない場合がある。MFはミューチュアル・ファンドを意味する。
出所：FRB［2022a］；FRB［2016a］；FRB［2016b］より作成。

まで54.4％も下落した。オバマ政権下で緩やかに回復しトランプ相場で高騰した株価は、新型コロナウイルス・パンデミックで2020年2～3月に下落したが、2022年8月1日現在NYダウは3万2798ドルと史上最高値圏にある。したがって、2022年には株式と出資金の合計比率は39.8％まで回復している。だが、2021年11月から2022年3月のテーパリング（量的緩和の縮小）と、それに続いてインフレ抑制のために行われた急ピッチの利上げは株価に影響を及ぼしてきた。

　第3に、年金基金や保険会社等に大量の資金が流入し、その運用が重要性をもっていることである。これらは個人投資家に対比して機関投資家と呼ば

れるが、それらが存在感を増す機関化現象がみられた。機関投資家は、第2次世界大戦後、アメリカのみならず世界各国で家計が保有する資産が着実に蓄積され、福祉国家化が進むなかで年金制度や保険制度が整備されるに伴って登場した（三谷［2017］238、242-243頁）。

　第4に、ミューチュアル・ファンドが増加し、間接的株式所有が増えたことである。1970年には総金融資産の1.5％を占めたに過ぎなかったが、2022年には10.2％まで大幅に増加した。この目覚ましい伸びは、1974年制定の従業員退職所得保障法（ERISA）により導入された個人退職勘定（IRA）、1978年に定められた内国歳入法401条k項に基づく401（k）プランと呼ばれる確定拠出年金によってもたらされた。

　他方、家計の総負債のほとんどは、ローンである。その内訳をみると、住宅モーゲージが1970年の59.7％から2008年には74.1％に上昇し、2022年には64.2％まで再び低下している。1990年代後半に株価高騰が生じたが2001年にITバブルは崩壊し、それをリレーする形で不動産バブルが生じた。世界的カネ余りと金融規制の弛緩により、サブプライム・ローン問題が生じ、リスキーな証券化が破綻したのが2008年金融危機であった。その後、資本注入による巨大複合金融機関の救済や、連邦準備制度による一連の大規模資産購入が行われた。それがマネーと債務を膨張させたのである。

　2008年以降、住宅モーゲージに代わって増加したのが消費者信用とその他ローンである。これらには急増する学生ローンが含まれており、他の主なローンである自動車ローン、クレジットカードによる債務を上回っている。2022年には、4500万人が総計1兆7500億ドルの学生ローン債務残高を抱えており、借り手1人当たり3万8889ドルに相当し、延滞や債務不履行も少なくない。

2 機関投資家と株主資本主義の隆盛

　株式所有が分散化し「所有と経営の分離」が実現したうえで、第2次世界大戦後には経営史家アルフレッド・チャンドラーの言う競争的経営者資本主義が成立していた。こうした経営者支配による巨大企業は、1970年代のアメリカ経済の相対的地位低下と金融規制緩和・自由化により、翳りをみせた。

　この頃から年金基金、生命保険会社、ミューチュアル・ファンドが長期的

な資産運用の量的拡大を示す一方、ヘッジファンドが短期的な高収益を目指しはじめた。年金基金の一部資金がヘッジファンドに流入したことで、長期運用の安定性と短期運用の収益性が相互補完的に追求されるようになった（三谷［2017］244-245頁）。

　機関投資家は従来「物言わぬ株主」であった。「退出」、つまり、非効率な経営の会社であればその株式を売却して投資先を変えればいいというウォール・ストリート・ルールに則って行動してきた。だが「退出」だけでなく「発言」を組み合わせることで、1980～90年代に株主利益最大化を目的とするコーポレート・ガバナンスが確立し、株主資本主義が徹底されることになった。

　年金基金、保険会社、銀行など資産を有する機関投資家をアセット・オーナーと呼ぶが、それらは外部運用機関のアセット・マネージャーに運用を委託する。アセット・オーナーは、従来、上場株や債券といった伝統的資産で運用を行ってきたが、収益性確保のため、金融工学やデリバティブを扱うヘッジファンド、ベンチャー企業に投資するベンチャー・キャピタル、不動産や非上場株を扱うプライベート・エクイティに運用を委託するようになった。このような伝統的資産以外のものをオルタナティブ資産と呼ぶ。

　なお、カルパース（CalPERS）の略称で知られるカリフォルニア州職員退職年金基金などの年金基金、ハーバードやイェールなどの名門大学が寄付金を運用するエンダウメントは、近年、投資基準としてESG（環境、社会、ガバナンス）を重要な要素としている。

　さて、「物言う株主」はアクティビストともいわれ、株主価値を実現するために、増配や自社株買戻し、株主提案、取締役の選任などの要求を積極的に行う。加えて、企業の合併・買収といったバイ・アウト戦略、さらには事業再編、業界再編を目指すバイ・アンド・ビルド戦略によって長期的により高い株主価値を求めることがある。その典型がプライベート・エクイティである。日本では、買収ファンド、企業再生ファンド、場合によってはハゲタカ・ファンドという異名で知られている。

Ⅱ　プライベート・エクイティによるメイン・ストリートの収奪

1　合併・買収ブームとプライベート・エクイティ

　プライベート・エクイティ（PE）は直接的には非公開株を意味する。PE
には、新興企業に初期投資を行うベンチャー・キャピタル、既存企業の規模
拡大のための投資を行うグロース・キャピタル、経営難の老舗企業や業績不
振の企業に投資を行うバイアウトという 3 つの形態がある（CFS［2019］
pp.9-10, 95）。PE は、合併・買収で経営権を掌握する過程でもともと非公開
株であるものを扱うだけでなく、公開買い付け（TOB）や第三者割当など
により公開株を入手し、非公開化することを基本戦略としている。

　PE には、PE ファームと PE ファンド、両方の意味がある。PE ファーム
は通常、ゼネラル・パートナー（GP）として、税優遇措置を受けられる有
限責任事業組合（LLP）形態の PE ファンドを組織し、そのファンドに出資
するとともに管理運営を行い、複数のファンドを設定している。PE ファン
ドには、GP のほかに、多数のリミテッド・パートナー（LP）が出資を行っ
ている。内訳は、年金基金（49%）、富裕層投資家（HNWI, 14%）、保険会
社（11%）、財団およびエンダウメント（11%）、政府系投資ファンド（SWF,
10%）、銀行（4 %）、企業投資家（1 %）である（Swenson［2019］p.11）。
そして PE ファンドがいくつもの投資先に資金を投下し、収益を上げる構造
となっている。

　ところで、アメリカでは数度にわたって合併・買収ブームがみられた。ト
ラスト、持株会社による企業結合として、まず1879〜93年にみられた同一産
業部門内の水平的結合があり、スタンダード・オイル、アメリカン製糖社、
US ラバー社など消費財産業で行われた。次に1898〜1904年の垂直統合があ
り、原料生産から最終消費者への販売に至るすべての過程を 1 企業に統合す
る巨大法人企業を生み出した。スウィフト社、アーマー社、モリス社といっ
たシカゴの精肉企業、アメリカン・タバコ社、US スティールなどが典型的
である。これらは第 1 次、第 2 次ブームをなし、前者は1890年シャーマン反
トラスト法を導いたが、同法のあいまいさと不備が第 2 次ブームを生み出す
結果となったため、1914年にクレイトン反トラスト法と連邦取引委員会

（FTC）が成立することになった（須藤［2012]）。

　第3次ブームは1960年代に起こった。水平合併と垂直合併が厳しく制限されたため、需要が低迷していた軍需産業を中心に異業種間の企業結合によるコングロマリット化が進んだ。コングロマリット化の失敗は、1970年代後半から1980年代末の第4次ブームにつながった。これを特徴づけるのがレバレッジド・バイアウト（LBO）であり、少額の自己資金だけで、買収対象企業の資産やその将来価値を担保にして資金調達を行う手法である。LBOでは、銀行融資だけではなく、投資不適格の格付けの低い債券であるジャンク・ボンドが資金調達手段として活用されるようになった。また、コールバーグ・クラビス・ロバーツ（KKR）による食品およびタバコ産業のRJRナビスコ（全米第19位の巨大企業）買収劇は、250億ドルにのぼる歴史的なものであった（Burrough and Helyar［1989]）。ジャンク・ボンド市場の崩壊により第4次ブームは終了したが、1990年末には本章の「はじめに」で述べた巨大複合金融機関などを生むメガ・ディールの第5次ブームがあり、現在はPEによる合併・買収がアメリカ経済全体に影響を及ぼしている。

　2022年における世界のPEファーム上位10社は、KKR（ニューヨーク）、ブラックストーン（ニューヨーク）、EQT（ストックホルム）、CVCキャピタル・パートナーズ（ルクセンブルク）、トマ・ブラヴォー（サンフランシスコ）、カーライル・グループ（ワシントンDC）、ゼネラル・アトランティック（ニューヨーク）、クリアレイク・キャピタル・グループ（サンタモニカ）、ヘルマン＆フリードマン（サンフランシスコ）、インサイト・パートナーズ（ニューヨーク）と続く。これは上位300社のほんの一部で、上位10社の中でも上位はそれほど順位が入れ替わることはないが、下位の入れ替わりは激しい。被買収企業をみると、ヒルトン・ホテル、ダンキン・ドーナツ、セーフウェイ（スーパーマーケット）、LAフィットネス、テイツ・ベイク・ショップ（焼菓子）、ポパイズ・ルイジアナ・キッチン（フライドチキン）、オーセンティック・ブランズ・グループなど、日本に進出していたり、馴染み深い会社やブランドが名を連ねている（Private Equity International［2022]）。

2 プライベート・エクイティをめぐる争点

　エリザベス・ウォーレン上院議員（民主党、マサチューセッツ州選出）は、反ウォール・ストリートの闘士として知られており、2019年にウォール・ストリート略奪防止法を提出し、2022年にも再提出している。

　同法案は次の5点を内容としている（Warren［2019］）。①PEファームに対し自らリスクを負うこと（"Skin in the game"）を要求する。投資先企業が負担する負債、法的判断、年金関連の責任を共有する。②投資先企業に対する略奪をなくす。買収後2年間は投資家への配当を禁止し、過剰な手数料などで資産を吸い上げることを禁止する。③労働者、顧客、地域社会を保護する。投資先企業が破綻した際にPEが立ち去ることを防ぐために、労働者の賃金、退職金、年金、雇用維持など、ステークホルダーを保護する各種規定を定める。④透明性を高めて投資家（リミテッド・パートナー）がファームやファンドを比較検討できるようにする。⑤リスク・リテンションを義務づける。証券化の際の原債権の信用リスクを保持することを義務づけるドッド＝フランク法の規定を復活させる。

　民主党議員はPEに少なくとも部分的には批判的である一方、共和党議員は概してPEの意義を認めている。ここで、2020年大統領選民主党予備選挙の最中の2019年11月29日、下院金融サービス委員会で開かれた公聴会「アメリカは売られているのか？――プライベート・エクイティの慣行の検証」での議論に触れておこう。

　公聴会の冒頭、下院金融サービス委員会委員長のマキシン・ウォーターズ下院議員（民主党、カリフォルニア州選出）は次のように指摘した。PE業界は2009年の2億5000万ドルから2018年には104億ドルの投資規模まで急拡大したが、2008年金融危機後には差し押さえられた住宅を入手し賃貸住宅にして家賃を吊り上げ、地域コミュニティと関わりのない不在地主となった。また、病院、老人ホーム、救急サービスに投資し、サービスの悪化や高額請求が増え、救急車の中で生まれた乳児に761通の請求書が送られたこともある。さらにはPE所有の小売業で破産が続いているという（CFS［2019］pp.1-2）。

　このように、PEが投資先企業を略奪しているのではないかという見方がある。Amazonなどeコマースとの競合により、「小売業の黙示録」と呼ば

れる小売業の衰退傾向が指摘されて久しいが、PE はそれを助長しているかもしれない。

　法案賛成側の調査は、2005年以降の PE による大規模小売チェーンの買収65件についてのものであり、次の6点の指摘をしている（AFRED et al. [2020] pp.1-4）。① PE は小売業破産の推進要因である。コロナ禍以前の2015～19年において、破産申請をした小売チェーンの約3分の2が PE によって所有されていた。全国チェーンとしてはペイレス・シューズ、トイザらス、シアーズ／Kマートなどがある。② PE 所有小売企業は、コロナ禍以前に約54万2000人の雇用を削減し、1万8000店舗を閉鎖した。③この雇用喪失は、女性と有色人種に偏っており、女性が30万人、ヒスパニック／ラティーノが10万1000人、黒人が6万8000人を占めている。④ PE の雇用削減は54万2000人であり、雇用創出は14万5500人であるので、雇用削減は雇用創出の約4倍である。⑤ PE 所有小売企業は正味約40万人の雇用削減をもたらした。⑥コロナ禍に入ってから、PE 所有小売企業は破産寸前となり、Jクルー（アパレル）、ニーマン・マーカス（百貨店）、ギター・センター（楽器店）など一部は破産し、21万5000人の雇用を削減した。

　トイザらスは2005年に PE のベイン・キャピタル、KKR、不動産投資信託のボルネード・リアルティ・トラストにより、50億ドルの債務を負わされるレバレッジド・バイアウトにより75億ドルで買収された。同社の売上は110億ドルと安定していたが、債務支払いは2007年に営業所得の97％にものぼり、厳しい小売業環境に必要な投資を行うことができなかった。そうして破産に至り、2018年に全店舗を閉鎖し、3万3000人の全従業員が失業した（AFRED et al.［2020］p.6）。

　ジョヴァンナ・デ・ラ・ロサは、20年間トイザらスで働き、PE の責任を追及する NPO「尊重を求めるための団結」（UFR）のリーダーとなり、公聴会で証言を行った。彼女によれば、買収後、経営効率化が図られると思っていたが、あらゆる役職や雇用形態の差が撤廃され、勤務時間、手当、医療保険も削られただけであった（CFS［2019］p.61）。トイザらスは PE に4億7000万ドルの手数料を支払ったが、それは職を失った従業員全員に1万4000ドル以上を支払うことができる金額であった。実際、各従業員に支払われたのは800ドルだけであった。UFR は議会、報道機関、年金基金などにあらゆ

る働きかけをし、KKR とベイン・キャピタルから2000万ドルを得て基金を設立し、失業者の若干の助けとなった。このように PE によって130万人の雇用が失われているという（CFS［2019］pp.8-9, 83-93）。

　他方、PE は、雇用、中小企業振興、年金基金運用できわめて有益だという証言もあった。米国投資評議会会長兼 CEO を務めるドリュー・マロニーによれば、PE の投資の最終目的はより良いビジネスを構築することであり、短期的利益を目指すのではなく、忍耐強い長期的資本を提供するとともに、戦略策定、長期的成長目標の設定など、投資先企業の経営陣に専門知識を提供するものである。雇用について、PE 所有企業は、2018年に880万人を雇用し、6000億ドルの賃金、給付を支払っており、その3分の1は、製造業、建設業、運輸業、倉庫業であった。投資先について、2018年には4700社以上に6850億ドルを投資し、そのほとんどが中小企業であった。年金基金運用について、教師、警察官、消防士らのための公的年金基金の91％が少なくとも資金の一部を PE に投資し、過去10年間、あらゆる資産クラスで最も高いリターンを生み出した。リターンは、株式が約7％であったのに対し、PE は手数料を差し引いたあとで約13％であった（CFS［2019］pp.9-11, 94-96）。これらは質問で共和党議員が繰り返し強調していた点であった。

　また、中小企業投資連盟のブレット・パルマーは、PE の投資が資本の選択肢を広げるのに重要であり、中小企業の成長には不可欠であるので、投資を減らすような政策や税制をとるべきではないと述べた（CFS［2019］pp. 11-12, 102-114）。

　このように PE に対する見解は党派、立場によって大きく異なっていた。この公聴会では、PE について学術研究を行っているアイリーン・アッペルバウム（経済政策研究センター）も証言に立った。提出された陳述書の結論で、「多かれ少なかれ、メイン・ストリートはウォール・ストリートの巨大民間資産運用会社によって収奪されている」と言い、反 PE の立場を隠そうとはしていない。しかし、レバレッジド・ローンが多くの痛みを伴うものとなり、「私たち皆が気にかけている労働者を雇用し、私たちが暮らす地域社会にとって重要な企業がたくさん、本当にたくさん次の不況で破産することでしょう」という予言は、コロナ禍で起こった事実にほかならない（CFS［2019］p.80）。

Ⅲ パッシブ・インデックス・ファンド

1 パッシブ・インデックス・ファンドの「ビッグ・スリー」

　「ビッグ・スリー」といえば、かつてはデトロイトを本拠とするGM、フォード、クライスラーという自動車会社を指す言葉であった。しかし、最近では、S&P500やラッセル3000などの株価指数をベンチマークに運用するパッシブ・インデックス・ファンドを提供する、ブラックロック（2022年運用資産残高9兆5700億ドル）、バンガード（8兆1000億ドル）、ステート・ストリート（4兆200億ドル）という巨大資産運用会社を指す言葉となっている（Bezek and Divine［2022］）。規模からすればフィデリティ・インベストメンツ（4兆2830億ドル）もこの3社に並ぶが、同社はアクティブ運用が主である。

　「ビッグ・スリー」は、株価指数をベンチマークにしてポートフォリオを組むのでパッシブ運用ファンド（パッシブ・インデックス・ファンド）と呼ばれ、ファンド・マネージャーが一定の方針に沿って運用成績を上げるように銘柄を選択するアクティブ運用ファンドと対比される。かつてはアクティブ運用を行うファンドが多かったが、手数料が高く、中長期的に株価指数を上回る運用成績を上げることは困難であることが広く認識されるようになった。実際、2018年末までの10年間に株式、債券、不動産に投資するアクティブ運用ファンドでパッシブ運用ファンドの平均的運用成績を上回ったのは約24％に過ぎなかった。2005年にはアクティブ運用ファンドの資産は2兆ドル、パッシブ運用ファンドの資産は5389億ドルであったが、2018年末には逆転し、アクティブ運用ファンドが2兆8400億ドル、パッシブ運用ファンドが2兆9300億ドルとなった（Gittelsohn［2019］）。

　パッシブ運用のミューチュアル・ファンドや上場投資信託（ETF）は2008年以降に急増した。インデックス・ファンドは、ジャック・ボーグルが1974年にバンガードを創業し、1976年に個人投資家向けにミューチュアル・ファンドを売り出したのが最初である。ボーグルは、2019年1月に亡くなる前、「一握りの巨大機関投資家が、いつか事実上すべてのアメリカの大企業の議決権を支配する」と言い、その「支配力の拡大」が金融市場、企業統

治、規制の「来たるべき時代の大問題」であると警鐘を鳴らした（Steel [2020]）。

　学術的には、2016年にアイナー・エルハウジ（ハーバード大学ロースクール教授）が水平的株式保有の問題を取り上げた。水平的株式保有とは、「ある製品市場で水平的な競争相手である企業の株式を、共通の投資家集団が大量に保有すること」である（Elhauge [2016] p.1）。コモン・オーナーシップ（共通株主）ともいわれている。

　同一産業の企業Aが投資家Xによって、企業Bが投資家Yによって所有されている場合、各企業は価格競争や研究開発競争を通じてより利益を高めるインセンティブが生じる。しかし、投資家Zが企業Aと企業B両方の株主であった場合、競合企業から収益を奪う理由がなく、反競争的な状態となる可能性がある。

　表2-2は、2022年におけるアメリカの上位10銀行とその株式保有状況を示したものである。中央値でみていくと、ブラックロックが4.61％、バンガードが8.20％、ステート・ストリートが4.75％、「ビッグ・スリー」全体で17.56％、これらを含むミューチュアル・ファンドで36.54％の株式を保有している。さらにその他機関投資家が35.96％を保有し、ミューチュアル・ファンドと合わせると72.50％にのぼる。

　銀行業界では、このように水平的株式保有がみられ、それによって銀行の手数料が著しく増加し、預金金利が低下したという実証研究もある。また、航空業界をはじめ、水平的株式保有が競争を減退させているという懸念を示す研究が増えている。

2 「ビッグ・スリー」の所有が提起する研究課題

　2016年3月時点における約3900社の上場企業について、「ビッグ・スリー」の株式保有率が3％、5％、10％を超える企業数をみていこう。3％超には5％超の企業数が、5％超には10％超の企業数が含まれている。ブラックロックは3％超が3648社、5％超が2632社、10％超が375社、3％超企業数に占める10％超企業数の割合が10.3％。バンガードは3％超が2821社、5％超が1855社、10％超が165社、同割合が5.8％。ステート・ストリートは3％超が1113社、5％超が281社、10％超が13社、同割合が1.2％となってい

表2-2 アメリカの上位10銀行とその株式保有状況（2022年）

| 順位 | 銀行名 | ミューチュアル・ファンド | | | | | その他機関投資家(%) | 個人投資家(%) |
| | | ビッグ・スリー | | | 小計(%) | 計(%) | | |
		ブラックロック(%)	バンガード(%)	ステート・ストリート(%)				
1	JP モルガン・チェース	4.62	8.68	4.79	18.09	36.90	34.48	1.46
2	バンク・オブ・アメリカ	3.98	6.98	4.04	15.00	33.41	37.44	13.57
3	ウェルズ・ファーゴ銀行	4.50	8.12	4.66	17.28	43.73	30.33	13.27
4	シティバンク	4.89	8.27	4.81	17.97	36.18	40.74	0.51
5	US バンク	4.61	7.16	4.26	16.03	35.46	41.39	10.76
6	PNC バンク	4.79	8.60	4.75	18.14	51.45	32.41	0.8
7	トラスト・バンク	4.91	8.45	4.75	18.11	34.24	41.26	0.3
8	ゴールドマン・サックス	4.60	8.51	6.33	19.44	38.31	32.67	6.53
9	TD バンク	n.a.	2.42	n.a.	n.a.	33.22	18.20	n.a.
10	キャピタル・ワン	4.56	7.92	5.21	17.69	52.17	39.50	2.35
	平均値	4.61	7.51	4.84	16.96	39.51	34.84	5.51
	中央値	4.61	8.20	4.75	17.56	36.54	35.96	2.35
	ブラックロック	4.65	7.88	4.30	16.83	39.72	40.79	30.62
	ステート・ストリート	5.09	9.01	5.08	19.18	53.99	39.30	2.41

注：データは2022年8月5日時点で入手可能なものである。銀行名のみを示しているが、実際は銀行を傘下にもつ金融持株会社の株式に関するデータである。
　ステート・ストリートは、ステート・ストリート銀行として第12位の規模に相当し、銀行名のところのステート・ストリートは金融持株会社ステート・ストリート・コープを意味する。
　ミューチュアル・ファンド、その他機関投資家、個人投資家の保有率の合計は、「その他」（不明）の部分があるために100%にならない。
出所：FRB［2022b］；CNN Business より作成。

る。それに対しフィデリティ・インベストメンツは3％超が1956社、5％超が1309社、10％超が506社、同割合が25.9％となっている。つまり、「ビッグ・スリー」は3％超保有企業が多い割に10％超保有企業が少ない「広く浅い」保有状況であるのに対し、フィデリティ・インベストメンツは相対的に10％超保有企業が多い「狭く深い」保有状況にある（Fichtner et al.［2017］pp.311-313）。5％超の株主は影響力が非常に強いと考えられており、10％超の株主は法律上インサイダーとみなされる。もっともインサイダーかどうかは企業全体ではなくファンド単位の保有で判断されるので、「ビッグ・ス

リー」がインサイダーとなっていることはほぼないと考えられる。

　ある研究によると、約3900社の上場企業のうち４割超の1662社では「ビッグ・スリー」のいずれかが筆頭株主となっており、３社合計で平均17.6％の株式を保有していた。なかでも大きなS&P 500社のうち約88％の438社で３社のいずれかが筆頭株主となっている（Fichtner et al.［2017］pp.313-314）。

　さて、このような「ビッグ・スリー」の株式保有状況は、多くの研究課題を生んでいる。

　第１に、企業所有権再集中化のコーポレート・ガバナンスへの影響である。20世紀初頭の銀行による産業資本の支配をルドルフ・ヒルファーディングは金融資本と呼んだが、それ以来の支配権の集中がみられるという意味で「新金融資本主義」の時代といえる。既述のとおり、戦後、株主の分散化を前提に競争的経営者資本主義が繁栄をみせたが、1970年代の機関投資家の登場により株主の権限が強化され、短期的な利潤追求に走る株主資本主義への移行がみられた。さらに、2000年代に入るとアクティブ運用ファンド最大手のフィデリティ・インベストメンツなどが議決権を支配した。しかし、５年に満たない比較的短期の保有期間、投資先企業が顧客でもあるというファンドの利益相反、「発言」のコストのために議決権行使に消極的で「退出」を選択していた。

　2008年金融危機以降、パッシブ・インデックス・ファンドに資金が移動したことによりさらなる変容が生じた。パッシブ・インデックス・ファンドは、性質上、企業に現状維持を求めている。よって長期保有で「退出」も「発言」もせず、さらにはファンドの利益を最大化するため１企業ではなく業界全体の利益を確保する水平的株式保有の特性から、コーポレート・ガバナンスが効かないとの意見がある。しかし、短い会話から一連のミーティングまで多様な形態をとるエンゲージメント、取締役（再）選任やアクティブ運用ミューチュアル・ファンドによる株主提案に反対する議決権行使などが行われている。ブラックロックのCEOであるラリー・フィンクは、投資先企業に向けて年頭書簡で意見表明も行っている。

　ここには「ビッグ・スリー」は株主の権限を行使していないという批判と、権限を行使しすぎるという批判の両方がみられる。さらに権限を行使す

る場合、アセット・オーナーや最終的出資者の利害とどのように折り合いを
つけるかという課題もある。2020年4月1日からアメリカ鉱山合同組合
（UMWA）の組合員1100人以上がストライキを続けていた。そこで2022年2
月27日、バーニー・サンダース委員長の下、「ウォリアー・メットとウォー
ル・ストリートの強欲——乗っ取り屋が労働者と消費者にもたらすもの」と
題し、上院予算委員会で異例の公聴会が開催され、巨大資産運用会社が社会
全般にもたらす問題と責任が追及された。

　第2に、水平的株式保有への反トラスト法適用の可否である。クレイトン
法第7条は、「競争を実質的に減退させる可能性のある」合併・買収を禁止
しており、これには完全買収だけでなく部分買収も含まれる。ただし、「も
っぱら投資のための」買収については適用除外とする条項がある。産出減少
と価格上昇などといった形で「ビッグ・スリー」が競争を減退させているの
か、減退させているとすれば市場の変化に合わせて受動的にポートフォリオ
の売買を行っているだけの「ビッグ・スリー」にクレイトン法第7条を適用
できるかどうかが争点である（Elhauge［2016］；大塚［2019］）。

　第3に、「ビッグ・スリー」の経済力の政治的影響力への転化である。ブ
ラックロックの運用資産残高は2008年には1兆3100億ドルであったが、2009
年には3兆3500億ドルに急増した。2009年6月11日にバークレイズの資産運
用部門バークレイズ・グローバル・インベスターズを買収したからであり、
ｉシェアーズというそのETFブランドも入手した。その結果、2021年に運
用資産残高は10兆ドルを超えるまでになった。

　2008年金融危機において、ブラックロックはベア・スターンズの合併、
AIGの救済、フレディ・マックおよびファニー・メイのバランス・シート
管理で大きな役割を果たした。それは競争入札ではなく財務長官であったヘ
ンリー・ポールソン、ティモシー・ガイトナーとフィンクの個人的関係から
指名を受けた業務であった。

　バラク・オバマ政権発足時もそうだったが、2016年大統領選でヒラリー・
クリントンが勝利した場合、フィンクが財務長官に指名される可能性は高か
った。ガバメント・サックスと揶揄されるゴールドマン・サックスから高額
な講演料を受け取るなど、クリントンはウォール・ストリートとの結びつき
が強かった。なかでもブラックロックとの関係は特別であった。大統領選挙

戦でクリントンは、ブラックロックの「システム上重要な金融機関」指定への反対、投資銀行と商業銀行の間に垣根を設けるグラス＝スティーガル法復活への反対、株式買戻しによって株価引き上げを図る「短期主義」への反対などを表明したが、それはフィンクの考え方を反映したものであった。またブラックロックと財務省の間の人材の行き来、すなわち回転ドアによる結びつきも顕著である（Dayen［2016］）。

おわりに

　本章では、2008年金融危機以降の現代アメリカ金融システムの新展開として、プライベート・エクイティによるメイン・ストリートの収奪の問題と、パッシブ・インデックス・ファンドの「ビッグ・スリー」の所有がもたらす研究課題を追究してきた。今後、研究が待たれる領域の問題である。

　ところで、20世紀初頭のJ・P・モルガンらのマネー・トラストに対しては1912年にプジョー委員会が設けられ、1913年連邦準備法によって中央銀行が設立された。1929年の株価暴落の原因を調査するために1932年に設置されたペコラ委員会の成果は、きわめて厳しいニューディール金融立法策定に貢献した。ライト・パットマン下院議員がまとめた1968年パットマン報告書は、一部商業銀行の信託部門による株式保有の集中を明らかにし、1970年銀行持株会社法改正を成立させた（Steel［2020］pp.4-5）。

　このようにアメリカには金融権力の集中とその排除の歴史がある。しかし、党派対立の厳しい政治、社会状況下で、本章で扱った問題が金融権力の集中として、解決さるべき課題として認識されるかどうかは、見通しが困難である。

【参考文献】

大塚章男［2019］「機関投資家による水平的株式保有と独占禁止法」『旬刊商事法務』2188号、15-26頁。
大橋陽［2013］「金融システムとアンバンクト」中本悟・宮﨑礼二編『現代アメリカ経済分析——理念・歴史・政策』日本評論社。

須藤功［2012］「世紀転換期のアメリカ経済」馬場哲・山本通・廣田功・須藤功『エレメンタル欧米経済史』晃洋書房。

── ［2017］「危機に直面して──連邦準備制度のミッションと統治機構の変容」谷口明丈・須藤功編『現代アメリカ経済史──「問題大国」の出現』有斐閣。

日本銀行調査統計局［2021］「資金循環の日米欧比較」。

三谷進［2017］「金融の肥大化──金融市場の構造変化とファンド資本主義の展開」谷口明丈・須藤功編『現代アメリカ経済史──「問題大国」の出現』有斐閣。

AFRED (Americans for Financial Reform Education Fund), CPD (Center for Popular Democracy), and UFR (United for Respect) [2020] Double Exposure: Retail Workers Nationwide Hammered by the Combo Crisis of Pandemic and Private Equity.

Bezek, Ian and John Divine [2022] "The Top 10 Biggest Private Equity Firms in the World Private Equity Faces More Challenging Conditions After a Prosperous 2021," *U.S. News*, June 8, 2022.

Burrough, Bryan and John Helyar [1989] *Barbarians at the Gate: The Fall of RJR Nabisco*, New York: New York, Harper & Row. （ブライアン・バロー、ジョン・ヘルヤー／鈴田敦之訳『〔新版〕野蛮な来訪者──RJRナビスコの陥落』上・下、パンローリング、2017年）

CFS (U.S. Congress, House of Representatives, Committee on Financial Services) [2019] Hearings before the Committee on Financial Services, "America for Sale? An Examination of the Practices of Private Funds," One Hundred Sixteenth Congress, First Session, November 19, 2019.

CNN Business (https://edition.cnn.com/business)

Dayen, David [2016] "Larry Fink and His Blackrock Team Poised to Take Over Hillary Clinton's Treasury Department," *The Intercept*, March 3 2016, Retrieved at Theintercept.Com.

Elhauge, Einer [2016] "Essay, Horizontal Shareholding," *Harvard Law Review*, Vol.129, No.5, pp.1267-1317.

Fichtner, Jan, Eelke M. Heemskerk, and Javier Garcia-Bernardo [2017] "Hidden Power of the Big Three? Passive Index Funds, Re-Concentration of Corporate Ownership, and New Financial Risk," *Business and Politics*, April 25, 2017, Retrieved at cambridge.org/core/journals/business-and-politics.

FRB (Board of the Governors of the Federal Reserve System) [2016a] Z.1 Financial Accounts of the United States: Flow of Funds, Balance Sheets, and Integrated Macroeconomic Accounts Historical Annual Tables 1965-1974, Released on June 9, 2016, Retrieved at Federalreserve.Gov.

――― [2016b] Z.1 Financial Accounts of the United States: Flow of Funds, Balance Sheets, and Integrated Macroeconomic Accounts Historical Annual Tables 2005–2015, Released on June 9, 2016, Retrieved at Federalreserve.Gov.

――― [2022a] Z.1 Financial Accounts of the United States, Last Released on June 9, 2022, Retrieved at Federalreserve.Gov.

――― [2022b] Large Commercial Banks, March 31, 2022, Released on June 30, 2022, Retrieved at Federalreserve.Gov.

Gittelsohn, John [2019] "Passive Funds Overtake Stock-Pickers in the U.S. Large-Cap Market," *Bloomberg*, February 13, 2019, Retrieved at Bloomberg.Com.

Private Equity International [2022] "PEI 300: Full Ranking," June 1, 2022. Retrieved at Privateequityinternational.Com.

Steel, Graham [2020] The New Money Trust: How Large Money Managers Control Our Economy and What We Can Do About It, American Economic Liberties Project.

Swenson, Charles [2019] Economic Impact Analysis of the Stop Wall Street Looting Act (S.2155/H.R. 3848), Center for Capital Markets Competitiveness.

Warren, Elizabeth [2019] "Warren, Baldwin, Brown, Pocan, Jayapal, Colleagues Unveil Bold Legislation to Fundamentally Reform the Private Equity Industry," July 18, 2019, Retrieved at Warren.Senate.Gov.

第3章 農業・食品加工業

家禽・鶏卵部門と豚部門における
垂直統合を中心に

名和 洋人 *Hirohito Nawa*

はじめに

アメリカの農業は1980年代以降、EC（その後EU）、ケアンズ諸国、南米などの農産物輸出国が台頭して世界的な輸出競争が激化するなか、新たな道を模索することになった。そのなかで、アメリカは競争の激しいバルク農産物（主として穀物）ではなく、高付加価値農産物に輸出の主力を移すなどした。

世界的な競争激化の一方で、国内的には経済力集中が進んだ例もあった。独占や寡占などの問題が、アメリカの農業、あるいは食品加工業などのアグリビジネスの領域においても生じたのであった。パッカー（食肉加工業者）[1]同士の合併による規模拡大、生産者規模の拡大のみならず、パッカーと生産

1）後述するが近年、パッカーは市場を回避して生産農家から直接食肉を調達し、インテグレーターとしての役割を果たすのみならず、買い手独占により過大な利潤を得ているとして批判されるなどしている。なお、かつて1920年代のアメリカの農場も、1910年代の多額投資に伴う返済負担さらに農業不況の中で経営上の苦境に直面し、当時も仲介業者であったパッカーへの批判が強かった。こうした状況下で、連邦取引委員会（Federal Trade Commission）は、それらの実態を調査していた（Shideler［1957］pp.27, 158）し、さらに農村選出の議員を中心とした連邦議会勢力なども呼応し、1921年に食肉加工業者・家畜飼育場法（Packers and Stockyards Act, 1921）を成立させている。このようにパッカーへの批判は、長年にわたりみられる。

表3-1 アメリカの農業生産額全体に占める契約取引（販売契約と生産契約）の
シェア（1996〜97年平均と2017年）

（単位：%）

	1996〜97年平均	2017年	シェア増減
小麦	9	9	0
大豆	14	17	3
トウモロコシ	13	13	0
野菜	39	39	0
果物	57	46	− 11
綿花	34	38	4
ピーナッツ	34	55	21
タバコ	0	90	90
テンサイ	75	89	14
全作物（穀物・野菜・果物など）	23	21	− 2
牛	17	32	15
乳製品	58	41	− 17
豚	34	63	29
家禽・鶏卵	84	90	6
全畜産物	45	49	4
全農産物	32	34	2

出所：Burns and MacDonald［2018］pp.8-9より作成。

者などとの間の契約取引による垂直統合なども目立った。

　アメリカにおいて2017年に、生産農家が契約取引を通して出荷した生産額が、生産額全体に占めるシェアを、農産物別に表3-1より確認しよう。比較のため20年前の1996〜97年平均のシェアの数値を添えた。2017年のシェアの大きいもののうち、特記したいのは第1に、家禽・鶏卵である[2]。家禽・鶏卵は1990年代後半時点ですでに契約取引シェアが84％で、その後20年でさらに伸ばして90％に達した（Burns and MacDonald［2018］pp.8-9）。契約取引によらないものは差し引き10％と算出できるが、加工業者が直接運営する施設で飼育、生産されるものがほとんどである。第2に、豚である。1990年代後半時点で契約取引シェアは34％に過ぎなかったが20年後の2017年に63

───────────────

2）タバコの契約取引のシェアは90年代にはほぼ皆無であったが、2017年におよそ9割に達し急速な伸長をみせている。テンサイのシェアも高い。これらは特筆すべき動きであるが別の機会に改めて検討したい。

％となり、急速な拡大を確認できる。他方で2017年の、小麦、大豆、トウモロコシ、綿花、といったバルク農産物の契約取引のシェアは、それぞれ9％、17％、13％、38％にとどまった。これらについては90年代以降の伸びもほとんどみられない。果物は57％（1996〜97年）から46％（2017年）へ契約取引シェアを下げた。野菜は90年代以降変化せず39％であった。全体として全作物の契約取引シェアは21％（2017年）と低いが、全畜産物のシェアは49％と高い。

　そこで本章においては、契約取引のシェアが大きく、また伸長を続けた家禽・鶏卵と豚に注目し分析を進める[3]。その際は合併などによる水平的な規模拡大についても言及したうえで、契約取引シェアの増大、すなわちパッカーと生産農家との垂直統合の進展について究明しよう。

　なお契約取引は、販売契約（marketing contract）と生産契約（production contract）に区分できる。販売契約は、「集荷業者（と畜・加工業者を含む）と生産者との間に口頭、もしくは文書で結ばれる契約で、契約では収穫前に価格や販路について取り決める」（大江［2002］5頁）ものであり、「農産物が生産されている段階では所有権が生産者にとどまっているために、生産者が生産にかかわる最終決定権を保持し」、そのため、「価格変動リスクについては共同で負担」することもあるが、飼料価格の急変や疫病蔓延などの生産時の「リスクについては、生産者が全面的に負う」ものである。他方で生産契約は、「委託者であるコントラクターと生産者が口頭もしくは文書形式で結ぶ契約で、生産者が実施する内容やコスト負担、役割分担について規定されている」ものであり、「生産者は一定の手数料と引き換えに決められたマニュアルに沿ってタスクを実行するため、リスクを負うことはない」契約である。

　2017年時点の生産額全体に占める販売契約と生産契約のシェアを農産物別に示しておこう（Burns and MacDonald［2018］pp.8-9）。小麦や大豆、トウモロコシなどの穀物はいずれも、契約取引のほぼすべてが販売契約であった。したがって、表3−1の契約取引のシェアがそのまま、販売契約シェアとなる。他方で畜産部門においては、生産契約が生産額全体の4割程度を占

3）畜産の中で牛は、2017年時点の契約取引シェアは3割程度で比較的低水準であった。

め、販売契約はおよそ1割にとどまった（MacDonald and Burns［2019］）。この点を詳細にみると、乳製品においては契約取引のほぼ全量が販売契約であったが、家禽・鶏卵と豚については逆にほとんどが生産契約となっていた。つまり畜産部門、特に家禽・鶏卵と豚の契約取引シェアの大きさは、生産契約に拠るものといえる。本章では、この点についても考察しよう。

　以下、第Ⅰ節では、家禽・鶏卵部門の契約取引シェアが第2次世界大戦後どのように拡大したのかを探り、第Ⅱ節で、それらの変化に伴って家禽・鶏卵部門に生じた問題点を整理したい。さらに第Ⅲ節では、豚部門の契約取引シェアが少し遅れて90年代以降に拡大した点とその理由を考察し、次いで第Ⅳ節で、豚部門における経済力集中の負の影響を明らかにしたい。最後に全体をまとめたうえで今後の展望を得よう。

Ⅰ　家禽・鶏卵部門における生産契約と垂直統合
──アメリカ農業における先行例

1　1980年代までのインテグレーションの進展

　トウモロコシ地帯においては家族労働さらに自家生産飼料を利用して、「農民養鶏」が1860年代に成立した（杉山［1989］266-268頁）。これは東海岸都市部への冷蔵輸送の開始が契機となったとされるが、農家にとっては副次的部門の発展に過ぎず、零細性を帯びるものであった。都市近郊においても、1920年代頃より専業養鶏が広がった。しかしいずれも第2次世界大戦後に衰退した。南部において大規模な鶏卵インテグレーションが成立したからである。その他、西部カリフォルニア州において資本家的採卵経営も発展した。これらのうちカリフォルニア州のものについては1経営当たり2000羽水準であったが、1960年頃から急増して4万羽水準（1968年）、さらに7万羽水準（1974年）へと飼養羽数が拡大して資本主義的経営が成立したのである。同州における、①低賃金外国人労働力、②低地価、③養鶏関連産業の集積、に発展の理由があったとされる。また当時、採卵専門経営化もブロイラー産業の分化と合わせて進んだ。

　ブロイラー生産は、東海岸都市近郊において19世紀中に開始され、第1次世界大戦後には専門農家が出現した（杉山［1989］271-272頁）。1950〜60年

代になると、飼料企業やその他の企業が直営加工処理施設を建設したうえ
で、自社で雛鳥に孵化させた後、労働力や鶏舎、さらに土地を提供できる生
産農家を活用しはじめた（マグドフほか [2004] 78頁）。契約生産の開始で
ある。特に低賃金の黒人労働力を利用した契約型インテグレーションが、南
部諸州に急速に広がった（杉山 [1989] 271-272頁）。ブロイラー生産農家は
飼育者（grower）の立場でインテグレーターの指揮下に入った。こうして
ブロイラー・インテグレーションが成立した。経営決定権のほとんどがイン
テグレーターに移行し、農民は決められた作業を分担する存在として養鶏に
関わることになった。これらは畜産版シェアクロッピング方式[4]とも称され
た。生産農家はリスク縮小の代わりに、収益性低下を受け入れたといえる。

　1970年代に入ると、ブロイラー生産において大手インテグレーターへの集
中度が上昇し、弱い寡占的競争構造が形成されてきた（斎藤・杉山 [1991]
37-38頁）。南部では契約生産者への支払水準も低く、生産コストの面で有利
な状況が続いた。しかし、しだいに鶏舎の重装備化や更新が求められるなか
で収益性が低下し、契約生産者の資金調達問題が深刻化した。1980年代は、
消費量減少の中で契約による垂直統合の停滞なども生じたが、他方で直営型
統合は進み、100万羽以上の大農場は増大した（杉山 [1989] 225-233頁、
272-275頁）。

2　1990年代の垂直統合の実態

　冒頭で確認したとおり、家禽・鶏卵においては1990年代後半時点で契約取
引シェアが8割に達していた。特にブロイラー生産では1990年代初頭でほぼ
全量が契約生産であった（駒井 [1992] 1071-1075頁）。年間1人当たり牛肉
消費量は1976年をピークに減少に転じたが、他方でブロイラー消費量は増加

4）1860年代の南北戦争は「奴隷制は廃止したが、大土地所有を解体」しなかった（岡田
　[2000] 75-76頁）。つまり自由になった旧奴隷は、土地や農具などの生産手段をもって
　いなかったため、結局のところ「旧主人から土地、農具、種子などの貸し付けを受け、
　シェアクロッパーと呼ばれる小作農となって、生計をたてる」必要に迫られた（岡田
　[2000] 75-76頁）。したがって奴隷解放後のシェアクロッピング制は実質的に奴隷制と
　ほぼ同じであった。これらブロイラー・インテグレーションのもとで契約生産を担う農
　民は、南部のかつてのシェアクロッパーと同様の立場に置かれていたと考えるべきであ
　る。

図3-1 ブロイラー部門と豚部門における生産契約と販売契約（1990年代）

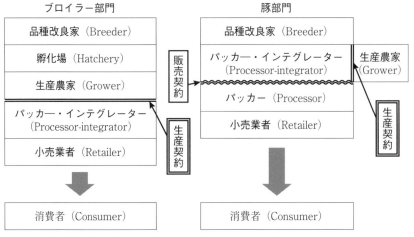

出所：Martinez［1999］p.12より作成。

を続け1989年に小売り重量ベースで牛肉を上回った。ブロイラー産業はアメリカすなわち世界最大の食肉産業に躍り出た。その生産羽数をみると、1960年頃の年間約18億羽から1991年の61億3835羽へと3.4倍に拡大し、1羽当たりの平均生体重も1960年の3.35ポンドから1991年の4.43ポンドへと、32.2%の増加を記録した。

　契約取引シェアが8割超となり、現在の水準に近づいた1990年代のブロイラー産業の姿を確認しよう。全米のブロイラー企業55社はパッカーとして、計172の加工処理場のほか、加工工場、飼料配合工場、種鶏場、ふ卵場、直営ブロイラー生産農場を所有した。そのうえで生産農家と契約を結んだ。あるいはスーパーマーケットや食品サービス業への製品販売や卸売などを行った。ブロイラー部門の垂直統合形態を図3-1に示した（Martinez［1999］p.12）。

　1990年代初頭のブロイラー企業上位4社のシェアは41%、同8社シェアは56%、同20社シェアは79%であった（駒井［1992］1072-1073頁）。1991年の毎週処理羽数でみると、1位は南部アーカンソー州に本社を置くタイソン・フーズ社（2450万羽）、2位もアーカンソー州本社のコナグラ社（1090万

羽）、3位は南部ジョージア州のゴールドキスト社（1080万羽）となった。上位20社をみると南部の企業が多くを占めた。アメリカの地域別ブロイラー生産シェアは、南中部が47.9％、南部大西洋沿岸が39.1％で合計87％に達した。その理由はかつての有力産地が軒並み衰退したためであった。具体的にいえば、ニューイングランドは飼料輸送費が比較的高く、中西部は工業の発展の影響で賃金水準が高かったためである。南部ではそのような条件が存在せず、産業立地制約を伴う法的規制も限られた。低賃金、低地価、低運賃に加えて気候の面でも南部は好条件を備えていた。なお七面鳥については、生産と消費の季節性に左右されやすく、室内飼育も比較的遅れていたが、ブロイラーと同様に徐々に飼料会社からパッカーに契約生産の主体が移行していった（斎藤・杉山［1990a］182頁）。寡占化とインテグレーションも、ブロイラー同様、特に南部で広がった。

　1990年代のブロイラー流通を見てみたい。パッカーとなった各ブロイラー企業の寡占化また巨大化が、この頃すでに生じていた（駒井［1992］1074-1075頁）。スーパーマーケット、チェーンストア、食料品小売店への製品供給も、大部分がパッカーであるブロイラー企業から直接行われていた[5]。その約7割がブロイラー企業の直接販売、約3割が荷受・卸売・仲買・納入業者等経由であったと推定されており、ブロイラー産業においては1990年代初頭時点ですでに、上流のみならず下流においても垂直統合が進んでいた。

Ⅱ　家禽・鶏卵部門における経済力集中に伴う問題

　先行して垂直統合の進んだ家禽・鶏卵部門において、いかなる問題が発生したのだろうか。アラバマ州のオーバーン大学のテイラーらが、アメリカの家禽・鶏卵生産状況に関する包括的な研究を2010年に発表しているので抜粋して紹介しよう（Taylor and Domina［2010］）[6]。

　2010年時点でもパッカーがインテグレーターとして生産農家を、販売契約ではなく生産契約で支配した（Taylor and Domina［2010］pp.2-3）。垂直

5）大都市などの大消費地においては小口の需要家が多かったため、旧来の荷受業者や卸売業者が重要な役割を果たしたとされる（駒井［1992］1075頁）。

統合は依然として維持されていたといえる。ブロイラーのみならず七面鳥、鶏卵などを扱う企業も同様で、しかもそれらの統合はアメリカの農業の中でも抜きん出ていた。すなわちパッカーは、契約農家に対して、雛の割り当て、飼料の詳細、鶏の出荷時期などの行動指針を指示していた。さらに鶏舎の物理的な規模サイズ、さらに機器の仕様も明示して徹底させていた。

　パッカーが雛と飼料を所有するなかで、農家は雛から加工処理可能な重量にまで育成する役割を担う。鶏が死亡した場合は契約農家の責任となったが、これは、鶏が規定重量に達してパッカーが受け取ったものに相当する額のみを農家に支払うことを意味した。パッカーの従業員は、毎週、契約農家を訪問して、鶏の管理状況を監督し、ゴミや廃棄物、死亡した鶏などをチェックしたうえで、廃棄物管理、死亡した鶏の処理方法を指示するなどした。ほかにも施設のメンテナンスさらにアップグレードに関する指示も出す。特に、「企業規模が大きくなるほど内部に、栄養学の専門家、獣医師など」（Molnar et al.［2002］p.93）を雇用することで、「かつて州立大学所属の専門家や研究者が行っていた疾病対策や栄養管理に関するコンサルタント業務」を代替できるようになった。これによりパッカーは指揮命令系統を一層強化した。

　このように、パッカーは契約農家に対して、高額の専用生産施設の建設を事実上義務付けた（Taylor and Domina［2010］pp.3-4）。施設関連費用だけでも100万ドル以上に達する例もあったとされ、一般的な家族経営にとって大きな支出であったといえる。2001年の米国農務省（USDA）の全国調査によると、家禽・鶏卵部門の契約農家の84％が「機器や設備への投資を要求された」経験があったと回答していた。その際の生産農家の返済は少なくても10年以上に及んだが[7]、パッカーとの契約期間は2〜3年と短期に抑えられた。生産契約が普及し長く経過していたため、ブロイラーや七面鳥のオー

6）なおこの研究は、アメリカの食品および農業部門における開かれた競争市場と公正取引を目的として活動する非営利の会員制の研究組織であるOCM（Organization for Competitive Markets）を通して発表されたものである。OCMには、農家、牧場経営者のみならず、弁護士、農業経済学者、地方の社会学者、州議会議員などが結集し、これらの課題に取り組んでいる。

7）農家が銀行融資を得るうえで、銀行からの評価の高いパッカーとの契約が不可欠であった（Taylor and Domina［2010］p.9）。

プンで透明なスポット市場（売買契約と同時に現物の受渡しをする市場）
は、数十年以上前に消滅していた。つまり契約農家が鶏肉を出荷できる代替
先は存在しなかった。契約農家は長期返済に縛られて撤退できず、契約更新
を断ることはできなかった。パッカーが提示した契約は、生産農家が「承諾
するかしないかは決めてよいが、いやならやめろ（Take-it-or-leave-it）」
（Vukina and Leegomonchai［2006］p.1258）といった一方的なものとなっ
た。パッカーは農家に対して買い手独占の立場を最大限活用し、鶏の買取価
格を低く抑制していた[8]。

そのため「生産契約はブロイラー産業の目覚しい成長に決定的な役割を果
たしてきた。しかし、パッカーと農家の関係は徐々に悪化していった。1990
年代半ば以降、この緊張状態が全国的に注目される」（Vukina and
Leegomonchai［2006］p.1259）事態も生じた。

ブロイラー産業の上位4社シェアは、41％（1991年）から57％（2009年）
へと大きく上昇していた。ただし実態を正しく理解するうえでこの数値は過
小評価に陥りかねない（Taylor and Domina［2010］pp.5-6）。なぜなら、
農家はパッカーの飼料工場や加工処理場から40マイル以内に立地しなければ
ならないため他社を選ぶ選択肢をもてず、パッカーの買い手独占による支配
がほとんど例外なく実現していたからである。なお、パッカー側には、長年
集積した費用や支払額などの価格情報もあったが、生産農家はこれらを取得
できなかった。そのためこの点でも農家側の交渉力は失われていた。

1990年代に、生産農家が組織化して交渉力を強化したうえで、価格引き上
げの団体交渉を試みた例があった。しかしパッカー側が契約する農家へ雛の
出荷を遅らせる対抗措置をとったため、生産農家側が経営破綻の危機に瀕し
組織化が不発に終わるなどの例があった（Taylor and Domina［2010］p.21）。

アラバマ州の調査結果によれば、1992年から2010年にかけて、鶏舎1平方
フット当たりの生産農家の収益は名目では1.0〜1.1ドルから1.5〜1.6ドル水
準へと上昇したものの、インフレ調整後の実質では1.7〜1.8ドルから1.5〜

8）ブロイラーや七面鳥の生産契約に際し、生産農家は農家同士を比較した相対的な成績
に左右される額を受け取っていた。これは「トーナメント方式」と称された（Vukina
and Leegomonchai［2006］）。ただしパッカーから供給された飼料あるいは雛や鶏の品
質は一定ではなく公平性が確保されたかは疑わしい。

1.6ドル水準へと低下した（Taylor and Domina［2010］p.11）。そのため「投資に対して適正な収益を上げられない」と回答する農家は、アーカンソー州の調査で67%に達した。

Ⅲ　豚部門における1990年代以降の契約拡大による垂直統合と経済力集中

1　生産農家およびパッカーの規模拡大とその要因

　家禽・鶏卵部門の垂直統合は上述のとおり先行した。他方で豚部門におけるそれは1970年代に始まったものの、その効果は限定的ですぐには広まらなかった（金［2002］339頁）。全面室内飼養に移行したにもかかわらず、個別の経営体間の技術差が大きく、価格変動や供給の不安定性などのリスクが残っていたからである（斎藤・杉山［1990b］53頁）。しかし1990年代以降、垂直的な統合の進展が報告されている。1990年代に入ると養豚産業において、と畜頭数が増加して年間9000万頭を超え、1998年には1億頭を突破した（大江［2000］188-189頁）。総飼養頭数も1980年代の停滞を脱して増加し、1999年12月1日時点で5940万頭（繁殖用624万頭を含む）に達した。この中で当時のパッカーは合併を加速させていたので、この点をまずは確認しよう。

　当時の大手パッカーの買収などによる上位5社の市場占有率の上昇は急速であった（大江［2000］194-195頁）。上位5社（IBP、スミスフィールド、コナグラ、エクセル社、1995年まで5位はジョン・モレル社、1996年の5位はホーメル・フーズ社）のシェアは、45.6%（1990年）から63.2%（1996年）へと増大した。

　生産者などの経営体の数も1990年代の10年間で約3分の1の水準にまで減少し、1999年に11万となった（大江［2000］189頁）。特に1999頭以下層の経営体における総飼養頭数は縮小傾向にあった。他方で総飼養頭数における大規模生産者のシェア増大が生じた。1999年時点で、5000頭以上層は全米で約2000の経営体に達したが、それらは総飼養頭数の46.5%を占めた。3年前の1996年に同33%であった点を踏まえると、劇的な上昇といえる。

　以上のような大規模生産者への飼養頭数の集中傾向は、消費者ニーズに供

給サイドが対応した結果であったと指摘されている（大江［2000］192-193頁）。当時の消費者から求められていた、①赤身が多く、②加工に適する均一な品質の豚肉を生産するうえで、先端技術による品種改良と革新的な生産・管理技術が必要となり[9]、規模の経済の追求、技術体系の標準化、工程間の契約関係での結合が重視されたためである。こうして契約による垂直的な統合が必要になってきた。品質確保と数量の安定供給のために、さらに生産部門へ介入するようになったのである。

1990年代の豚部門における垂直統合を図3-1（p.68）に示した（Martinez［1999］pp.11-12）。パッカー・インテグレーターが生産農家と生産契約を締結したうえで、パッカーがこれら複数のパッカー・インテグレーターと販売契約を結んで豚肉を確保する形態が、当時は比較的多かったとされている。ブロイラーとの相違がこの点に見出せよう。しかしながらブロイラー部門と同様にパッカー・インテグレーターが生産農家と締結する生産契約のみで垂直統合し、販売契約が介在しない形態も当時からみられていたとされ、2010年代にはむしろこちらが主流となっていった。

1997年の生産契約は、繁殖の40％、肥育の44％を占めた（大江［2000］192-193頁）。直営農場のシェアも15.6％に達していたため、肥育の垂直統合はあわせて約60％となっていた。なお1994年は同29％であったことを踏まえると、統合は急速に進んでいたといえる。他方で販売契約のシェアも1990年代に11％（1993年）から56.6％（1997年）へと伸長した。生産農家の経営規模が大きくなるにつれて販売契約の割合が高まったとされており、最大規模の50万頭以上層においては約90％が販売契約となっていた。このように1990年代については、生産契約のみならず販売契約も活発であった。本章の冒頭で、2017年の豚の契約取引のほとんどが生産契約に拠るものであったことを示した。つまり販売契約は90年代以降に衰退したとみられるが、その理由はパッカーなどが消費者ニーズをより重視したためと思われる。この点を以下で詳しくみよう。

---

9) たとえば、早期離乳隔離方式は、分娩された子豚を母豚の免疫があるうちに早期離乳させ、多数の子豚を同じサイクルで育成および肥育する手法である。母豚からの病気感染を防ぎ、増体率を改善できる手法とされる（大江［2000］192頁）。

2 契約取引による垂直統合の動機
　　——パッカー側と生産農家側の双方の視点から

　生産農家とパッカーはいかなる動機から、契約取引を拡大し垂直統合に進んだのか。大江は次のようにも指摘する（大江［2000］196-197頁）。1980年代頃まで「養豚は、技術的な統一性に欠け、垂直的な調整にはなじまない」との見方が強かったが、「遺伝子技術による品種改良と関連技術の発達で環境は変わってき」たからだと言う。特に消費者ニーズに適した生産効率が高く、赤肉の歩留まりのよい品種改良を進めるなかで、ばらつきの少ない均質な豚肉の生産が可能になった。同時に、先端技術を機能させるには「市場取引に比べてより多くの情報が伝達可能な垂直的調整のほうが有利」であり、「大規模経営体（あるいはパッカー）が遺伝子段階から品種改良、繁殖、肥育へと続くプロセスに参入すること」によって、高付加価値製品による高収益を達成できるからである、と指摘している。消費者が安全、均質、高品質、付加価値などの差別化商品を求めるようになって、厳密な製品デザイン、すなわち生産コントロールの強化が求められるようになったともいえる。たとえば1990年代から2000年代にかけて買収により規模を拡大したスミスフィールド社は、豚の脂肪率を他社比で34〜61％も低減したブランド肉を供給した。健康上優れた食品であるとして、豚肉ブランドとしては唯一、米国心臓協会から認定を獲得するなどした（金［2002］345頁；Martinez［1999］p.26）。

　垂直統合を促す動機は他にもあった。金成壽の研究を踏まえ整理しよう（金［2002］341-343頁）。第1に、取引コストの節減、第2に、検査・グレイディング関連など、処理・加工の効率化とコスト縮減、第3に、価格・生産リスク管理費用の低減である。たとえば生産農家側は低価格取引を受け入れる代わりに価格変動などのリスクをパッカー側に転嫁できた。第4に、生産農家が経営上の不確実性を除去して信用度を高め資金調達を容易にできるからである。第5に、パッカー側は直営生産よりも契約によるほうが環境問題や各種規制に伴うリスクから距離をとれるからであった。たとえば、地元生産者と契約することで養豚に対する地域社会の反発を緩和できた。第6に、市場支配力の増大である。

Ⅳ　豚部門における経済力集中に伴う問題

　しかし21世紀初頭の段階で、養豚の垂直統合に伴う問題は早くも予見されていた（金［2002］345-346頁）。それは第1に、契約時の利益とリスクの分担は当事者間の力関係に影響されるため、パッカー側の過度な集中とシェア拡大は、資源の不適切な配分と便益の低下に結びつくとの批判である。関連するが第2に、取引情報が不透明となって、適切に市場価格情報を取得できなくなると懸念されていた。第3に、スポット市場の縮小により、とりわけ新興の独立生産農家や加工業者は市場へのアクセスが難化し、制限されてしまうことである。

　このような懸念は、パッカー同士のさらなる合併により深刻化した。パッカーが買い手独占を実現して交渉力を圧倒的に強化したからである。シンクタンクであるセンター・フォー・アメリカン・プログレスによる2019年の調査などをもとに整理しよう（Willingham and Green［2019］）。パッカーの上位4社シェアは33％（1985年）から65％（2008年）へと急拡大していた。具体的には、スミスフィールド社とプレミアム・スタンダード・ファームズ社が2007年に合併したため、いずれも南部に位置するバージニア州、ノースカロライナ州、サウスカロライナ州において生産農家の選択肢は大幅に狭まり、パッカー側の交渉力が伸長していた。さらに2015年、ブラジルに本社を置くJBS社がカーギル社の豚肉加工部門を買収したことで、JBS社のアメリカ国内シェアは11.6％から急上昇して20％を超えた。

　司法省はこれら経済力集中を規制せず、買収を阻止することはなかった。カーギル社所有のアイオワ州とイリノイ州の2つの食肉加工工場、ミズーリ、アーカンソー、アイオワ、テキサス州の5つの飼料工場、アーカンソー、オクラホマ、テキサス州の4つの養豚場をJBS社が取得し、アメリカの国内第2位の豚肉加工業者となった（Food ＆ Water Watch and others［2015］pp.1-4, 10）。なお、この時点での第1位は2013年以降、中国・香港を本拠とする豚肉加工業者WHグループ（万洲国際有限公司）に買収され子会社となっていたスミスフィールド社で、そのアメリカの国内豚肉市場シェアは27.4％であった。つまりアメリカの豚肉パッカーの1位と2位は外国

企業の支配下に入っており、そのシェアはおよそ48％であった。

　以上の買収に伴い、アメリカのパッカー上位４社のシェアは９ポイントほど上昇しおよそ74％に達した。ブロイラー産業と同様、地域的にみると数値以上に集中の弊害は深刻である。たとえば当時のアイオワ州においては、パッカーの上位４社シェアは４ポイント上昇して95％に達した。

　生産農家は第１に、豚が出荷可能な重量に達すると、価値の低下を防ぐため売却までの時間を可能な限り短縮する必要がある（Willingham and Green [2019]）。第２に出荷時の輸送コストの問題がある。すなわち、200頭の豚を100マイル輸送するコストは約300ドルにもなる。また、１マイル移動するごとに死亡率増加、品質低下、体重減少などの問題が生じてしまうため、生きた豚の市場は地理的つまり距離的な限界に制約されていた。つまり商品の売却を急ぐ生産農家に対して、パッカー側は交渉力をさらに強化できたのである。

　2017年に、アメリカ国内において生産契約で取引された豚は63％に達した。1996〜97年水準のおよそ２倍である（Willingham and Green [2019]）。その中で生産農家はパッカーの要求を満たすために、多額の設備投資を行い、その後10年以上の長期にわたって借入金の返済を続ける必要があった。しかしパッカーは、生産農家と短期的な契約のみを繰り返して交渉力を強化し、より有利な契約を実現した。生産農家側も団結して交渉力強化を試みたが、ブロイラー産業と同様に、パッカー側からの報復リスクに悩まされている。パッカーの卸売価格と生産農家の契約価格、両者の差額の47％はパッカー側の買い手独占により生じたものとの試算もある。消費者がスーパーマーケットにおいて１ポンドのベーコンを4.33ドルで購入すると、そのうち生産農家に支払われるのはわずかに0.69ドルであった。

　同時に、契約取引の拡大に伴って、スポット市場で販売される豚も、60％（1994年）から２％（2016年）へと激減し、そこでの市場価格が価格シグナルとして適正か、疑問が呈される事態も生じている。

おわりに

　ブロイラーなどの家禽・鶏卵部門においては、1950年代の比較的早い時期

から垂直統合が進み、1990年代には契約取引シェアが8割を超え、インテグレーションを通じたパッカーによる生産農家支配が進んでいた。農家との生産契約の締結の中で、パッカーは細部に至るまで生産をコントロールし、高額の設備更新を要求した。したがって、生産農家は設備投資に際して多額の融資を必要とした。その返済期間は10年以上に達したが、パッカーと数年ごとに生産契約を繰り返すなかで交渉力を喪失して、価格などの面で次第に不利な条件を受け入れざるをえなくなった。

　豚部門における垂直統合は、「技術的な統一性に欠けるため」家禽・鶏卵部門に比べると大幅に遅く、1990年代以降に持ち越された。しかしその後は消費者ニーズあるいは小売業の要求に適合させる必要が生じ、品質面で均一な豚肉供給に迫られ、生産コントロールを強化しなければならなくなった。こうして豚部門においても家禽・鶏卵部門と同様の問題が発生しはじめた。契約取引を通した垂直統合のみならず、パッカー同士の企業合併も進展した。パッカー同士の合併は買い手独占を強め、その交渉力のさらなる強化につながった。他方で生産農家は一層不利な契約に甘んじた。

　以上のように生産農家を統合し、上流に向かって集中度を高めてきたパッカーなどの食肉加工業者であったが、大規模化の進む小売業との力関係では、常に優位にあったわけではない。農産物市場における権力の中心が加工業者から小売業者へ移行しつつある、との見解も相当早い段階から出されてきたためである（Taylor and Domina［2010］p.22）。上述のように豚部門において、小売業者からの要求を契機にインテグレーションが進んでいた点は象徴的である。しかし近年は逆に、集中に成功した食肉加工業者が市場支配力を駆使して、下流の卸売価格、さらに小売価格を高騰させる問題も指摘されている（Food & Water Watch and others［2015］p.18）。2015年のJBS社によるカーギル社買収後の米国卸売市場における豚肉の上位4社シェアは78％とのことである。こうした事態が物価上昇を加速させる恐れもあるだろう。

　これらと同様の問題はその他の農産物においても生じているのだろうか。2016年に農務省が発表した報告書によれば、アメリカ農業全体として伝統的な現物市場が縮小する一方で、契約による取引が拡大しつつあると指摘されている（Adjemian et al.［2016］pp.1-15, 25）。とりわけ契約取引が上昇傾

向にある部門において、経済力集中への懸念は高いようである。たとえば表3-1で見られたように、ピーナッツにおいては1990年代以降に契約取引シェアが上昇してきたが、殻むき加工業者の上位2社が国内シェアを上昇させて、近年およそ70%に達するようになった。もっともピーナッツの場合は、契約農家側が生産から撤退して他の農産物に土地利用を転換するという対抗手段すなわち交渉力を残しており、家禽・鶏卵や豚で生じているような深刻な問題に至るか否かについては今後の推移を注視しなければならない。そのほか、小麦や大豆、トウモロコシなどの穀物については、現物市場さらに先物市場における取引量がきわめて大きく、買い手と売り手の双方とも市場参加者は多い。したがって、懸念すべき点は限られよう。しかし例外もある。たとえば、ビール醸造時に必要となる麦芽用大麦については現物市場取引のシェアが小さく、また買い手の数が限定される醸造業者向けに特定品種栽培が求められ、その転換には困難を伴う等の問題が指摘されている（Adjemian et al.［2016］pp.6-14, 26）。

バイデン民主党政権は2021年7月9日、「米国経済における競争促進に関する大統領令」（Executive Order on Promoting Competition in the American Economy）を発出した。「農民の不公正な扱いに対処し彼らの生産物の市場における競争条件を改善するために、不公正、不当な差別、または欺瞞的な慣行に関する農務省の規制を強化」すべく、「食肉加工業者・家畜飼育場法（Packers and Stockyards Act, 1921）に基づく規則制定」の検討に着手するとした。特に家畜・食肉・家禽・鶏卵産業を名指しして問題を明示した。

それらに関する概況報告書の中で、農業分野について牛肉を例に次のとおり言及している（FACT SHEET）。すなわち「大手食肉加工企業の上位4社が牛肉市場の80%以上を占め」ているため、牛肉価格が上昇して消費者負担が上昇したにもかかわらず「過去5年間に牛肉価格に占める生産農家の取り分は51.5%から37.3%に低下した」というものである。そのうえで、生産農家と消費者の中間に位置する巨大なコングロマリット（複合企業体）にその差額が流れ込んでいる、と批判した。

さらにバイデン政権は2022年に入って、より具体的な行動にも着手している（Akin［2022］）。第1に、アメリカ救済計画法から資金を確保して、食

肉および鶏肉加工工場の新設または拡張に10億ドルを投資すると発表した。生産農家に「巨大なコングロマリット」以外の選択肢を用意することを意図したものである。第2に、食肉生産農家を保護するための連邦規則を強化すると述べた。第3に、既存の競争法を大胆に適用するとした。さらに、食肉加工業者・家畜飼育場法の修正を農務省に命じるなどしている。第4に、より詳細な食肉価格の報告を義務化し、業界の透明性を高めるとした。

　しかし、こうした対策も不十分と批判されている（Dutkiewicz and Rosenberg［2022］）。第1に、新たな加工場の稼働までには、何年もの時間が必要なことである。2022年以降の急速な物価上昇を直ちに緩和させる対策とはならないのである。第2に、たしかに加工業者が増えることで一時的に問題は緩和するであろうが、①新設の独立加工業者に補助金を継続的に支出する必要があること、②大企業によるこれら新設業者の買収を長期にわたり阻止し再統合を防ぐこと、これらは簡単ではない。そのほか第3に、気候変動や人獣共通感染症、抗生物質耐性菌増殖のリスク、劣悪な労働者待遇、森林伐採、などの問題がむしろ悪化する恐れもあるという。

　農業分野における経済力集中問題への連邦政府の対応は、まだ始まったばかりで予断を許さない。今後の推移に注目する必要があるだろう。

【参考文献】

大江徹男［2000］「外国事情 アメリカの養豚における構造的変化と垂直的調整の強化」『農林金融』第53巻第3号、187-199頁。

―――［2002］『アメリカ食肉産業と新世代農協』日本経済評論社。

岡田泰男［2000］『アメリカ経済史』慶應義塾大学出版会。

金成祚［2002］「アメリカ養豚産業における垂直的調整の展開と課題」『畜産の研究』第56巻第3号、339-346頁。

駒井亨［1992］「米国ブロイラー産業の近況」『畜産の研究』第46巻第10号、1071-1076頁。

斎藤修・杉山和男［1990a］「アメリカにおけるターキィの産業組織的性格と競争構造」『日本家禽学会誌』第27巻第3号、182-191頁。

―――［1990b］「アメリカ養豚産業におけるパッカーの行動と市場構造の変化」『農産物市場研究』第31号、45-55頁。

―――［1991］「アメリカにおけるブロイラーの産業組織の変化と立地移動の制約条件」『日

本家禽学会誌』第28巻第1号、37-46頁。

杉山道雄［1989］『養鶏経営の展開と垂直的統合――アメリカ養鶏産業の研究』明文書房。

マグドフ、フレッド、J・B・フォスター、F・H・バトル編／中野一新監訳［2004］『利潤への渇望――アグリビジネスは農民・食料・環境を脅かす』大月書店（Magdoff, Fred, John B. Foster, and Frederick H. Buttel eds., *Hungry for Profit: The Agribusiness Threat to Farmers, Food, and the Environment*, Monthly Review Press, 2000.）。

Adjemian, Michael K., B. Wade Brorsen, William Hahn, Tina L. Saitone, and Richard J. Sexton ［2016］ *Thinning Markets in U.S. Agriculture*, Economic Information Bulletin No.148 Economic Research Service, U. S. Dept. of Agriculture, available at https://www.ers.usda.gov/publications/

Akin, Katie ［2022］ "Joe Biden Debuts $1 Billion Meatpacking Competition Plan," *Missouri Independent*, January 5, 2022, available at https://missouriindependent.com/briefs/

Burns, Christopher and James M. MacDonald ［2018］ *America's Diverse Family Farms: 2018 Edition*, Economic Information Bulletin No.203 Economic Research Service, U. S. Dept. of Agriculture, available at https://www.ers.usda.gov/publications/

Dutkiewicz, Jan and Gabriel N. Rosenberg ［2022］ "Don't Make Meat Cheaper. Make It Much More Expensive," *The New Republic*, January 6, 2022, available at https://newrepublic.com/

FACT SHEET: Executive Order on Promoting Competition in the American Economy - The White House, available at https://www.whitehouse.gov/briefing-room/statements-releases/

Food & Water Watch and others ［2015］ "The Anticompetitive Effects of the Proposed JBS-Cargill Pork Packing Acquisition," available at http://www.inmotionmagazine.com/ra15/JBS-Cargill_White_Paper.pdf

MacDonald, James M. and Christopher Burns ［2019］ "Marketing and Production Contracts are Widely Used in U.S. Agriculture," *Amber Waves: The Economics of Food, Farming, Natural Resources, and Rural America*, July, Economic Research Service, U. S. Dept. of Agriculture, available at https://www.ers.usda.gov/amber-waves/

Martinez, Steve W. ［1999］ *Vertical Coordination in the Pork and Broiler Industries: Implications for Pork and Chicken Products*, Agricultural Economic Report No.777, Food and Rural Economics Division, Economic Research Service, U.S. Dept. of Agriculture, available at https://www.ers.usda.gov/webdocs/publications/40999/17966_aer777_1_.pdf?v=2062.5

Molnar, J. J., T. Hoban, and G. Brant [2002] "Passing the Cluck, Dodging Pullets: Corporate Power, Environmental Responsibility, and the Contract Poultry Grower," *Southern Rural Sociology*, Vol.18, No.2, pp.88-110.

Organization for Competitive Markets, available at https://competitivemarkets.com/

Shideler, James H. [1957] *The Farm Crisis, 1919-1923*, Berkeley and Los Angeles, CA: University of California Press.

Taylor, C. Robert and David A. Domina [2010] "Restoring Economic Health to Contract Poultry Production" (Lincoln, NE : Organization for Competitive Markets, 2010), available at http://www.competitivemarkets.com/wp-content/uploads/2012/02/dominareportversion2.pdf

Vukina, Tomislav and Porametr Leegomonchai [2006] "Political Economy of Regulation of Broiler Contracts," *American Journal of Agricultural Economics*, Vol.88, No.5, pp.1258-1265.

Willingham, Caius Z. and Andy Green [2019] *A Fair Deal for Farmers - Center for American Progress*, available at https://www.americanprogress.org/

軍需産業

軍産複合体の特質と存続要因について

藤田 怜史 *Satoshi Fujita*

はじめに

　軍産複合体（military-industrial complex）について論じたあらゆる文章で指摘されるように、この言葉が知れわたったのは、ドワイト・アイゼンハワー大統領の離任演説（1961年）によってであった。アイゼンハワーはそこで、軍需産業と軍部の密接なつながりがアメリカの民主主義を損ねているとして、国民に対し警戒を呼びかけた。しかし実は軍人としてのアイゼンハワーは、軍部と産業の密接な協力関係の構築をかねてより提唱していたのである。第2次世界大戦では、アメリカは自動車産業や航空機産業の動員によって圧倒的生産力を発揮し、大量生産された兵器が戦争の勝利に貢献した。しかしこの戦争は、兵器の物量だけでなく、兵器の質、言い換えれば科学力や技術力が重大な役割を果たした戦争でもあった。おそらく次の大戦では、兵器の質が勝敗の決定要因になるであろう。したがって第2次世界大戦のように戦争が起きてから産業を戦時転換するのでは、次の戦争には対応できないであろう。必要なのは、平時から軍の要請に基づき兵器、とりわけ核兵器やミサイルなどの先端兵器の質を常に刷新し続ける産業、すなわち「恒常的軍需産業」を育成することだと考えられたのである。

　アイゼンハワーが警告したのは、恒常的軍需産業と軍の関係が強固になり、軍と産業が利益を共有し、一部の権力者の利害に基づいて高額の軍事費

が維持されることで、民主主義が毀損され、アメリカが軍事国家化してしまう危険性であった。結論を先にいえば、その後アメリカが軍事国家化したとはいえないだろう。しかし軍産複合体が必要とされた冷戦が終結してなおそれは存続し、公然、隠然たる影響をアメリカ社会に及ぼしている。本章の目的は、軍産複合体の特質と存続要因を理解することにある。第Ⅰ節では軍産複合体の特質を簡潔にまとめたうえで、その原点が第2次世界大戦にあることを示す。第Ⅱ節では、軍事費支出、科学者と技術者の役割、核兵器の3つの観点から軍産複合体の特質をまとめる。最後に第Ⅲ節では、なぜ軍産複合体が今もなお存続するかを、軍事支出の経済的影響、イノベーションに与える影響、「軍備のエートス」の3つの観点から考察する。

Ⅰ　軍産複合体の基盤としての第2次世界大戦

　軍産複合体の特質を一言で言い表すのは難しい。軍事・技術史家のアレックス・ローランドは、「国家と産業が協力して、国益や国家安全保障よりもそれらの特別な利益を優先するような国家安全保障政策を形成するような力の交わり」であると定義した（Roland［2021］p.2）。国家（軍部、行政府、議会）と産業以外にも大学など科学者・技術者のコミュニティ、労働組合、シンクタンクなども軍産複合体の構成要素として挙げられることもある。しかし軍産複合体を多様な集団のつながり、言い換えれば単なる利益集団として捉えるだけでは不十分である。この集団をつなぎとめる軍事支出による社会結合機能や、「軍備拡張のエートス」も理解する必要がある（大橋［2000］；浅野［2017］）。したがって軍産複合体とは、利益集団の集まりでありつつ、それを結びつける制度や機能でもある。経済学者のブルース・ブラントンはこれを「諸制度の束」と呼んだ（Brunton［1988］p.603）。「諸制度の束」であるがゆえに、軍産複合体はそのときどきの社会的、経済的状況に応じて柔軟に姿を変えることができ、今まで存続しているのである。
　こうした軍産複合体の諸要素は、第2次世界大戦のときに多くが形成された。軍と企業の強い結びつきによりそれぞれの集団の利益が確保されるという事例が、それ以前にもあったのはたしかである。しかしそれは長続きしなかった。やはり決定的だったのは第2次世界大戦の経験である。この戦争は

産業界の動員なしに戦い抜くことができなかったが、その中で国家・軍と産業の協力関係が形成された。第1に、兵器の調達に関して軍部が直接責任を負ったため、特に軍部と産業の密接な関係が構築され、また、産業界の指導者らがさまざまな行政機関に登用され、人的ネットワークが形成された。第2に、産業界の協力を引き出すために、設備投資や利益に関して企業にとって有利な制度が設定されたが、これは冷戦期軍産複合体にもみられることになる。第3に、上述したようにこの戦争では科学者や技術者が重要な役割を果たし、動員された。このように第2次世界大戦は、冷戦期軍産複合体に特徴的な関係や制度の多くを生み出したのであった。

　ではなぜ戦後も存続したのか。なぜ第1次世界大戦後のような軍縮機運が生まれなかったのか。最大の要因は、終戦後に米ソの二大超大国が時をおかず冷戦状態に突入し、常に敵と向き合わねばならなくなったことであろう。しかし第2次世界大戦の経験それ自体も重要な要因であった。すなわち、真珠湾攻撃を受けた経験と、大戦中に核兵器が完成したことを受けて、自国の安全のためにアメリカは孤立主義に回帰せずに、グローバルなレベルでの安全を維持しなければならないと考えるようになったのである。そのためアメリカは海外に軍事基地をもち、大規模な動員解除を進めつつも、軍を戦前の規模にまで縮小することがなかった。いわば「安全保障国家」への道を選択したのである。先に触れた「軍備のエートス」、すなわち強大な軍備の維持や拡張を是とする国家・国民的な信念は、米ソ冷戦の勃発とは別に第2次世界大戦の経験から生まれたのであった。

II　軍産複合体の特質

1　軍事費と軍産複合体

　軍産複合体という言葉はアイゼンハワーの発明であったが、それに対する批判はベトナム反戦運動の中で強まっていった。アメリカがベトナムでの泥沼から抜け出せず、戦争で税金が浪費され続けているのは、国家と軍需産業が密接に結びつき、戦争を継続することで利益を得る一部の、しかし強大な権力をもつ集団のせいであると考えられるようになったのである。

　税金の浪費と企業の不当な利益は、軍産複合体批判の核心の一つである。

軍産複合体の核は恒常的軍需産業と国家および軍である。軍需企業は基本的に兵器や軍需品のみを製造する。国家は必要と考えるだけの兵器を発注し、企業はそれを開発、生産し納入するため、そこに市場の機能は働かない。兵器開発をめぐる企業間の競争もあるが、国家がより重視するのは価格より性能であるため、価格や効率性に関する競争が生まれにくいのである。調達が入札ではなく随意契約である場合も多く、企業の利益が確実に確保される仕組みになっている。それどころか軍需企業は必要以上の利益を上乗せする場合もあった。納期の遅れや、性能に関する要求を満たせなかった事例も数多くあった（ハートゥング［2012］）。それでも多くの場合、契約は継続され、企業には一定の利益がもたらされることになる。

　すなわち軍産複合体を膨張、維持、存続させた根本的な基盤は、膨大な軍事費であった。国家が軍事費を増やし、兵器調達や研究開発（R&D）に多額の資金を投じるほど、企業の利益は増える。したがって軍事費を高い水準で維持することは、軍部と軍需企業にとって共通の利益となる。

　図4-1はアメリカの軍事費の推移を不変ドル（2020年）、経常ドル、対GDP比で表したものである。不変ドルや対GDP比でみてもわかるとおり、アメリカの軍事費は1950〜53年の朝鮮戦争を契機に急増し、戦争終結後も戦争前の水準に戻ることはなかった。不変ドルでみるとわかりやすいが、朝鮮戦争後に4回の軍事費が急増したタイミングがある。1度目は1960年代後半のベトナム戦争期であり、2度目は1980年代、いわゆるレーガン軍拡の時代である。しばしばソ連によるレーガン軍拡への対抗がソ連経済を圧迫し、その崩壊を招いたといわれることもある。そうした理解が正しいかどうかは議論の余地があるだろうが、ロナルド・レーガン政権が交代した直後に冷戦は終結した。後述するように、3度目は対テロ戦争期、4度目はドナルド・トランプ政権期の軍拡である。

　アイゼンハワーが論じたように、米ソ冷戦という状況において、恒常的軍需産業と国家が緊密な関係を結ぶことは不可避かつ必要なことであった。そうであるならば、冷戦の「勝利」によって軍産複合体は不要になるはずであるが、それが解体されることはなかった。ジョージ・H・W・ブッシュ（父）政権は、冷戦終結後の戦略目標をアメリカが圧倒的優越を維持することと定めた。それはウィリアム・クリントン政権からオバマ政権に至るまで

図 4-1　アメリカの軍事費の推移

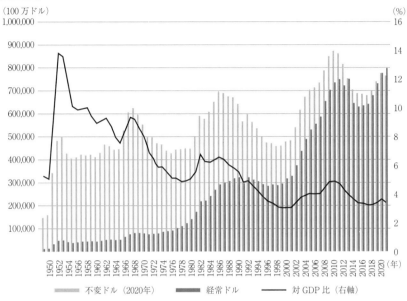

（100 万ドル）　　　　　　　　　　　　　　　　　　　　　　　　　　（%）

出所：SIPRI より作成。

凡例：不変ドル（2020年）　　経常ドル　　対 GDP 比（右軸）

概ね維持され、トランプ大統領は「偉大なアメリカを取り戻す」とさえ主張
した。ジョー・バイデン政権においても、ウクライナ戦争と台湾をめぐる緊
張が高まるなか、軍産複合体の役割が小さくなるとは考えにくい。ただし冷
戦終結直後は「平和の配当」を求める声が大きく、クリントン政権は軍部の
規模を縮小し、軍事費を大幅に圧縮することになる。それに対し軍需産業は
事業の縮小や買収・合併（M&A）による業界再編を推し進め、政権もそれ
が反トラスト法の訴追対象とならないよう便宜を図った。政府は軍産複合体
に生き残りの道を提供したのである。この再編によって５つの巨大軍需企業
を中心とする寡占体制が確立した。その５つとはロッキード・マーティン、
ボーイング、ノースロップ・グラマン、ジェネラル・ダイナミクス、レイセ
オンである。巨大企業は M&A によってなんとか危機を乗り切ったが、下
請け、特に軍需企業への依存度が大きかった下請け企業はそうはいかなかっ
た。グローバリゼーション進展による外国企業への下請け発注、製造拠点の
海外移転の増加も相まって、アメリカ製造業は深刻な危機に陥った。

21世紀に入り、ジョージ・W・ブッシュ（子）政権は、ドナルド・ラムズ
フェルド国防長官が中心となって米軍の「転換」（transformation）を打ち
出し、宇宙・情報・諜報（SII）を中心としたネットワーク中心の戦争を志
向した。とりわけ力を入れたのがミサイル防衛システムの構築であり、ロシ
アとの間に締結されていたABM条約[1]から離脱し、2002年に国防総省内に
ミサイル防衛庁を発足させた。大きなコストがかかる改革であったが、それ
を後押ししたのが9・11同時多発テロ事件とその後のテロとの戦争であっ
た。こうして3度目の軍拡が進められた。従来の軍部の規模が拡大したこと
に加え、テロとの戦いにおいて情報機関の役割が増大したこと、国防総省に
よる「サービス」の契約が増加したことがこの時期の特徴として挙げられ
る。こうして3つ目の点に関しては、いわゆる民間軍事会社への戦闘そのも
のの外注などが含まれ、こうした現象は「戦争の民営化」と呼ばれた（本山
[2004]）。重要なのは、戦争の民営化を通じて軍・国家と民間の境界があい
まいになっていったことである。後述するようにこれは、科学や技術に関す
る分野でも進んだ現象であった。軍産複合体はこの時期徐々に民間に「忍び
寄る」ようになったのである（上田[2006]）。
　テロとの戦争の激化と長期化による軍事費の増大は著しかった。オバマ政
権の時期に、2011年の予算管理法による歳出削減と、イラク撤退などを踏ま
えた軍事費の削減が進められたが、不変ドルでみた場合、オバマ政権におけ
る軍事費の底とレーガン政権における頂きはほぼ同額である。そしてトラン
プ大統領が中国脅威論を打ち出しつつ4度目の軍拡を進め、バイデン政権で
も、ウクライナ戦争と台湾海峡の緊張を背景に軍事費は増加し続けると見積
もられている（White House and OMB）。この軍拡は軍需企業を潤した。上
述した5大軍需企業の軍事関連売上は、2016年の1366億ドルから2020年の
1833億ドルに増加しており、このまま軍事費が増え続ければ間違いなくこの
数字も増えていくだろう。2021年度アメリカの軍事費は世界全体の38.5％を
占めるとされ（SIPRI）、他国と比べて圧倒的に多いこの軍事費がアメリカ
軍産複合体を支えている。

1）ABM条約は1972年に米ソ間で締結された、弾道弾迎撃ミサイルの配備を最小限に制
　限する条約である。

軍事費の大部分を占めるのが人件費、作戦・維持費、調達費である。だが、比較的金額が小さいながらも重要な意味をもつのがR&D費であった。なぜなら軍産複合体の核心のひとつが、アメリカの科学・技術的優位を追求し、それによる軍事的・経済的な優位を確保することであるためだ。政府、特に国防総省によるR&D費は、科学者や技術者を軍産複合体につなぎとめる役割を果たしうる。そこで次項では、R&D費の推移をみていく。

2 科学者・技術者の役割と研究開発費の推移

冷戦期における主要な兵器は、核兵器やミサイルなど、きわめて高度な科学的知識や技術を必要とした。特に冷戦初期は、巨大科学・技術が志向されていたこともあり、兵器に関しても水爆に代表される絶大な破壊力をもつものや、ミサイルなど複雑なシステムの開発が目指されていった。そこに米ソ冷戦という、軍事力や経済力などのパワーだけではなく、イデオロギー、国家の威信をめぐる対立が相まって、科学・技術において相手よりも優位を維持することが二重に重要な意味をもった。そのため、1957年にソ連がアメリカに先んじて人工衛星スプートニク号の発射に成功したことは、アメリカ国民にとって衝撃であった。アイゼンハワーは国民のパニックを鎮めるために、国立航空宇宙局（National Aeronautics and Space Administration: NASA）や国防高等研究計画局（Defense Advanced Research Projects Agency: DARPA）[2]などを創設し、科学・技術の研究開発に力を入れる姿勢をみせた。

図4-2は、連邦政府によるR&D費とその対連邦予算比の推移を示したものである。R&D費は国防関連を中心に1950年代後半から急増し、アポロ計画が開始したことでやや遅れて非国防関連R&D費が増加する[3]。それにつれてR&Dセンターとしての大学の役割が拡大し、軍産複合体に取り込まれていく。その後R&D費は経常価格では増加を続けるが、対連邦予算比で

2）もともとは「高等研究計画局」（ARPA）という名称であったが、1972年、国防総省が資金提供できる研究は、軍事的な機能と関係がある基礎研究だけに限定されることになり、それを機にDARPAへと改称された。本章ではDARPAで統一する。
3）非国防関連R&Dの分野には宇宙以外には科学、エネルギー、運輸、公衆衛生、農業、天然資源・環境などがある。

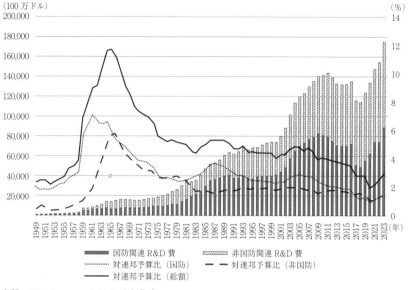

図 4 - 2　連邦政府 R&D 費と対連邦予算比（右軸）

（100万ドル）　　　　　　　　　　　　　　　　　　　　　　　　　　　　（%）

凡例：
□ 国防関連 R&D 費　　□ 非国防関連 R&D 費
······ 対連邦予算比（国防）　　- - - 対連邦予算比（非国防）
—— 対連邦予算比（総額）

出所：Whitehouse and OMB より作成。

急減する。特に国防関連 R&D 費の伸びの鈍化が顕著である。ベトナム反戦運動を契機に多くの研究機関が軍事研究を忌避するようになったことが要因のひとつだろう。1972年には国防総省は基本的に大学への基礎研究支援を行うことができなくなり、軍産複合体における大学の役割、そして大学の研究に占める国防総省の役割も縮小した。

　ただし、近年再び国防総省の存在感が増しつつあり、2016年には大学向け R&D 費の支出源として、国防総省が全米科学財団を抜き第 2 位に復帰した（NSF；小林・細野［2020］）。西川はその起点を、1983年にレーガン大統領が打ち出した戦略防衛構想（Strategic Defense Initiative: SDI）に見出した（西川［2017］）。端的にいえばこれは宇宙を軍事化し、敵国のミサイルを宇宙から迎撃する構想であった。この計画は科学者や技術者を大動員することなしには実現しえず、特に国防関連 R＆D 費の急増をもたらした。減少傾向にあった連邦政府による大学への R&D 支出も再び増加し、1980年の4100万ドルから1988年には6000万ドルを超えるに至った（NSF）。

大学に流れる資金が増えただけではない。1980年代は、大学が再び機密研究に従事しやすくなる法整備も進められた。たとえば1980年に制定されたバイ＝ドール法は、政府資金による研究成果に関して大学の特許所有を認め、大学への政府資金流入を活発化させた。さらに1985年に発せられた国家安全保障指令第189号は、大学等で実施される「基盤研究」（fundamental research）[4]に関して、その成果公開は可能な限り妨げられないと規定した（小林・細野［2020］459頁）。これによって、大学が政府資金、とりわけ国防総省資金を受け入れる際の障害が取り除かれることになった。西川によればこの時期からさかんに「軍産学連携」という言葉が使われるようになり、軍事研究に携わることの罪悪感が薄められ、兵器生産における科学者の役割は再び拡大傾向に入ったのである（西川［2017］）。

　1980年代以降、ハイテク産業の分野でも同様の傾向が看取される。アメリカでは伝統的に「産業政策」、すなわち特定の産業に対する国家の介入は否定される傾向にあった。原子力やコンピュータ、半導体のように国防総省投資による技術が民間産業に影響を与えたケースは数多いが、そもそもは軍事目的であり、産業政策とは方向性が異なる（浅野［2017］143頁）。しかし1987年、半導体製造における日本の台頭を背景に、半導体および製造業メーカー14社によって半導体共同開発機構（SEMATECH）が設立され、国防総省を含めた政府諸機関がそれに出資したのである。またそれに先立つ1982年にはSBIR（Small Business Innovation Research）が設立され、ハイテク・ベンチャーに対する支援制度が始まった。出資機関は多岐にわたるが、最大の担い手は国防総省で、1983年から2006年の平均でほぼ半分を占めた（Weiss［2014］p.62）。2004年からはDARPAロボティクス・チャレンジというロボット技術のイノベーションを促すプロジェクトも実施されるようになった。軍産複合体は、ミサイルなどに焦点をあてる「従来型」と、ITやロボットなどに焦点をあてる「新興型」の「ハイブリッド」に変化していったのである（浅野［2017］146頁）。科学や技術を媒介に軍とビジネス、国家と民間の境界があいまいになり、市民の身近に軍産複合体が「忍び寄る」ようになっ

4）「基盤研究」には、「基礎研究」（basic research）と「応用研究」（applied research）が含まれる。

た。

　図4-2を見てわかるとおり、連邦政府支出に占めるR&D費の割合も、軍事費全体と同様に全体的に低下傾向にある。ただし、クリントン政権期が顕著であるが、R&D費は軍縮圧力が強いなかであってもあまり削減されることはない。トランプ政権前半期に国防関連R&D費は急減したが、すぐに戻している。根底には、アメリカの科学・技術における優越を維持することにより、その軍事的優越を保たねばならないという考え方がある。こうしたアメリカの研究開発志向が、アメリカの産業のイノベーションに与えた影響は大きい。この点については後述する。

3　軍産複合体と核

　アイゼンハワーが恒常的軍需産業を必要としたのは、冷戦においては兵器の量だけではなく質が重要と考えられたためである。その考え方の中心を占めたもののひとつが核兵器・原子力であった。その専門性はきわめて高度であり、この兵器体系の開発・構築に関しては特に、科学・技術的知識が不可欠であった。原子力自体は早い段階で原子力発電に民間転用されたが、核兵器は、弾頭、運搬手段（ミサイルや爆撃機）、打ち上げ基地（潜水艦含む）、通信・管制網という4つの要素から構成され、「民需分野とは無縁な方向へと過剰発展した軍事技術の落とし子」のような存在であった（藤岡［1994］421頁）。それに加えて原子力潜水艦や原子力空母など、兵器の動力としての活用も活発に進められた。

　アイゼンハワー政権は朝鮮戦争後の軍事費圧縮のために、破壊力の観点からコスト・パフォーマンスに優れた核兵器に依存した。同政権は大量報復戦略を標榜し、ソ連のヨーロッパ侵略に対して核兵器による全面的報復を示唆したのである。そのためには核兵器の数も重要な要素となり、核軍拡が進められた。対してソ連も核戦力や運搬能力の強化を進め、核軍拡競争が始まった。そうしたなかで相互確証破壊（Mutual Assured Destruction: MAD）という核抑止概念が生まれる。これは、核による先制攻撃を受けても、反撃により相手に耐え難い打撃を与えられる報復能力を温存する体制を整えることにより、先制攻撃を控えさせるという考え方である。そのためには核兵器の量的・質的優位を保つことが決定的に重要になるのであり、核軍拡競争は

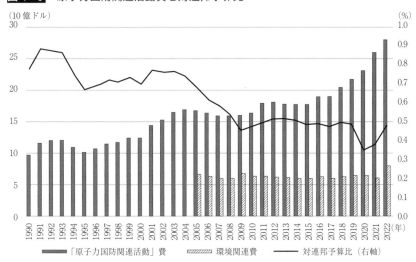

図 4-3 原子力国防関連活動費と対連邦予算比

（10億ドル）
（％）

■「原子力国防関連活動」費　▨ 環境関連費　── 対連邦予算比（右軸）

出所：2004年までは United States Census Bureau、2005年からは Department of Energy より作成。

1960年代後半以降、特に加速する。保有核弾頭数がピークに至った1986年には、全世界に7万発を超える弾頭が存在していたという（FAS）。アメリカが1945年から1993年までの間に製造した核弾頭数は7万を超え、そのためにかかった費用は2800億ドル（不変ドル、1993年）だという。しかしこれは核弾頭だけの話で、ミサイルなどを含めた核戦力関連費は2兆3000億ドルにのぼり、同期間の総軍事費の2割にもなるという。核兵器や核燃料は処理のコストも大きいため、冷戦期を通じてみれば核兵器が安価な兵器だとはいえないだろう（藤岡［1994］）。

　1987年の中距離核戦力全廃条約を契機として米ソは核軍縮を始め、アメリカはクリントン政権になってから核備蓄を半減させた。ただし、図4-3を見ればわかるとおり、一時的にエネルギー省の「原子力国防関連活動」費は減少したが、1990年代後半からは再び増加傾向にある。新しく製造する核弾頭の数が減ったとしても、その廃棄や汚染された土地の処理などに一定のコストがかかり続けるためである。2005年以降、そうした環境関連費は60億ドルから70億ドルで推移している。「原子力国防関連活動」費から環境関連費を除いたものが安全保障関連費で、トランプ政権においてそれが急増してい

る。中距離核戦力全廃条約破棄に加え、「使える核兵器」の開発、製造に着手したことがその背景にある。

　しかしこの核軍拡をトランプのみの責任に帰することはできない。オバマ大統領は「核なき世界」を訴えてノーベル平和賞を獲得したが、エネルギー省の安全保障関連費はむしろ増加傾向にあった。また、FAS の調査によれば2008年から2016年の間の核備蓄量は5273発から4018発に減ったのみである。備蓄量だけでみると、2000年の約1万発から半減させたブッシュ政権のほうが目覚ましかった（FAS）。2010年に新戦略兵器削減条約（新START）が調印され、配備戦略核兵器やその運搬手段の削減が約された。しかし同条約は戦術核兵器、つまり小型核兵器の配備を制限するものではなく、またアメリカ国内での批准が困難をきわめたため、オバマは「使える核兵器」開発を承認せざるをえなかったのである（奥村［2021］）。

　冷戦終結以降、特にテロとの戦争以降、核兵器の軍事的有用性は低下している。それでも新START 批准論争にみられるように核軍縮には根強い反対意見がある。それは必ずしも核兵器産業の利害関係者だけの反対ではないだろう。軍産複合体をつなぎとめる「軍備のエートス」、この場合、核兵器の存在によって大国間の戦争が抑止されているという核抑止論が相応に妥当だと思われているからこそ、急激な軍縮への反論が生まれる。それはアメリカ国内だけでなく、「核の傘」の下にいる日本やヨーロッパ諸国でもそうであろう。今般のウクライナ戦争は、核保有国による軍事侵攻に対し、全面的な反攻が困難であることを示した。その点において核抑止論の妥当性を一方では証明したようにみえ、核軍縮どころか日本における核「共有」に関する議論を始めるべきだという声があがった。アメリカの連邦政府予算に占める原子力国防関連予算の割合は減少を続けており、相対的には低コストで大国間の戦争が抑止できるのであれば、安いものだと考える人はこれから増えるかもしれない。

　しかし言うまでもなく、ロシアがウクライナ侵攻後に繰り返し核兵器の使用をほのめかしているように、核抑止への依存は、いつか実際に核兵器が使われるかもしれないという不安や恐怖と隣合わせである。1962年のキューバ危機では、米ソ両国はぎりぎりのところで核戦争を回避できた。果たして、国際社会の状況が混迷をきわめるなかで、これからも核戦争を起こさずにい

られるのだろうか。

Ⅲ 軍産複合体を存続させる要因

1 軍産複合体がもつ経済的影響

　軍産複合体は、税金の浪費、利益誘導的な性格、数々の不正、核軍拡を促進した要因であること、核軍縮の障害であること、そして何よりそれが危機や戦争をつくりだしているのではないかという疑念ゆえに、今日に至るまで批判を受け続けており、その言葉自体にも軽蔑の含みがある。にもかかわらずそれは、高額の軍事支出を基盤になお存続している。その存続を可能にする要因は何であろうか。大橋はこの点について、経済的な好影響を含めた軍事支出の社会結合機能、そして軍事的な優越を是とする「軍備のエートス」を挙げた（大橋 [2000]）。以下ではこれらの点について検討してみたい。

　第2次世界大戦期、巨額の軍事支出に基づく軍需生産は、1930年代から続いた不況を終わらせた。戦後の世界は、米ソ冷戦の時代に入ると同時に、アメリカの経済的な圧倒的優越に基づく「パックス・アメリカーナ」の時代に突入した。1960年代前半頃まで、平時の巨額の軍事支出がアメリカの経済成長を牽引した。いわゆる「軍事ケインズ主義」がこの時期までは機能したのである。また、軍需産業は南部サンベルトの工業化、ハイテク産業化にも寄与した。国が兵器や軍需品を求める限り軍事費が支払われ、景気に左右されることなく安定的な雇用がもたらされる。実際のところ軍需産業は雇用を創出することを兵器開発と製造の正当化理由にしてきた。1990年代の業界再編によって多くの労働者がレイオフされたことは、軍事支出と雇用創出の関係を裏付けている。たとえばこの時期、ロッキードとマーティン・マリエッタが合併してロッキード・マーティンが成立したが、同社は1万5000人の従業員を削減した（河音 [1999] 644頁）。

　雇用創出は、特に連邦議会議員にとって強力なアピールとなる。そのため軍産複合体は、それに批判的な共和党のジョン・マケイン上院議員がそうしたように、「軍産議（会）複合体」と呼ばれることもある（ハートゥング [2012] 30頁）。兵器開発に携わる企業がある州や地域出身の議員は、その兵器開発を承認し、継続を希望するだろう。航空機やミサイルなど複雑かつ巨

大な兵器システムの開発、製造に関しては多くの下請け企業の参加が欠かせず、その下請け網は全国に広がることもある。たとえばロッキード・マーティンが主契約社となった第5世代ジェット戦闘機F-35ライトニングII[5]の開発、製造には、1500もの下請け企業と13万人を超える従業員が関わり、ほぼアメリカ全土（45州）にまでネットワークが広がっていた（Roland［2021］p.179）。

　ただし軍事ケインズ主義による景気と雇用への好影響に対しては異論もある。冷戦前期に急速に発展した原子力やミサイル産業など、軍産複合体の中核とも呼べる産業においては、R&Dへの投資の割合が従来の製造業と比べて高く、雇用が専門家や熟練労働者に集中しがちであることや、経済的好影響の地理的な偏在も指摘される（南［1970］）。軍事費に投じられている資金が民間投資に回されていれば、おそらくより多くの雇用が創出されただろうということである。さらに、軍産複合体は多くの科学者と技術者を活用せざるをえないため、そうした専門家を民間から多く吸収しており、民間のイノベーションを阻害しているという見解もある（ディグラス［1987］）。

　恒常的軍需産業は軍需依存度が高く、市場原理がほぼ機能しないことはすでに述べたとおりだが、そのことは産業の競争力の低下につながった。軍需企業は兵器だけをつくればよいかもしれないが、下請けはそうはいかない。特に、大軍需企業に依存する下請け企業の競争力は徐々に失われていった。そうした企業は、冷戦終結後の軍事費圧縮に直面し、淘汰を余儀なくされた（西川［2018］217頁）。1990年以降に展開したグローバリゼーションも背景となって、部品等の供給元も外国に移っていき、産業の空洞化が進んだ。

　以上のように、軍産複合体はアメリカのイノベーションを阻害し、製造業の軍需依存を強めた結果、アメリカ製品の国際競争力を低下させたとも考えられている。上述したSBIRやSEMATECHの創設は、とりわけハイテク産業の競争力を復活させるための、重大な方針転換であった。次項では、科

5）ジェット戦闘機は1940年代に最初に開発され、それからおよそ10年ごとに世代交代を繰り返していったとされる。第5世代ジェット戦闘機は1980年代頃から開発の構想が始まり、現在運用されているもののなかで最新鋭機である。アメリカ製のものとしてはほかにF-22ラプターがある。いずれも、高度なステルス性能をもつことが第5世代の特徴である。現在、各国で「第6世代」戦闘機の開発が計画されている。

学・技術やハイテク産業のイノベーションに対して軍産複合体が果たした役割を検討する。

2 軍産複合体とイノベーション

アメリカが先端科学・技術において常に先んじているのは、アメリカ経済における自由な気風ゆえであり、むしろ機密の多い軍事研究はそれを阻害するといわれる。イノベーションにおいて、軍事研究や国家の果たす役割は小さいともいわれる。それに対し、比較政治学者のリンダ・ワイスは、第2次世界大戦後のアメリカのイノベーションの源泉は、国家と民間の「ハイブリッド」な結合と、根本的に軍事および安全保障に焦点をあてた研究開発にあると主張した（Weiss［2014］）。ただしこれは、結果的にアメリカの場合はそうだったということであり、軍事研究が商業的利益やイノベーションをもたらすことを約束するという議論ではない。

軍事研究から生まれた技術が民間に転用（スピンオフ）され、経済や社会に多大な影響を及ぼした事例として、インターネットとGPSがある。インターネットの原型は、国防総省の研究開発の司令塔であるDARPA（当時ARPA）が1969年に完成させたARPAネットである。1990年代、クリントン政権期に民間にも開放され、ITバブルの原動力となった。同じく現在のわれわれの生活から切り離すことのできないGPSシステムは、1973年に軍事目的で開発が決定されたが、90年代以降段階的に民間での利用の制約が解かれていき、2000年にそれは完全に解除された。この時期ヨーロッパ諸国で同様の技術開発が進められていたが、クリントン政権は技術の優位を維持するためにこうした決定を下したのであった（ジェイコブセン［2017］301頁）。この事例は開発から民間での運用までに時間がかかったものだが、コンピュータや半導体、原子力など、早い段階から民間にスピンオフした技術も多い。

上述したように、レーガン政権期のSDIを契機に、軍と民間、国家と民間の境界はあいまいになっていく。その傾向はクリントン政権以降も続いた。インターネットやGPSの民間への開放は、その境界線を意図的に消そうとする政策である。この例に限らず、クリントン政権は技術のデュアル・ユース（軍民両用）を追求した。軍から民だけではなく、民から軍への技術

の活用をも模索したのである。つまり民間、商業用に開発された技術が軍事的に利用されるということであり、これをスピンオンという。スピンオンした技術は、軍事的な利用のために調整が必要なものもあるが、民生品（commercially off-the-shelf: COTS）がそのまま利用されることもある。現在のウクライナ戦争では精度の高い写真が重要な役割を果たしているが、それは COTS のスピンオンの顕著な事例である。そのため、2004年に始まった DAPRA ロボティクス・チャレンジなど、国家が民間のイノベーションを促す施策がとられていく。CIA が創設したベンチャー・キャピタルである In-Q-Tel の出資によって、現在の Google Earth のもととなった技術が開発された事例もある（Roland［2021］p.147）。こうして、技術を媒介として軍産複合体が「忍び寄る」のである。

　「忍び寄る」軍産複合体に対抗する動きもある。2018年に Google は、従業員からの反発を受け、国防総省から受注していた Project Maven からの撤退を決めた。この計画は、ドローン兵器に AI を活用しようというもので、Google は AI 技術を提供することになっていた。しかし同社の撤退によって計画自体が頓挫したわけではなく、Google の役割は Microsoft と Amazon が引き継いだ[6]。このように、「忍び寄る」軍産複合体に社会全体で抗うのは難しい。日本でも長らく科学者と軍事研究のあり方について議論されてきたが（杉山［2017］）、2022年7月に日本学術会議が、デュアル・ユースな科学・技術研究について、軍民の区別をつけることは困難であるとの姿勢を示し、軍事につながりかねない研究を厳しく制限すべきという従来の方針からの転換を示唆した。2022年の参議院選挙では自民党が防衛費の倍増を公約とし、12月、岸田政権は向こう5年間での防衛費増額を閣議決定した。国際的な緊張の高まりを背景として、軍産複合体が「忍び寄る」状況は、対岸の火事ではないということであろう。

　それでは、科学や技術は軍産複合体においてよりよく発展するのかといえば、必ずしもそうではない。たしかに冷戦初期の軍事研究の中から革新的な技術が生まれたが、それは最初からスピンオフが期待されたものではない。多くの場合、兵器に関する技術は機密扱いで専門的に過ぎ、民間への転用の

6）2022年にこの計画の実施主体は国防総省から国立地理空間情報局に移った。

可能性は低い。恒常的軍需産業の目的は兵器のみをつくることだからである。そして、近年になればなるほど、イノベーションは軍需牽引ではなく民需牽引で生まれる場合が多くなっている。だからこそ国家による民間への投資が強化されているのである。また、アメリカの製造業が衰えたままでいる状況において、イノベーションが経済に与える好影響は相対的に小さくなっているという指摘もある（Weiss［2014］pp.203-211）。特に中国との間で兵器や技術に関する差も劇的に縮まっているという見方もある。そうだとすれば、トランプ大統領が製造業の復活を目指したのは合理的であったかもしれない。しかし、少なくともトランプの軍拡、特に宇宙軍創設と宇宙の軍事化は研究開発志向であり、それが製造業、ラストベルトを潤すことはなかったと思われる（西川［2020］）。こうしたことを考慮すれば、軍事研究拡大の正当化理由をイノベーションの促進とするのはあまり妥当性がない。

3 軍備拡大のエートスとアメリカの軍事的・技術的優越の意義

　第2次世界大戦を契機にアメリカは安全保障国家への道を選択し、米ソ冷戦により、西側盟主として軍事的、経済的、技術的に圧倒的優越を維持しなければならないと決意するに至った。1970年代の米ソのデタント（緊張緩和）や、クリントン政権期の軍縮、オバマ政権期のリバランス政策など、そのときどきの国際関係や国内の社会的、経済的状況に即して、グローバルな関与の縮小を進めた時期もあった。しかしだからといって、アメリカの優位を維持する方針が捨て去られたわけではない。軍事費が削減されたとしても、R&D費は相対的に維持される傾向にあったのはこのためである。アメリカはどこよりも強くあらねばならないという決意が、批判がありながらもアメリカ軍産複合体を生きながらえさせている。

　軍事的な優越は外交などにも好影響をもたらす。萩原は、アメリカがドルを国際通貨として維持し、世界における政治的・経済的覇権であり続けるために圧倒的な軍事力が必要だと述べる（萩原［2006］）。米ドルが国際通貨であることによってアメリカが得る利益、またそれによる問題については、第7章で述べられているとおりである。また新鋭兵器は同盟関係をつなぎとめる役割を果たすときがある。F-35戦闘機開発はアメリカ以外の国々も関わったが、参加国であったトルコが、ロシア製のミサイル・システムを購入した

という理由で計画から排除された。また日本も次世代戦闘機としてF-35の調達を決めているが、トランプ大統領は自動車関税カードをちらつかせ、F-35を含めたアメリカ製兵器を日本に大量に購入させたという観測もある（東京新聞社会部［2019］）。また、2021年には米英豪安全保障パートナーシップ協定（AUKUS）が締結され、米英による原子力潜水艦のオーストラリアへの提供を通じた安全保障協力が推進されている。そしてヨーロッパの国々や日本はなお核の傘に大きく依存している。2021年8月の米軍のアフガニスタンからの撤退に対する批判の声も小さくなかった。アメリカは強くあらねばならない、グローバルな安全保障に大きな責任を担わねばならないという「軍備のエートス」は、アメリカ国民だけに抱かれているものではない。

おわりに

　本章は軍産複合体の特質と、それを存続させる要因について検討した。アメリカの軍事費は波がありながらも増大を続け、それが軍産複合体を生きながらえさせている。R&D費も増え続け、科学者や技術者を軍産複合体につなぎとめている。冷戦終結後、特にそれは顕著で、軍・国家と民間との境界がさまざまな形であいまいになるなか、軍産複合体という「諸制度の束」が拡張を続け、民間との境界がはっきりしなくなっている。米ソ冷戦の産物かと思われた軍産複合体が、その終結後も存続するのは、それがさまざまな経済的好影響を及ぼしていると考えられているためであろう。しかし、もしその好影響の度合いが考えられているよりも小さいものだとしても、軍産複合体が消えてなくなることはないだろう。アメリカは軍事的、科学的、技術的に先を行っていなければならないという「軍備のエートス」が、軍産複合体を今後も存続させるに違いない。アメリカの同盟国やパートナーもそれを求めている。昨今の安全保障環境を背景に、そうしたエートスはますます強くなっている。

　ここで重要なのは、科学や技術を含めたアメリカの軍事的優越が、比較的国内経済を圧迫させることなく達成できているという事実である。アイゼンハワー政権後期における軍事費の対GDP比は10%近くもあり、1962年の軍

事費が連邦政府支出に占める割合は50％近くあった。アイゼンハワーがアメリカの軍事国家化を懸念したのも理解できる。しかし前者はいまや4％、後者も10〜15％程度である。冷戦期は高くついたかもしれないが、それでも冷戦の「勝利」という成果があった。そして冷戦終結後はその負担はさらに軽くなっていき、技術的な差は縮まったとはいえなおアメリカの優位は継続している。アイゼンハワーが恐れたのは、アメリカがバターよりも大砲を優先させる社会に陥ってしまうことであった。しかし、アレックス・ローランドが結論づけるように、アメリカは大砲とバターを両立させるどころか、バターを優先させながら世界で圧倒的な軍事的優越を維持できている。その事実もまた、今後アメリカの軍産複合体を存続させる要因となろう。

【参考文献】

浅野敬一［2017］「軍産複合体の変化と継続——議論の融合に向けた予備的考察」『阪南論集・社会科学編』第52巻第2号、137-149頁。

上田慧［2006］「アメリカの航空宇宙産業と軍需」『経済』第124号、27-30頁。

大橋陽［2000］「「軍産複合体」再考」『一橋論叢』第123巻第6号、950-965頁。

奥村皓一［2021］「米国軍産複合体の冷戦後再編成と「米中新冷戦」シンドローム」『関東学院大学経済経営学会研究論集・経済系』第284集、94-128頁。

河音琢郎［1999］「国防削減下におけるアメリカ軍事産業の再編過程」『立命館経済学』第48巻第4号、634-653頁。

小林信一・細野光章［2020］「大学におけるデュアルユース技術開発とガバナンス——日米比較から」『研究 技術 計画』第35巻第4号、450-471頁。

ジェイコブセン、アニー／加藤万里子訳［2017］『ペンタゴンの頭脳——世界を動かす軍事科学機関DARPA』太田出版(Jacobsen, Annie, *The Pentagon's Brain: An Uncensored History of DARPA, America's Top Secret Military Research Agency*, New York, NY: Little Brown, 2015.)。

杉山滋郎［2017］『「軍事研究」の戦後史——科学者はどう向きあってきたか』ミネルヴァ書房。

ディグラス、ロバート／藤岡惇訳［1987］『アメリカ経済と軍拡——産業荒廃の構図』ミネルヴァ書房(DeGrasse, Robert W., *Military Expansion, Economic Decline: The Impact of Military Spending on U.S. Economic Performance*, Armonk, NY: M. E. Sharpe, 1983.)。

東京新聞社会部［2019］『兵器を買わされる日本』文藝春秋。

西川純子［2017］「安全保障問題と軍産複合体——デュアルユース（軍民両用技術）を考える」『学術の動向』第22巻第7号、32-39頁。

—— ［2018］「危険な中国？ トランプ政権の軍事戦略」『世界』第915号、214-221頁。

—— ［2020］「トランプ政権と軍需産業——宇宙軍創設と中国脅威論」『経済』第299号、45-54頁。

ハートゥング、ウィリアム／玉置悟訳［2012］『ロッキード・マーティン——巨大軍需企業の内幕』草思社（Hartung, William D., *Prophets of War: Lockheed Martin and the Making of the Military-Industrial Complex*, New York, NY: Nation Books, 2011.）。

萩原伸次郎［2006］「アメリカの軍拡経済と財政赤字」『経済』第124号、31-34頁。

藤岡惇［1994］「核 – 軍産複合体は米国経済をどう変えたか」『立命館経済学』第43巻第3号、418-433頁。

南克巳［1970］「アメリカ資本主義の歴史的段階——戦後＝「冷戦」体制の性格規定」『土地制度史學』第12巻第3号、1-30頁。

本山美彦［2004］『民営化される戦争——21世紀の民族紛争と企業』ナカニシヤ出版。

Brunton, Bruce［1988］"Institutional Origins of the Military-Industrial Complex," *Journal of Economic Issues*, Vol.22, No.2, pp.599-606.

Department of Energy, Budget and Performance. https://www.energy.gov/budget-performance

FAS（Federation of American Scientists）, Status of World Nuclear Forces. https://fas.org/issues/nuclear-weapons/status-world-nuclear-forces/

NSF（National Science Foundation）, Higher Education Research and Development Survey. https://www.nsf.gov/statistics/srvyherd/

Roland, Alex［2021］*Delta of Power: The Military-Industrial Complex*, Baltimore, Maryland: Johns Hopkins University Press.

SIPRI（Stockholm International Peace Research Institute）, SIPRI Databases. https://sipri.org/databases

United States Census Bureau, Statistical Abstracts Series. https://www.census.gov/library/publications/time-series/statistical_abstracts.html

Weiss, Linda［2014］*America, Inc.?: Innovation and Enterprise in the National Security State*, Ithaca, NY: Cornell University Press.

White House and OMB（Office of Management and Budget）, Historical Tables. https://www.whitehouse.gov/omb/budget/historical-tables/

※ウェブサイトの最終閲覧日はいずれも2022年9月22日。

第5章 小売業

チェーン・ストアからウォルマートまで

浅野 敬一 *Keiichi Asano*

はじめに

　小売業は、時代により姿を変えながら、消費者のニーズに応えてきた。今日、日本においても、店主自らが店頭に立つ家族経営の小売店を利用する機会はかなり減った。対して、大手小売業が運営する巨大ショッピング・モールは、モノの流通のみならず生活サービスや娯楽を融合し、生活全般に影響をもつ。コンビニエンス・ストアも、独立したフランチャイジーが各店舗を運営するが、全体は巨大流通システムであり、かつ身近な生活サービス拠点やデータを活用した商品プロデューサーとしての性格も有する。さらに、Amazon に代表される電子商取引（ｅコマース）の拡大は、生活や買い物のあり方自体を変えた。近年の巨大小売業は、単なる規模の拡大ではなく、物流網や情報通信技術を利用し、家計や個人との結節点という立場を活かした総合化を進めることで、消費者ニーズを幅広く取り込んでいる。

　また、多くの人は、消費者であると同時に生産者であり、自営の場合を含めて職を小売業に求める人は少なくない。小売業は、雇用のみならず、創業の場としても役割をもっている。

　一方、小売業のあり方は、法規制の影響も強く受ける。特に1970年代以降のアメリカの反トラスト政策は、消費者厚生を唯一の目的に、経済の効率を高めるために規制を緩和・撤廃する運用が続いてきた。こうした政策は、

「小さな政府」や「新自由主義」などの政治的価値観とも結びつき、ウォルマートや Amazon が巨大化できる環境を用意したといえる。

　しかし、反トラスト法や各国の競争法は、資本主義経済の基本的なルールであり、さまざまな利害を反映した市場の整備が本来の役割である。消費者厚生や狭義の効率性だけではない、より多元的な価値の実現が求められる。また、特定の企業が巨大化し他の競争者が排除されれば、それが自由競争の結果であっても、自由競争の環境はすでに失われている。市場の競争を維持するには、時代や状況に応じて規制のあり方が調整される必要がある。

　本章は、アメリカにおける小売業と独占の問題を歴史的に再考し、今後の政策に必要な視点を提示することが目的である。アメリカでは、チェーン・ストアが急成長した1920年代以降、巨大小売業をめぐる問題が形を変えながら継続し、反トラスト法を含む政治的な議論に発展する場合もあった。また、生活に直結し人々の職に影響する場合も多い小売業の変化は、ときにポピュリズム的な政治行動も引き起こしてきた。そこで、第Ⅰ節では、1920・30年代に立ち返り、急成長したチェーン・ストアとそれに対する反対運動を再考する。そのうえで、第Ⅱ節では1950・60年代、第Ⅲ節では1970年代以降について、反トラスト法に関連づけながら小売業の変化を検討する。特に、1970年代後半以降、反トラスト政策の変化にも後押しされ小売業のさらなる巨大化と集中が進んだ状況が明らかになる。

Ⅰ　反チェーン・ストア運動とその問題点

1 チェーン・ストアの拡大と摩擦

　20世紀初頭、石油、鉄鋼、自動車などの巨大製造業のみならず、小売業においても大企業が急成長した。その代表は、グレート・アトランティック・アンド・パシフィック（A&P）である。A&P は、もとはニューヨークで始めた紅茶の通信販売などが中心だったが、次第に缶詰などの加工食品や日用品の店舗販売であるグロッサリー事業を拡大していった。特に、1912年に開発した「エコノミー・ストア」と呼ばれる店舗形態は、販売商品の絞り込み、在庫の圧縮、配達や掛け売りの廃止および従業員の削減などでコストを圧縮し、商品価格を引き下げながら従来以上の利益率を確保した。A&P

は、「エコノミー・ストア」を主力形態に、1912年から1915年の間に店舗数を約400から864と倍以上に増やした。

第1次世界大戦が終了すると、A&Pの店舗網は、1923年に9236、1925年には1万3398へ急拡大し、南部や中西部の小都市などにも広がった。また、A&Pは、卸売業者を排除した製造業者との直接取引による仕入れ価格の引き下げ、従来のグロッサリーにはなかった肉や乳製品をはじめとする生鮮食品の導入など、競争力を強化していった。

また、1920年代は、「チェーン・ストア・エイジ」と呼ばれ、A&P以外にも多くのチェーン・ストアが成長した。たとえば、ウールワースは、日用雑貨のバラエティー・ショップを1929年までに2000店以上展開した。シアーズなどの大手通信販売業者もチェーン・ストアに移行していった。従来、交通の不便な農村部では通信販売が買い物の重要な手段だったが、自動車の普及により近隣都市の店舗に簡単に買い物に行けるようになったのである。

一方、チェーン・ストアに圧迫された小規模小売業者は、政治的な対応を含めて抵抗した。最初の規制は、1925年にケンタッキー州ダンヴィルで制定され、通常店舗の数倍の営業許可料をチェーン・ストアに課すものだった。この条例は州裁判所により違法とされたが、規制に関する議論は収まらなかった。1927年には、ノースカロライナ州が5店舗を超えるチェーン・ストアには店舗ごとに50ドルを課税する州法を成立させ、1933年までに17州が、1941年までには27州が、なんらかのチェーン・ストア課税法を制定した。

しかし、チェーン・ストアの拡大は止まらなかった。むしろ、大恐慌が発生すると、実質所得が減少した消費者は、低価格のチェーン・ストアへの支持を強めた。また、農家にとっても、チェーン・ストアは重要な販路になっていた。これに対して、多くの小売業者は、経営や商取引のスキルが根本的に不足し、有効な対策を打ち出せなかった。一部ではボランタリー・チェーンの結成や共同仕入れなどの取り組みもみられたが、成功例は少なかった。

ただし、小規模小売は、競争力は低いが、多くの者に職を提供していた。1929年時点では、食品小売業だけでも、自営を含む120万人が就業しその多くは小さな家族経営の店舗で働いていた。当時の非農業部門就業者数は3800万人なので、重要な就業の場であった。また、小資本でも開業できる小規模小売は、新規参入も比較的容易だった。小売業は、消極的な選択の場合も含

めて、移民を含む多様な者に就業の機会を提供した。

2 ロビンソン＝パットマン法の目的と内容

　反チェーン・ストア運動の中心人物の一人が、ライト・パットマンである。パットマンは、1893年、テキサスの田舎町の貧しい借地農家に生まれた。彼は、自らも借地農として働きながら大学に通い、貯めた綿花を売り学費を払った。法律の学位を得たあとは、州下院議員や郡検察官などを経て、1929年、35歳で民主党の連邦下院議員となった（Young［2000］）。

　パットマンの政治姿勢の特徴は、ときにポピュリストと呼ばれながらも、他の議員たちが無視するような問題を取り上げたことである。たとえば、1936年1月に成立させた第1次世界大戦の退役軍人に対する恩給の即時支払いなどを定める恩給法（ヴィンソン＝パットマン＝マコーマック法）は、彼が連邦下院議員に就任した直後の1929年から、財務省、共和党フーヴァー政権、さらには1933年に就任した民主党ローズヴェルト大統領の反対に直面しながらも法案を提出し続けた結果だった。

　パットマンは、1935年頃から、中小企業やチェーン・ストアの問題に取り組んでいく。小売の問題は、状況の地域差も大きく、連邦レベルで取り上げるには難しいものだった。また、チェーン・ストアを攻撃すれば、消費者や農家からの反発も予想された。一方で、中小企業は、就業者は多いが、利害が拡散し組織的な政治力は弱かった。そのため、多くの議員が小売の問題は利益にならないと考えたが、パットマンは中心課題として取り組んだ。

　当時、チェーン・ストアは不当に安く仕入れた商品を安値で販売するとの批判もあったが、従来の反トラスト法による規制は難しかった。たしかに、1914年のクレイトン法は、それまではあいまいだった反トラスト法上の違反行為を明示し、同第2条は売り手による価格差別を禁止している。しかし、取引量に応じた数量割引などは当然発生するので、違法となるのはその価格差が市場全体の競争減殺や独占形成の可能性を有すると立証された場合に限られていた。仮に、ある小規模小売業者が、自身への卸値とチェーン・ストアへの卸値の差を差別的と考えても、その価格差が市場全体に悪影響を及ぼすとの立証は困難だった。

　そこで、パットマンは、1936年6月、クレイトン法第2条を改正するロビ

ンソン＝パットマン法（以下、「RP 法」という）を成立させた。RP 法は、市場全体への影響を立証するのではなく、当該価格差が当事者間の競争を阻害すると立証するだけで適用可能とした。中小小売側の立証責任を軽減し提訴の可能性を高めることで、製造業者や卸業者がチェーン・ストアに不当に安い価格で売り渡すことを牽制しようとしたのである。

RP 法は、反トラスト法の中できわめて評価が難しい法律である。たしかに、チェーン・ストアの購買力の濫用を防ぎ競争を維持する意図には妥当性もある。しかし、同法の直接の規制対象は売り手の価格差別だが、できるだけ安く仕入れるという買い手側の当然の行為にも影響を与える。そのため、RP 法は、運用次第では価格競争を阻害する可能性がある。

チェーン・ストアに対する RP 法の規制効果も、評価は難しい。同法がチェーン・ストアの仕入れ価格を上昇させ利益を圧縮した、との見方はある。実際、法案提出後、A&P などの株価は大幅に下落した（Levinson［2011］）。しかし、取引量に応じた割引は RP 法でも当然ながら合法であるため、チェーン・ストアは購買力を維持し拡大を続けたのである。

チェーン・ストア側も対策を講じた。RP 法の直接の規制対象は、売り手の売り渡し価格における差別である。そこで、資本力や購買力のあるチェーン・ストアは、製造部門の内部化やプライベート・ブランドの導入を進めた。自社生産とすれば、売り手や売り渡し価格そのものが消滅する。プライベート・ブランドは、製造業者からチェーン・ストアへの売り渡し価格は残るが、製造業者はその商品を他には販売しないので、価格差別の問題が生じる可能性は低い。チェーン・ストアは、RP 法の規制に対応することで、競争力をさらに強化した。

3 非現実的なチェーン・ストア課税法案

シャーマン法などの反トラスト法は、企業規模に関する規制はなく、独占や取引制限を伴わなければ、いかに巨大な企業でも合法である。しかし、RP 法を不十分と考えるパットマンは、チェーン・ストアの規模を攻撃しようとした。先例は1937年にルイジアナ州が制定したチェーン・ストア課税法で、州内に限らず全米の店舗数に応じて課税する形式だった。チェーン・ストア側は反発し提訴したが、連邦最高裁は、店舗数を源泉とするチェーン・

ストアの競争力は州境で区切られないとして、全国の店舗数に応じた課税を合憲とした。A&Pの場合は、州内は106店だが全米で1万5082店を有したため税額は膨れ上がった。

　勢いを得たパットマンは、1938年、チェーン・ストア課税法案を連邦議会に提出した。法案は、小売業に対し、店舗数に応じて累進的に税額を賦課し、かつ営業する州の数が増えるたびに税額を倍加する内容だった。A&Pの場合、税引き前利益は1580万ドルだが、同法案による課税額は4億7200万ドルに達した。パットマンは、翌1939年も同様の法案を提出、A&Pを念頭に、1企業が過度な力をもつべきではない、コミュニティが破壊される、巨額の資金を投じたチェーン・ストアのロビー活動は問題である、などと主張した。また、パットマンは、A&Pを資金面で支えるウォール・ストリートも批判し、一部大銀行とその支援を受けた企業が、流通システムを支配しさらには国や個人の富の支配を目論んでいるとした。

　しかし、チェーン・ストアに課税する州が多いとはいえ、パットマンの過激な法案は支持を得られなかった。A&Pは「反チェーン・ストア課税」のPRを大々的に展開、消費者団体、農業団体、労働組合なども反対に回った。中小企業に理解のある議員でさえも、「パットマンは、チェーン・ストアに製品を供給する多くの工場とそれがある町を廃墟にしようとしている。これらの町を混乱させ、労働者たちを失業させようとしている。さらに、大量の作物を販売している農家にもダメージを与えようとしている」と批判した[1]。法案は意味のある審議もなく廃案となり、第2次世界大戦の勃発により小売に関する議論は中断した。

II　第2次世界大戦後の中小小売の衰退

1　1950・60年代のアメリカ経済と反トラスト政策

　1950・60年代、アメリカ経済が総じて好調だったこの時期の反トラスト政

1）エマニュエル・セラー下院議員の発言である（*Congressional Record*, March 6, 1938）。セラーは、1950年に合併を厳格に規制するセラー＝キーフォーバー法を成立させるなど、大企業や独占に警戒感をもっていたが、ここではパットマンの法案に反対した。

策は、独占に対し厳格な姿勢で臨んだ。ハーバード学派のSCP（構造－行動－成果）理論を根拠に、市場の構造が市場の成果を決める、つまり企業の数が価格などに影響を与えるとして、企業の数が少なく独占やそれに近い状態にあれば、直ちにそれを違法とする傾向にあった。

RP法も、この時期には多少の爪痕を残した。たとえば、モートン・ソルト事件（1948年）では、A&Pなどの大口顧客への値引きが過大であるとして、売り手の価格差が違法とされた。ただし、既述のとおりRP法は価格競争を阻害する可能性があり、これらの判決には当時から批判があった。小売分野の競争や参入機会を確保するには、大規模なショッピング・センターなどが生活に浸透した状況も踏まえ、新たな規制のあり方が検討されてよいはずだった。

しかし、パットマンは、現実的な議論を提起できなかった。たとえば、彼が1959年に提出したRP法第2条（b）項の改正案（H.R.11）は、チェーン・ストアへの攻撃に固執する姿勢を示している。同項は、価格差別が疎明された（一応確からしいと認められた）売り手が、その価格が競合他社と同程度に過ぎないことなどを提示し、価格差別に該当しないと反証する権利を認めていた。反証が受け入れられれば、違法にはならない。ところが、H.R.11は、全国展開するチェーン・ストアなどが関係する事案では反証を認めないとした。大手チェーン・ストアへの安値納入が価格差別と疎明されれば、反証の機会もなく違法と確定する可能性が高くなる。これでは、売り手は、大手チェーン・ストアへの値引きにきわめて慎重になってしまう。H.R.11は議論もなく廃案となったが、パットマンの現実味のない攻撃は、小売問題に対する他の議員の関心の低さもあり、適切な規制の検討を妨げただけだった。

2 パットマンの取り組みの意義と限界

1930年代から続いたパットマンの反チェーン・ストア運動は、反面教師とすべき部分を含め、競争と規制のあり方に教訓を残したように思える。まずは、反トラスト法の多様な目的、特に、供給面を含む社会的厚生や競争に参加する機会確保などに着目した意義である。チェーン・ストアは、流通を効率化し、食品などの日用品価格を引き下げた。独占が価格を吊り上げ消費者

の利益を侵害する構図ではない。しかし、反トラスト法は、消費者保護にとどまらず、市場の競争確保も重要な目的である。消費者の利益が守られれば競争は不要、とはならないはずである。パットマンは、消費者利益を無視したのではないが、小売分野における競争の減退や参入機会の消滅に危機感をもっていた。パットマンは、1916年から39年まで最高裁判事を務めたルイス・ブランダイス流の経済リベラル、つまり特定の者による経済的支配の防止を一貫して主張した。こうした考え方は、人々が大企業を受容するに伴い時代遅れとされていったが、パットマンは看過された問題を提起し続けた。

　一方で、パットマンの問題認識は妥当としても、解決策は有効ではなかった。A&Pを消滅させるチェーン・ストア課税法案や大手チェーン・ストアのみ反証の機会が奪われる1959年のH.R.11は、荒唐無稽な内容だった。RP法も価格競争を阻害する可能性を抱えたままだった。問題を鋭く提起するが誤った解決策を提示する、これがパットマンの限界だった。

　1950・60年代、RP法の多少の発動はあったが、小規模小売の衰退は進んだ。また、小売業における競争や規制が冷静に議論されることもなかった。一方、この時期の反トラスト政策は、ハーバード学派の影響を受け、いかなる形態であっても独占を認めない姿勢は維持していた。これは、1970年代からの反トラスト政策とは大きく異なる点であった。

Ⅲ　1970年代からの変化
——反トラスト政策の変化と消費者厚生の偏重

1　理論的背景の変化

　変動相場制への移行やオイル・ショックなど、アメリカ経済を揺るがす出来事が相次いだ1970年代、反トラスト政策においてはハーバード学派に代わりシカゴ学派が台頭した。シカゴ学派は、経済や市場への介入を批判するミルトン・フリードマンに基づき、放任的な反トラスト政策を主張した。そのうえで、消費者厚生の最大化を唯一の目的に、資源配分の効率を高めるため、政府の裁量的な規制を撤廃し数学的に厳密な理論を実践すべきとした。

　しかし、シカゴ学派に基づく反トラスト政策には問題もある。第1に、消費者厚生以外の目的を切り捨てたことである。市場は、モデルであっても供

給者と需要者という2つの立場で構成され、現実はより複雑である。そのため、反トラスト法は、多元的な目的をもち、競争維持のために規制をかけるような対応もやむをえない場合がある。ところが、シカゴ学派は、反トラスト政策の目的を純化し、消費者厚生以外の問題を見えなくしてしまった。

第2に、政府の介入を批判するが、市場の失敗には無頓着である。シカゴ学派は、市場の競争に耐えた企業は効率性が高く、独占状態でも消費者に安価な財を供給できるとする。しかし、そのためには、独占が形成されても、市場は常に効率性の向上へ機能し、企業は価格を吊り上げず、消費者は自由な選択を確保できるなど、満たすべき条件が多く現実的ではない。

ところが、シカゴ学派は、政策や訴訟の現場における中心的な学説となった。シカゴ学派による事案の理解は、目的を消費者厚生に限定し市場は適切に機能する前提のため、数学的に答えを導きやすい。単純明快さがシカゴ学派の最大の特徴で、実務で重用された要因といえる。たしかに、1980年代、学術的には、ゲーム理論などを取り入れた「ポスト・シカゴ学派」が競争を現実により近い形で理論化した。しかし、ゲーム理論は自身の合理性に「相手の出方」という要素を付加するため、条件設定により答えは異なる。そのため、緻密であるがゆえに複雑な計算が必要となり、実務の場では使いにくいとされた（河野［2022］）。

2 消費者運動の勃興と民主党の変化

1970年代は、民主党の経済政策が変化した時期でもある。経済政策における介入か放任かの議論は、リベラルか保守か、民主党か共和党かという対立軸で論じられることも多い。しかし、1970年代以降の反トラスト政策の変化やそれによる小売業への影響などを考察する際には、こうした図式では、いわゆるリベラル知識人や民主党の姿勢を見落としてしまう。

まず、70年代のリベラルは、反トラスト政策を重視していない。たとえば、ガルブレイスは、「今日ではまた、たとえ反トラスト法がその支持者たちの期待どおりのはたらきをしたところで、それは問題をいっそう悪化させるだけだということも、明らかである」（ガルブレイス［1980］289頁）と述べている。彼は、反トラスト法に基づく競争ではなく、大企業と政府の協調により効率的な経済を実現できると考えていた。結果的に、介入や計画を重

視するリベラル知識人は、中小企業の存在や競争の重要性を看過し反トラスト政策を尊重しない点では、放任的な市場主義のシカゴ学派と同じであるといえる。ジャーナリストのバリー・リンも「ジョン・ケネス・ガルブレイスの崇拝者とミルトン・フリードマンの崇拝者が、もう一つの厳しい真実を受け入れる時が来たと結論づけるのは妥当である。それは、この40年間、この2人は一見異なる2つの道を私たちに案内したかもしれないが、どちらの道も同じ封建的領地に私たちを導いていたのだ」（Lynn［2010］p.147）と指摘し、リベラルも新自由主義も、反トラスト政策を破壊し格差の拡大や独占を招いたとする。

　また、ラルフ・ネーダーらの消費者運動も、反トラスト政策に影響を与えた。ネーダーは、1960年代後半から自動車の安全性の問題に取り組み、インフレが進行した70年代には寡占企業の価格設定を批判するなど、大企業の監視と政府や議会へのロビー活動を展開した。ところが、ネーダーは、反トラスト政策を一面的に理解していた。たしかに、彼の大企業批判には、経済的支配の防止を重視するブランダイス流の経済リベラルと共通する面もあった。また、ネーダーは、"Too big to fail" の先駆的事例であるペン・セントラル鉄道の破綻問題では、パットマンとともに政府による同社の救済を厳しく批判した。しかし、「ネーダーは、ガルブレイス流のリベラルや反体制的だがエリートに基盤をもつ1960年代のカウンター・カルチャーを起源とする新たな政治の影響を受けて、中小企業が提供する政治バランスを見逃していた」（Stoller［2019］p.328）。ネーダーは、小売規制は消費者に有害と連邦取引委員会（FTC）を批判したが、零細小売の存在には無関心だった。消費者の利益を理由に規制を緩和し介入的な反トラスト政策を否定する姿勢は、シカゴ学派と同じだった。

　消費者運動は、民主党の政策を変えていった。ウォーターゲート事件でニクソンが辞任した直後の1974年中間選挙では、ネーダーやガルブレイスの影響を受けた民主党の新人議員である「ウォーターゲート・ベビー」が多数当選した。また、政権奪還を目指す民主党は、支持層拡大を図りネーダーと連携した。民主党は人種やジェンダーなどの面でリベラル色を強めていたため、消費者運動との連携は自然な流れかもしれない。しかし、1970年代後半の民主党は、リベラルとされた経路により、シカゴ学派の放任的反トラスト

政策を導入したといえる。

　民主党の変化は、カーター政権の規制緩和政策をもたらした[2]。ブランダイス流のリベラル、ときに規制も手段に独占を阻止し開かれた市場と競争を維持することは、効率性と消費者利益を理由に否定された。ブランダイス流リベラルの継承者だったパットマンも、1975年1月、若手議員らの反発に直面し1963年から務めた下院銀行・通貨委員会委員長の座を失い、翌76年3月、下院議員在職のまま死去した。消費者ポピュリズムともいえる新たなリベラルが伸張する一方で、小規模な企業や生産者の利害を代弁するポピュリストはすでに消えていた。この後、保守もリベラルも、共和党も民主党も、80年代のレーガンも90年代のクリントンも、シカゴ学派の影響を受けた放任的反トラスト政策を推進する。

3 巨大小売業の成長と集中

　1970年代後半から80年代は、一部の小売チェーンが巨大化し、生き残り競争を展開した時代である。かつての覇者A&Pは、高コスト体質や店舗刷新の遅れなどで、1960年代には低迷していた。代わって、シアーズが、1964年に売上高1位となり、70～80年代を通じて首位を守った。一方、インフレが進み、Kマートなどのディスカウント・ストアも成長した。

　小売業の巨大化と競争を後押ししたものが、前述した反トラスト政策の変化と消費者重視の政治姿勢である。1970年代後半以降、RP法の執行が大幅に抑制されたことは、チェーン間の価格競争を促進し商品価格を引き下げた一因である。RP法は、もともと価格競争を阻害する可能性があり、問題の多い法律だった。パットマンが亡くなり、シカゴ学派的反トラスト政策が定着した状況では、RP法を積極的に運用する余地はなかった。

　それでも、1980年代までの小売業は、巨大化を伴いながらも競争を展開していた。表5-1と図5-1は、小売業の規模別に、企業数とシェアの推移をそれぞれ整理している[3]。ここで、従業者数9人までの零細小売業は、企業数、シェアともに縮小は明らかである。しかし、従業者数10人から99人、同

2）一方で、ネーダーは、カーターの政策が大企業寄りとして次第に民主党とも対立するようになり、後には独立系として大統領選に出馬するようになった。

表 5-1　小売業における規模（従業者数）別の企業数

規模（従業者数）	1977年	1982年	1987年	1992年	1997年	2002年	2007年	2012年
1,000人以上	452	466	604	688	750	650	670	646
100 〜 999人	4,289	4,663	6,588	6,056	7,388	7,562	7,288	6,442
10 〜 99人	125,217	130,386	143,709	128,642	141,266	138,558	131,215	112,711
9人まで	625,933	539,948	508,801	491,750	467,206	452,961	460,191	424,887

出所：U.S. Department of Commerce, Bureau of the Census, Economic Census, Census of Retail Trade の各回より作成。ただし、1997年から使用する産業分類が変更になったため、必ずしも数値が連続しない。

100人から999人の規模は、1987年までは企業数が増えシェアも健闘している。また、従業者1000人以上の企業は、シェアを拡大するが、1997年までは企業数も増えている。80年代の小売業は、零細業者の縮小は続くが、それ以外の規模では新規参入を伴う競争が維持されたといえる。次項でみるウォルマートも、1980年代はシアーズやＫマートへの挑戦者であり、巨大小売業間に競争を巻き起こす存在であった。

　ところが、1990年代後半を境に、小売の集中が進む。従業者数1000人以上を含め、企業数は全体として減少している。特に、それまで健闘していた10人から99人の規模が、企業数とシェアを縮小させた。逆に1000人以上はシェアを大幅に拡大した。

　さらに、大規模小売の中でも上位企業への集中が進む。小売業上位 4 社のシェアは、1977年は6.9％、87年は5.9％だったが、その後2002年に11.0％、2017年には15％に達した。製造業上位 4 社のシェアは6.4％（2017年）で、小売業の上位集中は顕著である。

3）1997年、センサスの使用する産業分類が従来の標準産業分類（SIC）から北米産業分類（NAICS）へ変更されたため、表 5-1、図 5-1、図 5-2 の数値は1992年と1997年との間で必ずしも連続していない。この変更はアメリカ経済のサービス化にも対応した大規模なもので、小売に関しては、SIC は飲食業を小売業の下位分類としたが、NAICS は「宿泊及び飲食業」として小売業と同列の大分類としている。そこで、表 5-1、図 5-1、図 5-2 においては、SIC が用いられた1977年から1992年までの数値は小売業全体から飲食業分を控除しているが、細かな差異は多岐に及び1997年以降との連続性は確保できない。ただし、ここでの目的は小売業の全体的傾向を把握することであり、その限りでは大きな問題はない。

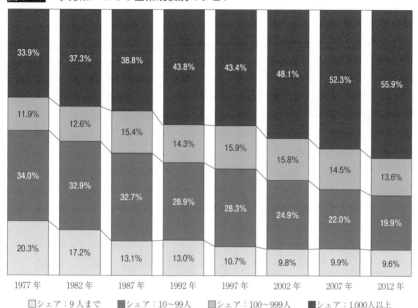

図5-1 小売業における企業規模別のシェア

	1977年	1982年	1987年	1992年	1997年	2002年	2007年	2012年
シェア：1,000人以上	33.9%	37.3%	38.8%	43.8%	43.4%	48.1%	52.3%	55.9%
シェア：100〜999人	11.9%	12.6%	15.4%	14.3%	15.9%	15.8%	14.5%	13.6%
シェア：10〜99人	34.0%	32.9%	32.7%	28.9%	28.3%	24.9%	22.0%	19.9%
シェア：9人まで	20.3%	17.2%	13.1%	13.0%	10.7%	9.8%	9.9%	9.6%

□シェア：9人まで　■シェア：10〜99人　▨シェア：100〜999人　■シェア：1,000人以上

出所：U.S. Department of Commerce, Bureau of the Census, Economic Census, Census of Retail Trade の各回より作成。ただし、1997年から使用する産業分類が変更になったため、必ずしも数値が連続しない。

　一方、図5-2のとおり、従業者数でも大規模企業への集中が進むが、同時に、賃金の規模別「逆格差」が生じたと思われる。小売業の賃金は、従来から全体的に低く企業規模が大きくなってもあまり上がらなかった。しかし、90年代も存続した中規模な企業が賃金水準を維持・改善した一方、従業者1000人以上の企業は、従業者数を大幅に増やすが、衰退が続く同9人までの零細小売と同水準の低賃金だった。上位4社の賃金も同様に低く、たとえば、2002年の1人当たり賃金は、従業者1000人で1万8094ドル、上位4社で1万8975ドルであった。1990年代後半以降の小売業は、企業の集中と低賃金労働の増加を伴い巨大化したといえる。

4 ウォルマートの巨大化とその影響力
　巨大化した小売業の代表がウォルマートである。創業者サム・ウォルトン

図 5-2 小売業における企業規模別従業者数と 1 人当たり給与

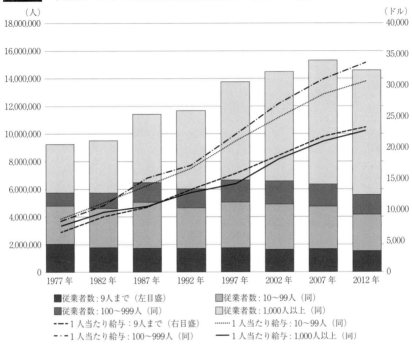

出所：U.S. Department of Commerce, Bureau of the Census, *Economic Census, Census of Retail Trade* の各回より作成。ただし、1997年から使用する産業分類が変更になったため、必ずしも数値が連続しない。

は、1945年にアーカンソー州で開いた雑貨店を出発点に、ディスカウント・ストアをチェーン展開した。ウォルマートは、ニューヨーク証券取引所に株式を上場した1972年には51店舗だったが、低価格と多様な品揃えの両立で1980年代に躍進した。1991年には1500店舗を超え売上高もシアーズを抜いて全米最大の小売業となった。また、1980年代末からは食品や家電などを含む多種多様な商品を扱うワンストップのショッピング・センター（スーパー・センター）を主力店舗形態として、さらに成長を加速した。現在では、全米で5000以上、世界中では 1 万以上の店舗を展開し、他の産業を含めて世界最大の売上高をもつ（図 5-3）。

　ウォルマートの巨大化の要因は、購買力などの実務上のスケールメリット

図 5-3 ウォルマートの店舗数、売上高、株価の推移

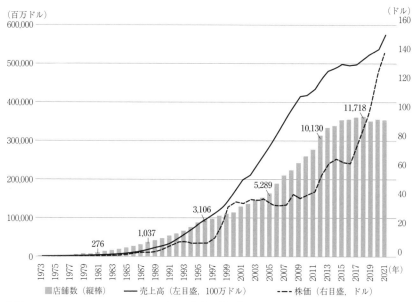

（百万ドル）   （ドル）

出所：Walmart Inc. Annual Report などから作成。店舗数と売上高は全世界のものである。

を追求した結果だけではない。第1は、金融面からの圧力である。1980年代以降、アメリカの金融市場に内外の投資資金が流入するとともに、各種の金融規制が撤廃・緩和されることで、株価の持続的な上昇が生まれたのである。たとえば、ダウ平均株価は、1970年代は1000ドル前後で推移したが、83年2月に1100ドルの壁を破り、2000年1月に1万6600ドル、2007年7月に1万4000ドルとなった。2008年の金融危機や2019年からのコロナ禍により下落した場面もあるが、金融緩和の効果もあって上昇を続け、2021年11月には3万6000ドルに達した。一方、ウォルマートの株価は、1972年の上場後は2〜3セント、1980年で10セント程度だったが、92年11月に10ドルを超え、1997年3月にダウ平均の構成銘柄に採用された。資本市場でもアメリカを代表する企業となったウォルマートは、図5-3のとおり、ダウ平均と歩調を合わせて株価を上昇させ、同時に株価のために拡大を加速させた。成長を提示できなければ、株価は維持できない。ウォルマートは、積極的な海外展開を含めて、店舗数や売上高の拡大を続けることで入れ替えの多いダウ平均構成銘

柄の地位を守っている。

　第2の要因は、小売分野に規制をかけない放任的反トラスト政策を実行する政治体制の継続である。1981年からのレーガンとブッシュ（父）の両共和党政権は、「小さな政府」を掲げ、その一環として司法省反トラスト局やFTCの予算を削減し放任的反トラスト政策を定着させた。なお、ブッシュ（父）は、1992年、サム・ウォルトンに自由勲章を授与した。

　1993年には、民主党クリントン政権へ交代したが、政策の方向性は引き継がれた。クリントンの中心課題は、金融規制の緩和、ITをはじめとする新産業の創出など、国際競争力の強化だった。たしかに、司法省やFTCの機能を回復させMicrosoftやインテルを提訴したが、同時期には、分割されたAT&Tの再集中などが進んだ。集中を認めるか否かは、競争力強化の観点から判断されたといえる。一方で、クリントン政権は、「福祉から就労へ」を掲げ中小企業による雇用創出も重視したが、その中心は、衰退の続く零細小売ではなく、宿泊や飲食、福祉サービスなどであった。小売業に関して、巨大化の抑制や零細業者の保護などに取り組む必要はなかった。なお、クリントンは、ウォルマートが本社を置くアーカンソー州の知事を通算で約12年間（1979年1月～1981年1月、1983年1月～1992年12月）務めた。また、ヒラリー・クリントンは、1985年から夫ビル・クリントンの大統領選への影響を考慮し1992年に辞任するまでの間、ウォルマートの取締役会の一員だった。

　巨大化したウォルマートは、各方面に複雑な影響を及ぼす。消費者に対しては、"Everyday low prices" や "Save money. Live better" などのスローガンのとおり、豊富な商品を低価格で提供することを徹底した。そのため、ウォルマートは、世界最大の小売業で大きな支配力を有するが、消費者厚生を重視する1970年代以降の反トラスト政策では特に問題にはならない。シカゴ学派の中心の一人、ロバート・ボークは、「独占企業の効率向上は、独占企業の利益にのみ還元されるというのは、よくある誤解」であり、独占により効率が向上しコストが下がれば生産量が増えて価格が下がるため[4]、「独占

4）具体的には、独占企業でも効率が上がれば限界費用線が下方に移動するので、限界収入線との交点、つまり利潤最大化点が右下に移動し、供給増と価格下落につながるとしている。

企業だけでなく、消費者にも利益になる」とした（Bork［1978］p.101）。市場では効率的な企業だけが生き残るため集中が進んでも問題はなく、むしろ効率が高まり消費者の利益になる。こうしたボークの考えに従えば、ウォルマートは理想的な存在かもしれない。

　しかし、消費者以外への影響も考える必要がある。たとえば、人々の職や労働市場への影響である。ウォルマートは民間企業として世界最大の雇用主であり、現在、全米で約160万人、世界では約230万人が同社で働く[5]。同社は、従来から低賃金や劣悪な労働環境などを批判されてきたが、近年は人手不足に対応し賃金を引き上げている。ところが、同社の賃上げは、地域の賃金水準、特に実質的な最低賃金を切り上げるため、零細企業の労働者の確保を困難にする場合もある。賃金水準の改善やそれに対応できない企業の退場は望ましいが、1つの民間企業の行動がここまでの影響力をもつことに疑問がないとはいえない。

　もっとも、ウォルマートが高賃金の雇用を増やし続けるとは考えにくい。人件費の上昇は、テクノロジーによる労働者の代替を加速させる。ウォルマートは、たとえば、コロナ後の人材確保の観点から配送を担うトラック運転手の給与を引き上げているが、同時に完全自動運転車による無人配送の実証実験を進めている。さまざまな環境の実証フィールドを提供できるウォルマートは、無人配送などの実現に向けた強力な推進者といえる。無人配送が実現すれば、トラック運転手の役割は、自動運転で対応困難な業務に限定されることになる。また、レジ係の相当数は、すでにセルフ・レジ（self-checkout）で代替されている。

　このように、ウォルマートに代表される巨大小売業は、特定の財の供給を支配し価格を吊り上げるのではなく多様な商品の値下げを武器に巨大化し、人々の職や日常生活を含む多面的な支配力をもつ。商品価格や消費者厚生の視点だけでは把握できない独占といえる。

　また、多面的で価格を引き下げる独占の特徴は、eコマースでより顕著に

5）雑駁な比較だが、2022年時点で、アメリカの州の人口は、最少のワイオミング州が58万人、40位ハワイ州140万人、39位ウェストヴァージニア州178万人である。また、いわゆるバルト三国、エストニア、ラトビア、リトアニアの人口は、それぞれ133万、189万、281万人である。

なる。eコマースは、店舗とは異なり、商圏の地理的限界がなく取扱商品の拡張も容易である。また、購入や検索に関する膨大な情報が蓄積され、ここにネットワーク効果が重なり、集中と巨大化がさらに加速する。eコマースの代表Amazonは、2018年に全米小売業売上高3位となり、2019年以降はウォルマートに次ぐ2位である。また、従業員数も約110万人、ウォルマートに次いで全米の全産業で2位である。さらに、eコマースに限ると、Amazonのシェアは40％前後に達し、2位ウォルマート（7％前後）を圧倒する。Amazonは、小売の枠を超え、情報面を含む生活の基盤（プラットフォーム）として巨大な影響力を有している[6]。

おわりに——今後の政策に必要な視点

最後に、今後の検討の材料として、小売業の歴史からの示唆をまとめておきたい。

第1に、市場や競争のあり方は多様で、それを規定する反トラスト法の目的も多元的である。消費者利益はもちろん重要だが、人々の生活は消費者の側面だけでは成立しない。2022年、アメリカの非農業部門就業者の約1割、1500万人が小売業で働く。また、小売業は、雇われるだけでなく、自営を含む多様な就業機会のある分野で、新たなビジネスの萌芽となる場合もある。新規参入を含む競争の維持は、反トラスト法上の重要な目的といえる。

第2に、「わかりやすさ」に潜む落とし穴である。シカゴ学派的な反トラスト政策は、消費者厚生に目的を限定し規制の撤廃を進めた。たしかに、市場における自由な競争が効率性を高めるという説明は単純明快だが、単純化が問題や背景を覆い隠すこともある。たとえば、前出のリンは、「富裕層や権力者は、開かれた市場の『見えざる手』を、専制的支配機構の見えざる拳に変えようとしている。その際、市場に、『自由』を組み合わせようとする。こうした変化に、シカゴ学派が一役買っている」とした（Lynn［2010］p.140）。アダム・スミスは、当時のイギリス重商主義を批判し、政府の不適

6）eコマース、特にAmazonについては、第12章を参照のこと。また、プラットフォーマーの特異性と影響力については、第1章や第13章も併せて参照してほしい。

切な介入の排除と公正な市場における競争を唱えたといえる(堂目[2008])。
しかし、その「見えざる手」は、単に自由放任や規制撤廃の根拠と解され、
利用されることも少なくない。政府の介入を否定するシカゴ学派の反トラス
ト政策が、自由を理由に独占を合法化する放任的な市場を生み出し、そこで
形成された独占が政治力も掌握し富の集中をさらに進めた、リンはこう批判
するのである。

　第3に、規制の効果や影響の複雑さである。規制の緩和が競争を促進する
とは限らない。小売業においても、1970年代後半からの規制緩和と放任的な
政策が、1980年代は新規参入を含む競争の促進を、1990年代後半以降は企業
の集中を、時期により異なる影響を及ぼした。逆に、行き過ぎた規制も危険
である。大企業を否定したり、大きなショッピング・センターを消滅させた
りすることは、非現実的である。パットマンのような過激な主張だけでは、
問題を解決できない。2021年にFTC委員長に就任したリナ・カーンは、新
しいブランダイス流の反トラスト政策を掲げ経済力の集中を防ぐための独占
規制をより重視すべきと主張するが、一方で反独占は単に大きいことが悪い
ことの意味ではないとしている（Khan［2018]）。巨大ITの分割などで注目
を集める人物だが、現実的な視点もみせている。

　結局、小売分野においても、独占に伴う複雑な問題を実質的に除去するに
は、「わかりやすさ」や過激な方策に陥らず、時代や技術状況に応じた規制
の調整が必要である。「政府は市場にどの程度関与すべきなのか？」(Drobak
[2021] p.129)。当たり前の問いのようだが、二者択一ではない程度問題と
認識し冷静に議論すること、改めて重要な指摘といえる。

【参考文献】
浅野敬一［2017］「三重構造——中小企業政策の展開と"ベンチャー"」谷口明丈・須藤功
　　編『現代アメリカ経済史——「問題大国」の出現』有斐閣。
ガルブレイス、J・K／久我豊雄訳［1980］『経済学と公共目的』TBSブリタニカ
　　(Galbraith, John K., *Economics and the Public Purpose*, Boston, Massachusetts:
　　Houghton Mifflin, 1973.)。
河野正英［2022］「米国競争政策の転換——巨大テック企業と反トラスト法との攻防」『倉
　　敷芸術科学大学紀要』第27号、15-49頁。

堂目卓生［2008］『アダム・スミス——『道徳感情論』と『国富論』の世界』中公新書。

Bork, Robert H.［1978］*The Antitrust Paradox: A Policy at War with Itself*, New York, NY: Basic Books.

Drobak, John N.［2021］*Rethinking Market Regulation: Helping Labor by Overcoming Economic Myths*, New York, NY: Oxford University Press.

Friedman, Milton［1962］*Capitalism and Freedom*, Chicago, Illinois: University of Chicago Press.（ミルトン・フリードマン／村井章子訳『資本主義と自由』日経BPクラシックス、2008年）

Khan, Lina M.［2018］"The New Brandeis Movement: America's Antimonopoly Debate," *Journal of European Competition Law & Practice*, Vol.9, No.3.

Levinson, Marc［2011］*The Great A&P and the Struggle for Small Business in America*, New York, NY: Hill and Wang.

Lynn, Barry C.［2010］*Cornered: The New Monopoly Capitalism and the Economics of Destruction*, Hoboken, New Jersey: John Wiley & Sons.

Slater, Robert［2003］*The Wal-Mart Decade: How a New Generation of Leaders Turned Sam Walton's Legacy into the World's #1 Company*, New York, NY: Portfolio.（ロバート・スレーター／鬼澤忍訳『ウォルマートの時代』日本経済新聞出版、2003年）

Stoller, Matt［2019］*Goliath: The 100-Year War Between Monopoly Power and Democracy*, New York, NY: Simon & Schuster.

Young, Nancy B.［2000］*Wright Patman: Populism, Liberalism, & the American Dream*, Dallas, Texas: Southern Methodist University Press.

II

独占のグローバル・リーチの
新展開

第6章 国際分業の編成とグローバル・バリューチェーン

田村 太一 *Taichi Tamura*

はじめに

アメリカの多国籍企業は世界各地に在外拠点をもち、グローバルな規模で資本蓄積を行っている。多国籍企業は、自社のもつ優位性を最大限に発揮して利益を上げるために、輸出、技術提携、直接投資といった手段を駆使して対外事業活動を拡大しており、現代のグローバリゼーションを推進する主体の一つとなっている。それゆえに、多国籍企業はアメリカの貿易構造や通商政策にも大きな影響を及ぼしており、対外関係を考察するには多国籍企業の分析は欠かせない。

多国籍企業の対外事業活動の分析を通じて、アメリカ独占企業のグローバル化がもたらす新たな問題を検討することが本章の主な課題である。特に本章では、アメリカの多国籍企業によって編成された国際分業におけるグローバル・バリューチェーン（Global Value Chain: GVC）に焦点を絞って、その中でみられる独占の問題を考察する。

本章の構成は以下のとおりである。第Ⅰ節では、アメリカの貿易構造の変化を歴史的にトレースするとともに、通商政策の歴史的な展開を確認しながら、両者の関連性をみる。第Ⅱ節では、アメリカ多国籍企業のグローバル展開を概観し、多国籍企業によって編成された国際分業を検討する。特に、アメリカ多国籍企業にとって重要な北米地域（カナダ、メキシコ）で展開され

ている自動車産業における国際分業と、アジア太平洋にまたがって展開され
ているコンピュータ・電子機器産業における国際分業を事例として取り上げ
る。第Ⅲ節では、アメリカ多国籍企業によって編成された国際分業を GVC
の視点から捉え直し、企業内国際分業だけではなく、生産委託提携に基づく
国際分業の中でも独占の問題が生じていることを論じる。

Ⅰ　アメリカの貿易構造と通商政策

1　アメリカの貿易構造の動向

　アメリカ多国籍企業のグローバル展開を検討する前に、アメリカの貿易構
造全体の動向を確認しておこう。図6-1は、アメリカの財・サービスの貿
易額と貿易収支の推移を示したものである。まずアメリカの貿易額をみる
と、1960年時点では輸出入合わせて500億ドル弱であったが、1970～80年代
にかけて貿易額は持続的に増入し、1990年代初には1兆ドル超、2000年には
2兆ドルを超え、2021年時点では6兆ドルに迫るまでになった。全体の貿易
収支をみると、第2次世界大戦後から1970年までは53年を除いて貿易黒字の
状態であったが、1971年から2021年までは73年と75年を除いて貿易赤字が続
いている。

　図6-1が示すように、全体としての貿易赤字の最大の要因は財貿易収支
の赤字である。財貿易収支は1946年から1970年までは黒字であったが、1971
年に赤字に転じたあと、73年と75年を除いて持続的に赤字となっている。特
に、1990年代半ばから2008年にかけて財貿易赤字は急増することになり、
2021年には1兆ドルを超えた。ただし、財貿易収支のうち農産物貿易収支は
2019年を除いて持続的に黒字であり、「世界の食料庫」とも呼ばれる農業大
国アメリカを物語っている。

　財の貿易収支とは対照的に、サービス貿易収支は1971年以降一貫して黒字
である。サービス貿易には、輸送・旅客サービスや旅行サービスなど伝統的
に行われてきたサービスのほか、情報通信技術（ICT）の発達とともに国際
的なサービスの取引が可能となって生まれたコンピュータ・情報関連サービ
ス、ビジネスサービスなど新しいサービスも含まれる。21世紀に入って黒字
額が増大しているのは、こうした新しいサービス貿易である。

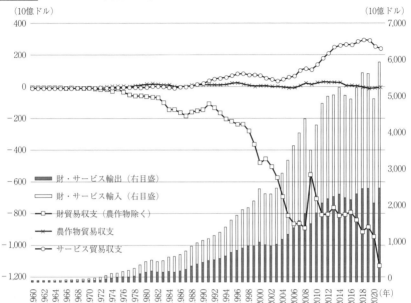

図6-1 アメリカの貿易額と貿易収支の推移

（10億ドル）　　　　　　　　　　　　　　　　　　　　　　（10億ドル）

凡例：
- ▦ 財・サービス輸出（右目盛）
- ☐ 財・サービス輸入（右目盛）
- ─□─ 財貿易収支（農作物除く）
- ─×─ 農作物貿易収支
- ─○─ サービス貿易収支

出所：BEA［2022a］より作成。

　次に、アメリカの主要貿易相手国を確認すると、1950年代から1970年代半ばまでは先進工業国が中心であったが、1960年代半ば以降対外直接投資が活発に行われるなかで、アメリカ多国籍企業の進出先の国との貿易が増大し、1980年代半ばまでには先進工業国だけではなくメキシコや一部アジア地域の発展途上国も主要な貿易相手国となった。1990〜2020年の期間で確認すると、以前から貿易額が多かった欧州諸国（イギリス、ドイツ、フランス）、カナダ、日本に加えて、メキシコ、台湾、韓国、中国、ブラジル、ベトナムなどが貿易相手国の上位にランクインしている（U.S. Census Bureau［2022b］）。なかでもメキシコおよび中国との貿易拡大は特筆すべきもので、アメリカのメキシコとの貿易額（輸出と輸入）の比重は1990年から2020年の間に7％から14％へ、中国とのそれは同期間に2％から15％へ高まることになった。このことは国別貿易収支にも反映されており、アメリカの最大の貿易赤字国は2001年を境に日本から中国へと移った。2010年以降ではアメリカ

の貿易赤字の4割強が中国との貿易、1割がメキシコとの貿易によるもので
ある。

2 通商政策の展開

　こうしたアメリカの貿易構造は、アメリカ政府が貿易の自由化を進めてき
た結果でもある[1]。戦後アメリカの通商政策の展開をみると、その基本的な
姿勢は自由貿易であり、それによってアメリカは市場と民主主義を世界的に
展開しようと試みてきた。

　戦後圧倒的な経済力を擁していたアメリカは、自由貿易を推し進めるべく
GATT（関税および貿易に関する一般協定）の国際的な枠組みを軸として、
諸外国に対して自由化を求めた。GATT は「無差別でより自由な多角的貿
易体制」の実現を目指していたが、なかでもアメリカは無差別原則（特に特
恵関税の廃止）と関税引き下げによる相互主義的な自由貿易を推進すること
を重視した。アメリカは GATT における貿易交渉を主導して行うために、
通商法の延長や制定を通じて、通商権限（関税引き下げや非関税障壁の軽
減・撤廃のための交渉権限）を連邦議会から大統領に移譲して対応した。そ
の成果は「ケネディ・ラウンド」（1964〜67年）や「東京ラウンド」（1973〜
79年）での貿易障壁の大幅な削減に表れている。

　しかし1980〜90年代にかけて、アメリカの通商政策は大きく転換した。そ
れは戦後のアメリカ通商政策の基軸にあった GATT 体制の原則からの大き
な転換を意味した。第1に、アメリカの通商政策の基本原理である自由貿易
を「公正貿易」として捉えるようになった。もっとも公正貿易自体は19世紀
からある考え方で、これまでの通商法の中でも公正貿易条項として存在して
いたものであるが、1974年通商法で外国の不公正な制限や差別等に対抗する
ための公正貿易条項が強化されてから（301条の追加が代表的）、その運用が
頻発することになった。これによってアメリカは、外国での不公正を是正す
る名目で産業保護を行うだけでなく、外国に対しても不公正を理由に市場開
放や国内制度の改変を要求するようになったのである。こうした転換の背景

1）以下アメリカ通商政策の歴史的展開については、佐々木 [1997]、中本 [1999]、
　Lovett et al. [2004]、藤木 [2017] などを参考にした。

には、1970年代後半から顕在化した国内経済の不調に基因するアメリカの経済覇権の後退があったからにほかならない。この「自由貿易＝公正貿易」の捉え方は、現在まで続くアメリカ通商政策の基本姿勢となった。

　第2に、地域主義による自由化の動きが拡大した。1980年代半ばから始まったGATTの「ウルグアイ・ラウンド」（86〜94年）では歴代で最も多い124か国が参加し、また交渉範囲（鉱工業品に加え、農業、サービス、知的財産権分野、紛争処理等）も多岐にわたったため、参加国間の利害調整が思うように進まず、最終的な合意を得るまでに実に7年半を要した。こうしたなかでアメリカは、相互主義的な自由貿易を多国間で実現していくGATTのやり方とは別の、地域主義による自由化にその活路を見出した。それが北米3か国で自由貿易圏をつくるNAFTA（北米自由貿易協定）であり、アジア太平洋地域におけるAPEC（アジア太平洋経済協力）の枠組みでの自由化交渉であった。こうした地域主義による自由化は、戦後のGATT体制における無差別原則の修正をはかるものであり、また単一の世界経済体制を追求していくGATT体制からの転換を意味した。1994年発効のNAFTAがアメリカのメキシコとの貿易を増大させる契機となったことは言うまでもない。1995年にWTO（世界貿易機関）が発足したが、皮肉にも地域主義の潮流はこの時期を境に高まることになった。

　21世紀に入ると、2001年に中国がWTOに加盟することになったが、その加盟交渉の過程でもアメリカは大きな役割を果たした。すでに1990年代半ばの時点で中国の貿易額は巨大なものになっていたが、2000年には中国の貿易総額はG7の国々に次いで世界第8位となった。また中国は「改革開放」以降、沿海都市部を中心に急速な経済発展を遂げており、膨大な人口を擁する国内市場の潜在力は外国企業にとって非常に魅力的であった。こうした存在の中国をWTOの自由貿易体制に組み入れることは、アメリカ（企業）の利益となると考え、政府主導でWTO加盟交渉が進められたのである[2]。2001年以降アメリカの中国との貿易は急増することになり、両国の経済的な相互

2）アメリカ政府が中国のWTO加盟を支持した理由として、アメリカ企業が商業的利益を獲得できることに加え、中国の市場経済への移行とビジネス分野における法の支配の発展が中国における民主主義の発展を促し、アジアの地域安定をもたらす利点があることが想定されていた。U.S.-China Security Review Commission［2002］pp.2, 59.

依存は急速に高まった。

　同じく2001年からは WTO における新ラウンド「ドーハ開発アジェンダ」
の交渉が開始されたが、参加国が150か国を超え、GATT の時代と比べると
交渉範囲（農業、非農産品、サービス、貿易のルール、紛争処理、開発、貿
易と環境）もますます複雑になり、参加国間の利害調整も困難な状況が続い
たこともあって、2008年半ばを境に新ラウンドの交渉は中断している。

　こうした現状を見据えて、アメリカはますます地域主義や2国間交渉によ
って貿易の自由化を進める動きをみせている。2国間の自由貿易協定の制定
に加えて、2009年にはアジア太平洋地域での経済連携を強化する TPP（環
太平洋パートナーシップ）に、アメリカも深く関与していくことがオバマ大
統領によって表明された。これは一面では、世界経済の舞台において経済的
にも政治的にも大きな影響力をもつようになった中国を意識したアメリカの
外交戦略であったが、何よりもアメリカ企業の輸出増大や現地市場での販売
拡大が期待できるアジア太平洋地域において、より一層の自由化を進めよう
とするアメリカの通商政策であった。2015年10月には TPP 交渉が大筋合
意、翌年2月にはアメリカを含む12か国で TPP 協定が署名されたが、2017
年1月に「アメリカ第一主義」を掲げたトランプ大統領が就任してすぐに、
アメリカは TPP から離脱することになった。

　これ以降、地域主義をベースとした自由化の進め方にも検討が加えられる
ことになり、アメリカの通商政策は自国に有利となる交渉を進めるために、
2国間での交渉を重視するようになっている。特に、アメリカが貿易の自由
化を進めることで貿易赤字が拡大したメキシコと中国が最大の標的となっ
た。2017年夏には NAFTA の再交渉が開始（2020年7月 USMCA 発効）、
2018年からは米中間の貿易不均衡を契機とした米中経済摩擦が繰り広げられ
ることになった。

Ⅱ　アメリカ多国籍企業のグローバル展開と国際分業の編成

1　アメリカ多国籍企業のグローバル展開

　前節でみたアメリカの貿易構造や通商政策の展開の背景には、アメリカ多
国籍企業の対外事業活動が大きく関わっている。では、現代のグローバリゼ

ーションの推進主体の一つである多国籍企業とは、そもそもどのような企業なのだろうか。多国籍企業とは、「多国籍企業の母国にある本社が対外直接投資を通じて複数の外国にまたがる事業拠点を持ち、グローバルな視点で調達、生産、販売、研究開発、財務などの事業経営を行う企業」のことである（中本［2005］176頁）。アメリカ商務省による対外直接投資統計では、多国籍企業本社の在外拠点に対する10％以上の出資を対外直接投資としてカウントしているが、実際には在外拠点は完全子会社か過半数株所有子会社の形態をとる場合が多い。それはアメリカ多国籍企業の本社が在外拠点を直接コントロールするためである。

　アメリカ多国籍企業の親会社は2019年時点で4752社、それらの在外子会社は全世界で4万1320社にのぼる[3]。そしてアメリカ多国籍企業の親会社の総資産は46兆9175億ドル、売上高は14兆6589億ドル、純利益は1兆5268億ドル、雇用者数は2907万5700人であり、1989年時点と比べると総資産は7.1倍、売上高は4.4倍、純利益は8.7倍、雇用者数は1.5倍に増大している。アメリカ多国籍企業の在外子会社の圧倒的大部分は過半数株所有の在外子会社であり、それら子会社の2019年時点の総資産は28兆4303億ドル（1989年比14.1倍）、売上高は6兆6789億ドル（同4.7倍）、純利益は1兆3894億ドル（同17.1倍）、雇用者数は1415万3800人（同2.5倍）である。またこれら在外子会社の業種構成（付加価値ベース）は、鉱業7％、製造業41％（化学8％、コンピュータ・電子機器8％、食料・飲料・タバコ6％、運輸機器4％、機械3％、その他12％）、卸売業12％、小売業5％、情報8％、金融・保険7％、専門・科学・技術サービス10％、その他10％であり、製造業が最大の業種となっている。

　アメリカ多国籍企業の進出先を確認すると、以前は圧倒的に先進国が多かったが、時代を経るごとに発展途上国への進出も目立つようになっている。2019年時点で在外子会社の売上高が最大なのはイギリス所在の子会社（売上高7768億ドル、雇用者数164万人）であり、先進国では次いでカナダ（6954億ドル、130万人）、シンガポール（4940億ドル、20万人）、アイルランド（4611億ドル、15万人）、スイス（4163億ドル、12万人）と続く。他方、発展

3）以下アメリカ多国籍企業に関する数値は、BEA［2022c］による。

途上国所在の在外子会社で売上高が最も多いのは在中国の子会社であり、5638億ドルの売上高と162万人の雇用を擁している。次いで、メキシコ（3149億ドル、170万人）、ブラジル（1820億ドル、60万人）、インド（1347億ドル、163万人）と続く。こうした途上国所在の子会社では1人当たり報酬が他の先進国と比べて低いこともあり、それら子会社はアメリカ多国籍企業の在外生産や在外調達の主要な拠点として位置づけられている。

　アメリカ多国籍企業の対外事業活動が拡大した結果、アメリカ企業の海外利益の割合は、1960年代の6％から2010年代には21％へと増大した（BEA [2022b]）。このように、アメリカ多国籍企業は直接投資を通じて世界各地に在外拠点を設置し、それらを直接支配することで資本蓄積を進めている。

2　アメリカ多国籍企業による国際分業の編成

　多国籍企業は研究開発から原材料や部品の確保、製造、販売、サービスに至る多様な業務を担っているが、世界市場で利益を獲得していくためには、こうした一連のバリューチェーン（価値連鎖）をいかに最適化していくかということが求められる。アメリカ多国籍企業の多くは外国に在外拠点を設置して企業内国際分業を展開しているが、それだけではなく資本関係のない第三者企業と提携し、一部の業務を外部調達（アウトソーシング）することでバリューチェーンの最適化を進めている[4]。ここではアメリカ多国籍企業によって編成された国際分業のうち、北米地域に展開されている自動車産業の企業内国際分業とアジア太平洋地域で展開されているコンピュータ・電子機器産業の生産委託提携に基づいた国際分業を事例として取り上げて、その特徴をみていこう。

　まず、アメリカに隣接するカナダとメキシコの両国にまたがって編成された自動車産業における国際分業である。アメリカの北米地域における国際分業の歴史を振り返ると、カナダとの米加自動車協定（1965年）やメキシコの「マキラドーラ」と呼ばれる保税加工工場制度（1965年）によって両国とは緊密な経済関係が形成されていたが、米加自由貿易協定（1989年）に加えて

4）1990年代以降、グローバルなサプライチェーンを管理すること自体がアメリカの多国籍企業にとって重要な戦略的資産になった（Lynn [2005] pp.122-123）。

アメリカ大企業が一丸となって推進したNAFTAの発効（1994年）によって、北米地域では多国籍企業主導の市場統合が一層進むことになった。アメリカ多国籍企業にとってNAFTA締結の最大の目的は、メキシコとの投資の自由化を前提とした貿易の自由化にあり、それによる競争力の強化にあった（中本［1999］164頁）。つまり、1980～90年代初めまでに日本や欧州をはじめとする企業間競争で後れをとっていたアメリカ企業は、NAFTAの締結によってアメリカよりも低コストで生産可能なメキシコを取り込み、北米地域全体で国際分業を再編しようとしたのである。その代表例が自動車産業であった。

　自動車産業は、大きく完成車組立メーカーと自動車部品製造企業（さらに、一次サプライヤー、二次サプライヤー）に分けることができるが、カナダ（オンタリオ州）とメキシコにある完成車組立メーカーは、主としてアメリカ、日本、欧州（ドイツ、フランス、イタリア）を母国とする多国籍企業である（*Ward's Automotive Yearbook*［2022］；星野［2014］）。自動車産業のバリューチェーンの基本的な構造は、自動車部品製造業の一次サプライヤー（総合部品メーカー）が二次サプライヤー（構成部品や素材加工等）などから調達した部品を自動車の主要部品に仕上げて完成車組立メーカーに納入し、完成車組立メーカーが組立工場で最終製品に仕上げて消費者に販売するというものである。自動車産業では、自動車1台の生産に必要となる部品数は2万点を超えるといわれており、完成車組立メーカーと自動車部品サプライヤーのすり合わせが必要となるため、両者はより緊密な協力関係が求められる（Cutcher-Gershenfeld et al.［2015］）。北米地域ではそれら企業の間で工程間分業が行われており、それはアメリカの両国との貿易にも表れている。

　表6-1は、自動車産業におけるアメリカのカナダ・メキシコとの貿易と企業内貿易の推移をみたものであるが、アメリカ多国籍企業の在外生産・在外調達活動がいかに3か国を結びつけているのかを端的に示している。アメリカの自動車産業（NAICS 3361-3363）の貿易をみると、アメリカはカナダとメキシコの両国に対しては貿易赤字であるが、貿易の主体を確認するとそのほとんどが企業内貿易となっている[5]。アメリカのカナダとの貿易では「完成車」輸出の9割超が企業内貿易であり、輸入では98～99％が企業内貿

表6-1 自動車産業におけるアメリカのカナダ・メキシコとの貿易と企業内貿易

（単位：億ドル）

対カナダ		2005年			2010年			2015年			2020年		
		輸出	輸入	収支	輸出	輸入	収支	輸出	輸入	収支	輸出	輸入	収支
貿易総額	完成車	198	471	−272	207	365	−159	250	434	−184	218	303	−85
	自動車部品	239	181	58	195	119	75	171	144	27	126	114	12
企業内貿易	完成車	192	461	−269	191	362	−171	243	428	−185	210	296	−86
	自動車部品	86	54	33	75	40	36	54	39	15	38	29	9
企業内貿易のシェア	完成車	97%	98%		92%	99%		97%	99%		96%	98%	
	自動車部品	36%	30%		39%	33%		31%	27%		30%	25%	

対メキシコ		2005年			2010年			2015年			2020年		
		輸出	輸入	収支	輸出	輸入	収支	輸出	輸入	収支	輸出	輸入	収支
貿易総額	完成車	43	184	−140	31	275	−244	33	500	−468	19	567	−549
	自動車部品	74	193	−140	126	234	−108	176	433	−256	129	427	−299
企業内貿易	完成車	34	180	−146	18	274	−257	18	490	−473	8	561	−552
	自動車部品	54	132	−78	67	149	−82	127	286	−159	87	257	−170
企業内貿易のシェア	完成車	78%	98%		56%	99.8%		54%	98%		45%	99%	
	自動車部品	73%	68%		53%	64%		72%	66%		67%	60%	

注：「完成車」は NAICS 3361、「自動車部品」は NAICS 3363を指す。
出所：U.S. Census Bureau［2022a］より作成。

易である。同じくメキシコとの貿易をみても、「完成車」輸出の4～8割、輸入の98～99％が企業内貿易である。ただし、「自動車部品」ではカナダとメキシコで違いがみられる。すなわち、アメリカは対カナダの「自動車部品」貿易において輸出超過であり、企業内貿易のシェアも3～4割程度と低いのに対して、メキシコとの貿易ではアメリカは輸入超過であり、企業内貿易のシェアは6～7割と高い。これはアメリカ多国籍企業の在カナダ子会社と在メキシコ子会社の位置づけが異なるからである。メキシコ所在の子会社の場合、そこで働く従業員の1人当たり年報酬（2018年1万1834ドル）はアメリカ国内親会社（同8万5486ドル）の1/7程度の水準であり、この利点を生かした在外生産・在外調達活動が行われている（BEA［2022c］）。また、在メキシコ外資系部品メーカーも本国や第三国からの組立部品の輸入を増大させながら現地生産を拡大させて対米部品輸出を増大させているのであ

5）ここでいう企業内貿易は「関連企業貿易」（Related-Party Trade）である。関連企業
貿易とは、発行済み議決権株式の5％以上を直接または間接的に所有している関係者と
の貿易のことを指す。

り、このことはアメリカのメキシコからの自動車部品の輸入における企業内貿易のシェアの低下に表れている。以上のようなアメリカ多国籍企業の在外生産・在外調達活動が、結果としてアメリカの対カナダ、対メキシコ貿易赤字を生み出しているのである。

　次に、アジア太平洋地域で展開されているコンピュータ・電子機器産業におけるアメリカ多国籍企業の国際分業をみよう。アジア太平洋地域に展開された国際分業は三角貿易構造と呼ばれており、単純化すると、日本、韓国、台湾、ASEAN の国々から中国の生産拠点に部品・加工品などの中間投入財が輸出され、中国で組立・加工がなされた後に「Made in China」の最終財として中国からアメリカや欧州に輸出されるという分業構造である（経済産業省編［2005］167頁）。アメリカの中国からの輸入額の3割強はコンピュータ・電子機器産業（NAICS 3341-3346）の製品であるが、それらの大部分はこうした分業構造の中で生産されたものである。

　コンピュータ・電子機器産業の基本的なバリューチェーンの構造は、PCを例にとると、CPU やメモリ、マザーボード、ハードディスク、ディスプレイなどモジュール化された主要部品が組み立てられて最終製品となり、それにソフトウェア等がパッケージ化されて消費者に販売される。米中間においては、先にみた自動車産業の事例のように企業内で工程間分業が展開されているのではなく、各種製品・部品の在外生産が行われたり、それら製品の委託生産が行われたりすることが圧倒的に多い。アメリカ企業（HP、Apple、Cisco、Dell 等）によるコンピュータ・電子機器製品の委託生産は、すでに1990年代から主として台湾に所在する企業との間で行われていたが、中国の WTO 加盟と同時に進んだ台湾政府による台湾企業の対中投資の解禁措置（2001年秋）以降、台湾企業による中国国内への工場移転が急速に進み、上記のような三角貿易構造が編成された（川上［2012］第5章）。

　こうしたアジア太平洋地域で展開されているコンピュータ・電子機器産業における国際分業の代表的な事例は、Apple が販売している PC やスマートフォン、タブレットなどの生産であろう。Apple はそれらの製品の設計・開発や部品の調達などは自社で行っているが、製造・組立工程は中国に大規模な工場を構える台湾の Foxconn や Pegatron といった EMS（電子機器の受託製造サービス）企業に生産委託をしている。これら EMS 企業は、Apple

の設計に従って製造された部品を数百ものサプライヤー企業から調達し、中国に立地する巨大工場で組立・加工業務を行っている。EMS企業は複数の企業から製造受託を請け負い、規模の経済の利点を生かした生産が行われている。つまり、三角貿易構造におけるコンピュータ・電子機器産業の中国での生産と貿易の主な担い手は中国に進出しているそれら外資系企業であり、アメリカ多国籍企業の在外子会社ではない（田村［2022］）。それを裏付けるように、同産業におけるアメリカの中国からの輸入額に占める企業内輸入の割合は3～4割程度と比較的低い水準である (U.S. Census Bureau [2022a])[6]。

　このように、アジア太平洋地域で展開されているコンピュータ・電子機器産業における国際分業の大部分は委託生産契約に基づいた国際分業であり、コンピュータ・電子機器産業におけるアメリカの大幅な対中貿易赤字も、アメリカ多国籍企業の在外調達活動の結果なのである。

Ⅲ　アメリカ多国籍企業の国際分業と
グローバル・バリューチェーン

1　付加価値貿易による接近

　多国籍企業による国際分業が広範に展開されている現在では、生産工程が越境的に分解されかつ生産要素が越境的に組み合わされることによって、新たな付加価値が生み出されている。こうした複数の国にまたがるGVCの現状を解明するために生み出されたアプローチの一つが付加価値貿易である。付加価値貿易では、貿易を「業務の貿易（trade in tasks）」として捉え、生産工程の中で付け加えられた付加価値が貿易されるとみる（猪俣［2019］第4章）。この付加価値貿易の考え方に基づいて、国際産業連関表を応用して作成されたデータベースが付加価値貿易統計である。ここでは、前節で確認した北米地域における自動車産業の国際分業とアジア太平洋地域におけるコンピュータ・電子機器産業の国際分業を対象にして、OECDが提供している付加価値貿易統計（TiVA 2021ed. 1995-2018年：66か国、45部門）を用い

6）アメリカ多国籍企業親会社と在中国過半数株所有子会社の企業内貿易に限定すると、企業内輸入のシェアは輸入額の1％とさらに低い（BEA［2022c］）。

表6-2 カナダとメキシコの対米自動車輸出に占める国内付加価値と外国付加価値

（億ドル）

カナダのアメリカへの輸出	1995年		2005年		2015年		2018年	
	金額	比重	金額	比重	金額	比重	金額	比重
①輸出額（②＋③）	391	100%	565	100%	500	100%	520	100%
②輸出額に占める国内の付加価値	223	57%	318	56%	242	48%	246	47%
③輸出額に占める外国の付加価値	168	43%	247	44%	258	52%	274	53%
うちアメリカ	117	30%	142	25%	131	26%	134	26%
うちメキシコ	4	1%	9	2%	18	4%	21	4%
うち日本	14	4%	18	3%	14	3%	15	3%
うち韓国	2	0.5%	5	1%	8	2%	9	2%
うち中国	1	0.3%	11	2%	26	5%	28	5%
うちEU15	16	4%	28	5%	29	6%	33	6%
うちドイツ	5	1%	9	2%	12	2%	13	3%

メキシコのアメリカへの輸出	1995年		2005年		2015年		2018年	
	金額	比重	金額	比重	金額	比重	金額	比重
①輸出額（②＋③）	144	100%	361	100%	928	100%	1,114	100%
②輸出額に占める国内の付加価値	80	55%	189	52%	525	57%	618	55%
③輸出額に占める外国の付加価値	64	45%	172	48%	403	43%	496	45%
うちアメリカ	43	30%	85	23%	175	19%	196	18%
うちカナダ	2	1%	7	2%	13	1%	15	1%
うち日本	6	4%	14	4%	25	3%	29	3%
うち韓国	1	1%	4	1%	16	2%	21	2%
うち中国	0.4	0.2%	9	2%	61	7%	79	7%
うちEU15	8	5%	25	7%	50	5%	70	6%
うちドイツ	3	2%	9	2%	19	2%	28	3%

出所：OECD［2021］より作成。

て考察しよう。

　まず北米地域における自動車産業の国際分業をみる。先にみたように、自動車産業におけるアメリカ多国籍企業の在カナダ・在メキシコ子会社は、主にアメリカへの輸出生産拠点として位置づけられていた。表6-2は、こうした国際分業を前提に、自動車産業におけるカナダとメキシコの対米輸出について、付加価値貿易統計を使用して整理したものである。これをみると、カナダの対米輸出のうちカナダ国内で付け加えられた付加価値の比重は、1995年から2018年までに57％から47％へとやや低下しているものの、輸出額の5割程度で推移していることがわかる。メキシコの場合は、同期間で大きな比重の変化はなく、メキシコ国内の付加価値の比重は5割強である。その

残りは外国の付加価値部分となるが、その内訳をみると、両国ともその大部分はアメリカ由来の付加価値である（1995〜2018年平均：カナダ26%、メキシコ24%）。これは、自動車産業においてアメリカとカナダおよびメキシコとの間で企業内国際分業が広範に行われていることを反映しているからにほかならない。ただし長期的にみると、輸出額に占めるアメリカの付加価値の比重は低下傾向にあり、他方で中国由来の付加価値の比重は増大しており、北米地域における国際分業は中国製部品を組み込んだ形で拡大していることは注目される。このように、付加価値貿易の視点からみると、企業内国際分業が展開されている自動車産業ではカナダとメキシコの対米輸出額の2〜3割はアメリカ由来の外国付加価値であり、アメリカの対カナダ、対メキシコ貿易収支赤字もその分過大に計上されている。

　次に、アジア太平洋地域におけるコンピュータ・電子機器産業の国際分業をみよう。既述のとおり、この地域において展開されている国際分業は三角貿易構造と呼ばれており、この分業構造の中で中国からアメリカに最終財が輸出されている。付加価値貿易統計で、コンピュータ・電子機器産業における中国の対米輸出額と付加価値貿易の内訳をみると、これら製品の中国での生産の集中化がみられた2003年の時点では、中国の対米輸出額（323億ドル）に占める国内付加価値の比重は64%で、外国付加価値のそれは36%であった（OECD［2021］）。さらに外国付加価値の内訳をみると、東アジアおよびASEANの国々の付加価値の比重が23%であり、アメリカ由来の付加価値の比重は4%でしかなかった。2018年には中国の対米輸出額は1368億ドル（2003年比4.2倍）となり、それに占める中国の国内付加価値の比重は73%、外国付加価値の比重は27%となった。この間に中国の国内付加価値の比重は9%ポイント増大することになったが、外国付加価値の大部分は依然としてアジアの国々（15%）であり、アメリカ由来の付加価値の比重は3%と大きな変化はなかった。つまり、中国で組み立てられアメリカに輸出されているコンピュータ・電子機器業種の製品は、その3割程度が外国付加価値であり、なかでもアジアの国々の付加価値が大部分を占め、アメリカ由来の付加価値はそれほど多くないということである[7]。

　このように、アジア太平洋地域で展開されているコンピュータ・電子機器産業における国際分業のもとでは、主にアジア域内での工程間分業が展開さ

れており、委託生産に基づいて製造された最終財が中国からアメリカに輸出されているのである。

2 GVC の主導性と付加価値の配分

　前項でみたように、付加価値貿易は GVC の構造を数値的に把握することを主な目的としているが、付加価値貿易自体は GVC を形成する企業間の力関係やその主導性といった問題を明らかにするものではない。特に直接投資を通じた企業内国際分業だけではなく、生産委託提携の形態で国際分業が拡大している現在においては、GVC の具体的な構造や商品における付加価値の配分はもとより、アメリカ独占企業のグローバリゼーションがもたらす問題はこのデータからは見えないのである。したがって、ここでは生産委託提携の形態で展開する国際分業にも独占の問題が生じていることを明らかにするために、この形態で国際分業を展開している Apple と EMS 企業（Foxconn、Pegatron 等）の具体的な事例を取り上げてこの問題を考えよう。

　本書の第 1 章で触れられているように、Apple はプラットフォームを独占する企業の一つであるが、同社の独占利潤の基盤には Apple 製品の製造における独占も関わっている。先に述べたように、Apple が販売する製品はApple が自社で製造しているのでなく、同社の設計に基づいて数百に及ぶサプライヤーから部品を外部調達し、組立・製造も 2、3 の EMS 企業に委託している。Apple にとって、GVC の管理は設計・開発やブランドの管理と同じく独占利潤を維持するために重要な戦略の一つであり、GVC の主導性の確保は必須となる。Apple 製品の GVC の場合、そのコントロールと主導性は完成品および各種構成部品の設計と製造規格を設定する Apple が握っている[8]。GVC において主導性をもつ企業は、複数の競合するサプライヤー企業の存在を利用して投入価格と柔軟性を大幅にコントロールすることによって、より多くの付加価値の取り分を獲得することができる（Lynn［2005］Ch.5；Milberg and Winkler［2013］Ch.4）。ある研究によれば、Apple 製品

7）もっともこの間にアメリカの対中直接投資は増大している。2003〜19年でアメリカ多国籍企業のコンピュータ・電子機器製造業在中国子会社の資産額は5.3倍に増えており、中国での在外生産が拡大している点は重要である（BEA［2022c］）。
8）GVC の主導性の議論については、Gereffi et al.［2005］を参照。

（iPad、iPhone）の販売価格に占める Apple が獲得する利益分は実に30％から59％と推計されており、それは製品の製造コスト（販売価格の27〜38％）と比べると高い水準である（Kraemer et al.［2011］）。これは Apple の利益率にも反映されている。Apple の売上高純利益率を確認すると、2008〜21年平均で21.8％と非常に高く、EMS 企業の Foxconn（同期間3.0％）や Pegatron（同期間1.5％）と比べると、その差は歴然である[9]。

　こうした GVC におけるコントロールと主導性がもたらす問題は、単に Apple と EMS 企業との利益率の差として表れているだけではなく、あらゆるコスト（賃金、労働条件、環境等）とリスク（需給変動等）を提携先の第三者企業に転化させているところにも表れている（Clelland［2014］）。したがって、GVC における独占の問題は、Apple に限らず Nike やウォルマートといった GVC を通して独占力を行使する「買い手独占」の企業に共通する問題である。

おわりに

　本章では、アメリカ多国籍企業によって編成された国際分業を GVC の視点から捉え直し、その中で生じている独占の問題を検討した。アメリカ多国籍企業はグローバルな規模で資本蓄積を行うべく、アメリカ政府による通商政策を通じて、貿易の自由化や外国市場の開放などを積極的に推進してきた。その中で、多国籍企業による国際分業体制が構築され、また多国籍企業による市場統合がグローバル規模で進められてきたのである。本章の中で取り上げた自動車産業における北米地域の市場統合や、コンピュータ・電子機器産業におけるアジア太平洋地域の国際分業はその代表的なものである。

　現在の国際分業の形態は、直接投資を通じた多国籍企業による企業内国際分業だけではなく、委託生産に代表される提携を通じた国際分業も拡大している。本章の最後で触れたように、生産委託提携の形態で展開する独立企業間の国際分業においても、GVC の具体的な構造をみることによって GVC の

9）Apple の場合、プラットフォームの独占による影響も大きいことに注意が必要である。売上高純利益率は、各社の Annual Report より算出。

主導性や付加価値の配分といった独占に関わる問題が生じているのであり、独占企業のもたらす問題はグローバルに展開しているのである。

【参考文献】

猪俣哲史［2019］『グローバル・バリューチェーン──新・南北問題へのまなざし』日本経済新聞社。

川上桃子［2012］『圧縮された産業発展──台湾ノートパソコン企業の成長メカニズム』名古屋大学出版会。

経済産業省編［2005］『通商白書』ぎょうせい。

佐々木隆雄［1997］『アメリカの通商政策』岩波書店。

田村太一［2022］「米中間における貿易不均衡の構造」中本悟・松村博行編『米中経済摩擦の政治経済学──大国間の対立と国際秩序』晃洋書房。

中本悟［1999］『現代アメリカの通商政策──戦後における通商法の変遷と多国籍企業』有斐閣。

── ［2005］「多国籍企業と通商政策」萩原伸次郎・中本悟編『現代アメリカ経済──アメリカン・グローバリゼーションの構造』日本評論社。

藤木剛康［2017］『ポスト冷戦期アメリカの通商政策──自由貿易論と公正貿易論をめぐる対立』ミネルヴァ書房。

星野妙子［2014］『メキシコ自動車産業のサプライチェーン』アジア経済研究所。

BEA (U.S. Department of Commerce, Bureau of Economic Analysis) [2022a] International Transactions, International Services, and International Investment Position (IIP) Tables. Accessed August 20, 2022. http://www.bea.gov/

── [2022b] National Income and Product Accounts. Accessed December 27, 2022. http://www.bea.gov/

── [2022c] U.S. Direct Investment Abroad (USDIA). Accessed December 7, 2022. http://www.bea.gov/

Clelland, Donald A. [2014] "The Core of the Apple: Dark Value and Degrees of Monopoly in Global Commodity Chains," *Journal of World-Systems Research*, Vol.20, No.1, pp.82-111.

Cutcher-Gershenfeld, Joel, Daniel Brooks, and Martin Mulloy [2015] The Decline and Resurgence of the U.S. Auto Industry, EPI Briefing Paper #399, May 6, Economic Policy Institute. Accessed October 7, 2022. https://www.epi.org/publication/the-decline-and-resurgence-of-the-u-s-auto-industry/

Gereffi, Gary, John Humphrey, and Timothy Sturgeon [2005] "The Governance of Global

Value Chains," *Review of International Political Economy*, Vol.12, No.1, pp.78–104.

Kraemer, Kenneth L., Greg Linden, and Jason Dedrick [2011] "Capturing Value in Global Networks: Apple's iPad and iPhone," PCIC Working Paper. Accessed December 10, 2022. https://webzoom.freewebs.com/phsworldhistory/AP%20WH%20Unit%20V/Value_iPad_iPhone.pdf

Lovett, William A., Alfred E. Eckes Jr., and Richard L. Brinkman [2004] *U.S. Trade Policy: History, Theory, and the WTO*, 2nd ed., Armonk, N.Y.: M.E. Sharpe.

Lynn, Barry C. [2005] *End of the Line: The Rise and Coming Fall of the Global Corporation*, NY: Doubleday.（バリー・C・リン／岩木貴子訳『つながりすぎたグローバル経済』オープンナレッジ、2007年）

Milberg, William and Deborah Winkler [2013] *Outsourcing Economics: Global Value Chains in Capitalist Development*, Cambridge, U.K.: Cambridge University Press.

OECD (Organisation for Economic Co-operation and Development) [2021] OECD Statistics on Trade in Value Added (TiVA) 2021 ed. Accessed September 20, 2022. https://stats.oecd.org/

U.S. Census Bureau [2022a] Imports and Exports by Related Parties. Accessed September 4, 2022. https://www.census.gov/foreign-trade/Press-Release/related_party/index.html

—— [2022b] Trade in Goods by Country. Accessed July 20, 2022. https://www.census.gov/foreign-trade/statistics/country/index.html

U.S.-China Security Review Commission [2002] *Report to Congress of the U.S.-China Security Review Commission: The National Security Implications of the Economic Relationship Between the United States and China*, July, Washington D.C.: U.S.-China Security Review Commission.

Ward's Automotive Yearbook [2022] Wards Intelligence.

第7章 ドル体制と金融覇権

増田 正人 *Masato Masuda*

はじめに

　アメリカは現代世界における最大の経済大国であり、先端産業をはじめとする基幹的な産業分野で世界経済の成長をけん引し、グローバル経済における中心国として現在も君臨している。しかしながら、アメリカは世界最大の貿易赤字国で、未曽有の累積債務国という姿も併せもっており、アメリカ経済の再生産は他国からの継続的な資本流入に依存している。こうしたアメリカ経済の二面的な姿はどのようにして生まれたのであろうか。また、今後もアメリカは世界の覇権国として安定的に経済成長を続けることが可能なのであろうか。こうした問題を検討するためには、アメリカ経済を支える金融覇権の根底にある、国際通貨としてのドルの構造と、ドルを国際通貨とする国際決済システムの仕組みを理解し、それがもつ問題点を正しく認識していくことが必要である。

　本章では、こうした問いに答えるために、ドルを国際通貨とする現代の国際通貨システムがもつ問題を検討することを課題としている。そのため、まず現代の国際通貨システムの基本的な構造を原理的な側面から検討し、次に、それがドル体制としてどのように形成、発展してきたのかを示していきたい。経済的な側面でみれば、国際通貨システムはきわめて効率的で、循環的な再生産の仕組みをもっているといってもよいが、他方で、それが特定国

の国民通貨であるということから大きな問題点をはらんでいるのも事実である。それゆえ、多極化し、対立構造が深まる現代世界の中で、現在のドル体制は大きな課題に直面し、変容してきている。

　第Ⅰ節では、グローバル経済における国際通貨としてのドルのあり方について、為替取引の構造から説明する。その理由は、為替取引の非対称性の構造が国際通貨としてのドルの機能の根源にあり、それが独占的なドルの地位の基礎にあるからである。そのうえで、固定相場体制として誕生したドル体制が1970年代以降の変動相場体制の中でどのように変化してきたのかを検討する。第Ⅱ節では、グローバル経済の不均衡の拡大という条件の下で、国際通貨としてのドルがどのように変化してきたのかを検討し、それがグローバル経済におけるアメリカ経済の再生産とアメリカの経済覇権を支えているという点を示す。第Ⅲ節では、欧州の共通通貨であるユーロとドルの関係を示したうえで、アメリカが独占的な地位をもつドルの国際通貨機能を活用して、ロシアに対する金融制裁を行っている内容とそれがもたらす問題を検討する。その中で、人民元による国際的な決済システムの現状について触れておきたい。最後に、国際通貨システムが特定国の国民通貨を活用することの問題点について指摘したうえで、世界経済の安定化のために国際通貨システムの改革の方向性について論じていきたい。

Ⅰ　国際通貨としてのドルの基本的な構造

1　外国為替取引と国際通貨

　本節では、国際通貨としてのドルの役割を理解するために、まず、外国為替取引の仕組みについての説明から始める。国際間の支払いに関わる諸費用を削減するために発展してきた外国為替取引の仕組みを理解することが、国際通貨の役割と機能を正しく理解するために不可欠であるからである。

　図7−1は、アメリカと日本の貿易について、その支払いが2国間でどのように行われるのかを示している。アメリカの輸出業者 a_1 と日本の輸入業者 b_1 との貿易の結果、輸入業者 b_1 は輸出業者 a_1 に対して支払いの義務を負う。矢印①は、その両者の債権債務関係を示している。同様に、輸出業者 b_2 と輸入業者 a_2 の間の貿易は、矢印②の債権債務関係によって示されてい

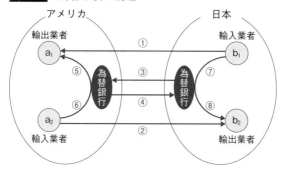

図7-1　為替取引の構造

る。輸出入業者の債権債務関係（①と②）は、各国内における輸出入業者と外国為替銀行との為替手形の売買（⑤と⑥、⑦と⑧）によって、外国為替銀行間の債権債務関係（③と④）に振り替えられる。このとき、①と②の金額が同じであれば、③と④も同額となり、両者は相殺可能となって、国際間で代金のやりとりをする必要はなくなる。つまり、外国為替手形の売買を通じて、国際間の債権債務関係（①、②）が同一地域内の債権債務関係（⑤と⑥、⑦と⑧）に振り替えられることで、輸出入業者は貿易相手に直接的に代金を支払うのではなく、それぞれの国内で債権債務の決済を行うのである。国際間の代金の支払いに関わるさまざまな困難（時間、コスト等）を回避するために、外国為替取引は行われるのである。外国為替取引によって、国際間では現金は移動せず、各国国内で現金による支払いが行われる。

　ここで、アメリカと日本との貿易額が均衡していれば、つまり、2国間の債権債務関係が同額であれば、その債権債務関係は全額相殺可能である。逆に、貿易額が不均衡であれば、相殺できない部分が残るので、その支払いを行う必要が生じる。通常、日々の債権債務関係が同額になることはないので、外国為替銀行は資金の貸し借りを行って相殺をし、債権債務関係を将来に繰り延べていくという手段をとる。しかしながら、こうした貸借取引は、金利等のコストを生むので、外国為替銀行は債権債務の過不足を補うために、相手国にある特定の外国為替銀行内に預金を保有して、相殺を行うようになる。こうして、コルレス契約と呼ばれる外国為替銀行間で預金を保有し合う特別な関係が発展する。

ところで、こうした国際間の支払いに伴う外国為替取引は、債権債務関係の振り替えを行うときに、2国間の異種貨幣間の交換という特別な行為を伴っている。図7−1で、日米間の貿易がみなアメリカの通貨であるドル建てで行われているとしよう。輸出入に際して、ドルが支払いのための契約通貨として選択され、ドル建ての外国為替手形が発行されるということである。債権債務関係の相殺という側面でみると、債権債務関係を示す①と②はともにドル建てであり、両者が同じ通貨名で表示されているので、相殺はまったく問題なく行える。他方、外国為替手形の売買という側面でみると、アメリカも日本も、ドル建ての外国為替手形が外国為替銀行と輸出入業者との間で売買されるという形式では同じであるが、アメリカ国内ではドル建て手形がドルという通貨で売買されるが、日本国内では、ドル建て手形が円という通貨で売買されている。それゆえ、ドル建ての外国為替手形を円という通貨で売買するときには、いわゆる為替相場、つまり、異種貨幣間の交換ということが生じる。逆に、アメリカ国内では為替相場という形は現れることはない。この事例からわかるように、自国通貨建てではなく、外貨建ての外国為替手形を売買する国において、外国為替相場が成立するのである。逆説的にいえば、仮にアメリカの輸出入業者の対外取引がすべてドル建てで行われるとすれば、アメリカの輸出入業者はいわゆる為替取引（自国通貨と外国通貨との交換）を行う必要はなく、為替相場の変動リスクを負うこともない。為替相場の変動リスクとコストは外貨建て取引を行う側がすべて負うのである。この非対称的な構造を理解することが国際通貨の特質を理解するうえでとても重要である。

2　国際通貨と多角的決済の仕組み

　世界各国が貿易を行う際、外国為替銀行は、国際的な決済のための預金をすべての貿易相手国に対してもつ必要があるだろうか。効率性という観点では、いずれか一国に預金を保有したほうがより少額ですみ、取引に関わるコストも低減できるために望ましい。経済的には、国際通貨国である一国に預金を集中させることができれば、国際的な取引に関わる諸費用を最小にすることができる。この構造を図7−2によって見てみよう。図7−2は世界貿易がみな国際通貨である米ドルで行われているという状況を示している。外

図7-2 国際通貨による多角的決済の構造

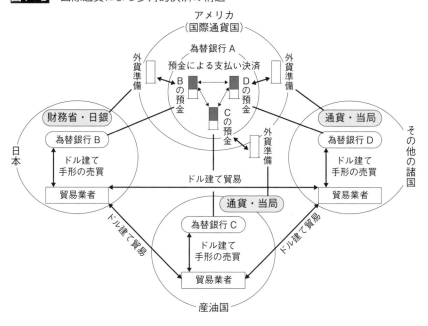

国為替手形はみな米ドル建てで振り出されるので、国際間の債権債務関係は
みなドルで表示される。

　ここで、仮に図7-2の日本と産油国間の貿易を考えてみよう。両国では
多額の輸出入が行われているが、巨額の原油輸入のために貿易赤字になって
いる日本は、その赤字分を産油国に対して支払わなければならない。その方
法は、アメリカ国内の米銀内にある日本の銀行の預金口座から産油国が保有
する米銀内の預金口座に振り替えるという手段で行われる。図から明らかな
ように、両国間で資金をやりとりする必要はなく、米国にある銀行内の資金
移動で国際間の支払いがすむのである。図では、灰色部分の預金額が口座内
を移動する金額を示しており、国際間のさまざまな取引が非居住者（アメリ
カ以外の国々）の為替銀行の保有する決済性の預金の振替取引によって担わ
れているのである。また、日本や産油国などの非国際通貨国では、国民経済
全体で貿易収支が均衡していれば、特定の2国間で貿易収支が不均衡になっ
ても問題はない。通貨面でみれば支払いはすべてドルで行えることから、諸

外国はすべてアメリカ一国とみなせるからである。つまり、非国際通貨国にとっても第三国取引（アメリカ以外の国との取引）でドルを利用することで問題は生じない。このように国際通貨とは、外国為替取引の構造に基づいて多角的な国際決済機能を担う国の国民通貨のことであり、通貨としての実体は国際金融市場の為替銀行内に存在している非居住者保有の決済性の預金ということになる。こうした決済性の預金は、世界貿易が拡大すればするほどより必要とされ、非居住者のもつ預金は拡大し続けることになる。このことが国際通貨国の国際金融市場が発展していく理由の一つになっている。

　こうした民間の決済システムは、貿易収支が基本的に均衡し、市場取引において外国為替手形の需給が均衡していれば安定的に機能するが、常にそのことが制度的に保証されるわけではない。多くの発展途上国のように恒常的に貿易赤字が続き外貨不足になる場合や金融危機、通貨危機が発生する場合など、民間取引だけでは市場が機能しなくなる場合が生じる。現実に世界経済では、通貨当局などの公的部門が国際通貨国に外貨準備を保有し、必要な場合には国際通貨を市場に供給するという手段をとっている。通貨当局が外国為替市場に介入するときは、外貨準備に基づく国際通貨で行われることになる。もちろん、外貨準備は、そのすべてを流動性をもつ決済性の預金として保有する必要はなく、定期預金やさまざまな証券（国債）、金融商品によって構成されている。外貨準備は流動性を保持しつつ、価値額を維持、拡大することが合理的であるからである。そして、市場が機能不全にならないように、また、安定的に機能するように外貨準備によって外貨が供給されるのであり、その制度的保証が多角的な決済システムを支えている。つまり、国際通貨国になるということは、諸外国の私的な金融機関が多種多様な取引を行う国際金融市場が存在するようになるだけでなく、公的当局の外貨準備も集中するという国際金融市場の国になるということである。

　歴史的にみると、こうした国際通貨システムは金本位制の下で英ポンドによって担われていたが、戦間期の混乱と第2次世界大戦を経て、米ドルによって担われることとなった。第2次世界大戦後の世界経済の復興の過程で、国際通貨基金（IMF）という国際機関が設立され、その下で国際決済システムはドルを基軸とする固定相場体制として再建され、それはブレトンウッズ体制と呼ばれている。この固定相場体制は1970年代前半に崩壊するが、変動

相場体制の下でもドルはこの国際通貨としての機能を担い続けており、決済システムの基本的な構造は変化していない。

　国際通貨とは世界各国が多角的決済のために多額の決済性預金を保有し、相互にそれを活用し合うという国際決済システムを担っている通貨のことであり、ひとたびそのシステムが確立すれば、容易には変更できない構造をもっている。それが現代においても米ドルが国際通貨として機能し続け、アメリカの国際金融における覇権的地位を支えている基盤ということができる。こうした基盤の上に、アメリカの大手金融機関が自国内にある国際金融市場で、自国通貨で国際金融業務を担えるという他国の金融機関とは異なる制度的条件の下で特別な地位についているのである。次項で、1970年代の変動期にドルがどのような道筋をたどり、変動相場体制の下でどのように変化してきたのかをみてみよう。

3　変動相場体制への移行とドル体制

　第2次世界大戦後に成立した固定相場体制は、2つの柱によって成り立っていた。一つは、IMFによる固定相場制度の取り決めで、その内容はIMFの加盟国は自国通貨の平価を金またはドルで表し、為替相場の変動幅を対ドル平価の上下1％以内に維持することが義務づけられていたことである。この固定相場の維持は、通常は通貨当局による為替市場への介入によって行われた。もう一つは、アメリカが外国通貨当局に対して、金1オンス＝35ドルの公定価格での金交換を保証していたことである。この条件によって、諸外国は自ら保有する外貨準備の価値が保証されることになり、場合によっては平価を維持するために行われる無制限のドル買い介入にも同意できたというわけである。

　しかし、1971年8月にアメリカが金ドル交換を停止したことで、先進諸国の多くは市場介入を停止し、為替相場は大きく変動することになった。当時、このときの措置は為替相場の実勢水準を確かめるための一時的なものと考えられていた。それゆえ、為替市場が落ち着いてきた1971年12月にスミソニアン体制として、固定相場体制が再建されることになる。スミソニアン体制は、①ドルの切り下げ、ドイツマルクと円の切り上げ等主要通貨間の平価を調整し、②変動幅を上下2.25％に拡大して安定化させようとしたものであ

ったが、その後、為替市場におけるさらなる通貨投機が拡大し、1973年には再度のドルの切り下げが行われた。先進各国が再び市場介入を放棄した結果、固定制度が崩れ、世界経済の基本的な通貨体制としての変動相場体制が誕生することになる。なお、IMFの規定として、この変動相場体制が通常の制度として合法化されるのは、1978年のキングストン合意においてである。

　この1970年代の国際通貨体制の混乱と変動相場体制の成立の中で、国際通貨としてのドルも以下の3つの点で大きく変化した。第1の点は、金とドルとの関係が断ち切られることで、ドル不安（ドル価値への懐疑）の根源が存在しなくなり、他方でドルも含めて各国の通貨価値が大きく変動する下で、ドルが他国通貨との相対的な関係で評価されるようになったことである。この点では、逆説的になるが、国際通貨としてのドルの地位が強化されるという現象が生じることとなった。具体的には、固定相場体制の下で存続してきた英ポンドの国際通貨としての機能が米ドルに移るということが生じたことである。英ポンドは、世界的には国際通貨としての機能を失っていたが、IMF体制下ではスターリング地域といわれる英連邦諸国等においては国際通貨としての機能を有していた。英連邦諸国にとっては、固定相場体制であれば自国通貨とポンド、ポンドとドルとの交換が固定されているため、ポンドを使うことでも支障はなく、歴史的に保有してきたポンドの決済システムに依存することは合理的であったからである。また、イギリスの側にもポンド体制を維持することがイギリス経済にプラスに働いていたからである。しかし、英ポンドと米ドルとの為替相場が大きく変動するようになると、英ポンド体制を維持するコストはイギリスにとっても大きくなり、また、英連邦諸国においてもポンドに依存することの弊害は大きなものになった。結果的に、1970年代前半に、世界経済における米ドルの国際通貨の役割は拡大したということができる。

　第2の点は、国際通貨の多様化といわれる現象が進んだことである。ここでは2つの特徴を指摘しておきたい。特徴の1つ目は貿易取引におけるドルの比率が低下し、先進各国の通貨がより多く利用されるようになったことである。変動相場制度の下で、輸出業者が為替リスクを回避するために、自国通貨建ての輸出をより拡大するようになっていく。ただし、欧州諸国内で

は、変動相場制度への移行期前から輸出国通貨建てで外国為替手形が振り出されるようになっており、通貨の多様化は進んでいた点は指摘しておきたい。多数の国の間で、国際通貨以外の輸出国通貨建てで貿易が行われると、外国為替銀行間には、それぞれの通貨における債権債務関係が形成され、それぞれの通貨での持高が形成されることになる。それぞれの国内の外国為替市場では、そうした通貨ごとの為替の持高を調整することは困難であるが、国際金融市場で各国通貨建ての為替持高を国際通貨であるドルの為替持高に転化・集中すれば、仕組みとしては図7−2と同様の構図になる。貿易という実需面でみれば多数の通貨が用いられているが、銀行間の取引でみると国際通貨であるドルで取引されているということになる。こうした外国為替銀行間の取引を媒介する通貨を為替媒介通貨と呼び、ドルが現在においてもその地位についている。この変動相場制度の下で銀行間の為替取引が急増していくことは、後に述べる特徴の第3の点にも関わっている。

多様化の特徴の2つ目は、外貨準備としての価値総額を維持する仕組みがドルを基本にしたものから大きく変化したことである。金ドル交換が保証されている下では、ドルの価値は金によって裏付けられ、各国通貨もドルに対して固定されていたため、諸外国の保有する外貨準備の価値は制度的に保証されていた。しかし、変動相場体制では、ドルも含めて各国の通貨価値は固定されず、主要国通貨の為替相場は大きく変動することになる。各国の対外取引が多通貨化するなかで、外貨準備をドルだけで保有することはドルの減価による外貨準備の目減りを生むことになるので、外貨準備の価値総額を維持するためにはドルを保有するだけでは十分ではなくなったということである。各国が自国の対外取引における通貨別比率等も参考にしながら、ドル以外の主要国通貨のポートフォリオを構成することで、外貨準備の価値の維持を図ったというわけである。IMFの統計で世界の外貨準備の通貨別シェアをみると、1975年から1980年という短期間に、ドル（75.7％→55.1％）は大きく低下する一方で、ドイツマルク（6.0％→13.0％）と円（0.5％→3.8％）が急増している。この点をもってドルの役割の低下とみなされもしたが、これはドルの地位が後退したというよりは、変動相場制度の下で外貨準備全体の価値保全のためにドルを中心にしたポートフォリオとして多くの通貨で外貨準備が保有されるようになったと考えるべきものである。2021年末

の外貨準備の通貨別構成比をみると、ドル（59％）、ユーロ（21％）、円（6％）、ポンド（5％）、人民元（3％）となっており、ドルを中心にした外貨準備のポートフォリオ構造は大きくは変化していないことがわかる（IMF [2022b]）。

第3の点は、世界的に金融の自由化が急速に進むとともに、ユーロ市場という新しい国際金融市場が急速に発達し、それに伴って国際金融取引が急拡大を続けていることである。ユーロ市場とは、本国以外の場で、当該国通貨建てで預金、貸し付け、証券発行等の国際金融取引が行われている市場のことで、国内にある国際金融市場とは異なって国家や金融当局による金融規制が少なく、税制面でも優遇されている市場のことである（EUの共通通貨であるユーロを利用した金融市場という意味ではない）。歴史的には、ユーロ市場はロンドンにおいてドル建ての国際金融取引を行う市場として発展してきたもので、現在でも世界最大のユーロ市場はロンドンにある。ユーロ市場は、1970年代以降、国家による規制のない自由な金融市場として急速に発展するとともに、その発展が各国の金融市場の自由化、規制緩和を促すように働いてきた。さらに、ロンドンのような伝統的な国際金融市場において自由化が進んだだけでなく、いわゆるタックス・ヘイブン（租税回避地）と呼ばれる独特な金融市場も形成され、発展をしてきている。タックス・ヘイブンは、主に税制上の優遇措置を国外の企業や個人に対して戦略的に設けている地域、または国のことで、英領ケイマン諸島やルクセンブルク等などがある。世界各国からそうした地域、国に相当数の金融資産が形式的に移され、国際金融取引が行われている。伝統的な国際金融市場、ユーロ市場、タックス・ヘイブンが国際金融市場として統合され、金融グローバリゼーションが急速に進んできている。

現在は、資本移動の自由が原則のように認められているが、固定相場体制の下でのIMFの基本的な考え方は、世界貿易と世界経済の拡大を求める立場から、経常取引における自由化の推進にとどまっており、資本取引については自由化を求めずに各国の裁量に任せていた。しかし、その方針は1970年代以降に大きく転換し、IMFは為替取引の自由化、資本移動の自由化を推進していくようになる。先に変動相場制度への移行期に、通貨投機が大きな役割を果たしたことを述べたが、各国が資本移動の自由化を進めていくこと

で外国為替取引の市場規模は大きく変化し、貿易等の実需に基づく為替取引以上に資本取引の規模が急増してきている。この点については次節で詳しく見てみよう。

II　グローバル経済の不均衡の拡大と国際通貨としてのドル

1　外国為替市場の急速な拡大とドル

　現代のアメリカの金融覇権を支えている大きな要因は、拡大し続ける国際金融取引において、ドルが国際通貨として機能し続けている点にある。グローバル経済の不均衡の拡大の中で、外国為替取引は単に現物市場において拡大してきただけでなく、先物市場やデリバティブ市場なども含んで急激に規模を拡大させている。こうした新たな取引においても重要な点は、必要なときに必要な量の取引を安定的に行うことができるということであり、また、そのための取引コストが低いということである。前節で述べたように、銀行間の為替媒介通貨はドルであり、そのドル取引が現物市場においても先物市場等においても拡大し続けることで、ドルの為替媒介通貨としての機能もまた強化されるという循環的な構造ができあがっている。

　そのことを、外国為替取引の実態を国際決済銀行（BIS）の統計によって見てみよう。BIS が最初に行った調査年の1989年の１日当たりの取引高は総額5392億ドルで、そのうち現物市場は3052億ドル、現物市場の比率は約57％であった（BIS［2022］）。1989年の段階では、まだ現物市場が過半を占めていることがわかる。貿易という実需との比較でみると、1989年の世界貿易額は年額で３兆989億ドルであるので、１日当たりでは、貿易額の約65倍の取引が行われていたことになる（WTO［2022］）。最新のデータである2019年でみると、外国為替取引の全市場規模は６兆5955億ドルへと拡大している。内訳をみると、現物市場が１兆9874億ドル、先物市場が9993億ドル、外国為替スワップ取引が３兆2027億ドル、通貨スワップ取引が1085億ドル、オプション取引等が2976億ドルとなり、現物市場の比率は約30％にまで低下している。この市場規模を同年の世界貿易額19兆46億ドルと、１日当たりで比較してみると、外国為替取引は貿易額の約127倍にもなっていることがわかる。先物市場やスワップ市場、デリバティブ市場においても、1990年代から現在

まで、ドルを対価とする取引の比率は、およそ85〜90％となっており、ほとんどがドルを対価の取引としていることがわかる。国際金融市場の自由化と統合が進むなかで、リスクを回避し、また逆に、積極的にリスクを取りにいくことで収益を上げようとする取引がドル取引として発展し、それがドル市場の厚みを生み出すことで、ドルの機能が強化されるという循環的な構造が形成されているといえよう。

　こうした国際金融取引の実際は、決済のための情報のやりとりとそれを受けて実際に決済をする取引とに分かれている。まず、国際金融取引では、国際銀行間通信協会（SWIFT）という情報をやりとりする銀行間ネットワーク・システムに送金情報が送られる。SWIFTは世界の200以上の国・地域に属する1万1000以上の金融機関をネットワークで結び、多数の通貨を取り扱っているが、ドル決済であればその情報はCHIPS（ニューヨーク手形交換所協会が運営する銀行間決済システム）に送られることになる。そして、CHIPSで交換の差額が計算された後、最終的にニューヨーク連邦準備銀行に決済口座をもつ大手銀行間で決済が行われる。大手43行以外の銀行は、CHIPSに加盟する費用が高いために直接には加盟せず、大手行に口座を開設することで資金の決済をしている（The Clearing House Payments Company L.L.C. [2022]）。現在、国際的な米ドル決済の96％前後がCHIPSを通じて決済されており、1日の取扱高は1兆8000億ドル（国内外の決済額）にものぼっている（SWIFT [2022]）。

2　アメリカの債務国化とドル

　アメリカの拡大する経常収支赤字と債務国化は、現代のグローバル経済における不均衡を特徴づけている。第2次世界大戦後、世界最大の貿易黒字国であったアメリカは、1970年代前半に貿易赤字国へと変化し、1970年代後半には経常収支も赤字になるようになった。1984年に赤字額は初めて1000億ドルを超え、1990年代前半にいったん赤字額は減少するが、1990年代半ば以降、その赤字額は拡大を続けている。

　2021年のアメリカの財・サービス貿易収支をみると、輸出額2兆5566億ドル（財1兆7614億ドル、サービス7952億ドル）、輸入額3兆4017億ドル（財2兆8517億ドル、サービス5500億ドル）で、財部門では1兆903億ドルの赤

字となり、初めて1兆ドルを超える赤字額となった（U.S. Department of Commerce［2022a］）。サービス部門では2452億ドルの黒字であるが、財・サービス部門全体では8451億ドルの赤字となっている。こうした巨額の赤字を継続してきた結果、統計によって異なるものの1987年前後に純債務国に転落し、現在は世界最大の累積債務国となっている。アメリカの対外資産、負債をみると、2021年末のアメリカの対外資産は35兆655億ドル、対外負債は53兆1897億ドルで、18兆1242億ドルの対外純債務になっている（U.S. Department of Commerce［2022b］）。

　2021年の資産と負債の内訳をみると、直接投資では資産が10兆9706億ドル、負債が14兆8130億ドルで純債務が3兆8424億ドル、証券投資では資産が16兆3093億ドル、負債が28兆4801ドル、純債務が12兆1708億ドルとなり、デリバティブ取引等その他で資産が7兆7856億ドル、負債が8兆9966億ドルで、純債務が1兆2110億ドルとなっている。この債務国化に関して特徴的な点は、直接投資部門でアメリカが純債務国化するのは2016年であり、それまでは証券投資部門の赤字がほとんどであったことである。つまり、アメリカの対外債務の蓄積は、主にアメリカへの証券投資の拡大によって行われてきたことがわかる。2021年では、直接投資部門でも純債務国に変化しており、全部門で債務超過になっている。

　第I節で説明したように、貿易赤字等の実需面でいったん形成される対外債務はアメリカ国内のドル預金として蓄積することになり、その多くがドル建て金融資産の購入ということで運用可能であれば、アメリカにとって対外赤字のファイナンスのための特別な措置は必要とされない。アメリカの金融市場、特に株式市場等の証券市場が拡大を続け、世界的にみても高収益を生むという環境があれば、アメリカへの資本流入は継続するということになる。それが先物取引をはじめとして、金利や為替等のスワップ取引、デリバティブ取引等も組み込んださまざまな新金融商品をアメリカ金融機関が組成、販売し、金融市場が拡大し続けている理由でもある。結果的に、世界各国からの資金が集まり、金融取引が拡大することで、アメリカの金融市場のすそ野が広がり、取引コストの安い最も効率的な金融市場が形成されることにつながっている。ある意味で、アメリカは資本流入に依存をしているという不安定な側面をもちながら、他方で、その資本流入が続いていることがア

メリカの金融覇権を支えているという側面ももっている。

　このアメリカの巨額の貿易赤字が毎年拡大し、輸出国に対する大きな需要を生み出すことで、各国と世界経済の成長がもたらされているのであるが、しかし、この構造は累積債務国であるアメリカへの継続的な資本流入が安定的に行われるという条件によって支えられている。つまり、アメリカ経済だけでなく、世界経済においても、アメリカが対外債務を累積的に拡大させながら、アメリカへの証券投資の拡大という形で返済の繰り延べを続けているという構造に依存しているのであり、その構造は決して安定的なものとはいえないだろう。そして、その構造は米ドルが国際通貨として機能し続けるかどうかにかかっているといってもよく、そのことがグローバル経済の大きな不安定要因になっている。

3　国際通貨危機、国際金融危機とドル

　1994年のメキシコ通貨危機は、後に「21世紀型金融危機」と呼ばれる金融危機の最初のもので、そこで問題になったのは、自由化と統合化が進んでいる現在では、ある国の通貨危機が金融市場のパニック的な資本逃避を生み、各国に波及することでグローバルな金融危機に発展する可能性があるということであった。その後のアジア通貨金融危機など、国際金融危機が繰り返されるなかで、国際金融市場の動揺とパニックによる波及を回避するために、金融危機時の救済メカニズムが求められ、それが構築されることとなった。その内容は、主に、危機発生以前のものとして経済データの迅速で正確な開示を行うことによる未然の防止対策と、危機発生後に行われる「直接的」な市場介入のための仕組みの創設、具体的には、補完的準備ファシリティ（SRF）の導入、新借入協定（NAB）、IMF増資等による財源の大幅な拡充、その実施のための緊急救済メカニズム（EFM）の制度化ということであった。国際金融市場のパニックを抑えるためには、一国の外貨準備の規模では不可能であり、IMFを中心にした国際的な枠組みによる巨額の資金確保が必要なことが明らかになったということができる（増田［2000］）。こうした改革によって発展途上国を震源とする金融危機はいったん抑制されることになった。

　さらに、2008年のリーマン・ショックとそれに基づく国際金融市場の動揺

は、ドルを国際通貨とする国際金融システムが、アメリカの中央銀行である連邦準備制度理事会（FRB）によって支えられているということを白日の下にさらした。リーマン・ショックは、アメリカの投資銀行の破綻から始まり、アメリカ金融市場の動揺と混乱が世界に波及して世界的な金融危機をもたらしたものである。そのため、ドルからの資本逃避が生じてドル安に至ると思われたが、実際には、国際的な決済の担い手である大手銀行の経営不安が拡大し、それによる外貨取引の急減と国際決済のためのドル不足が生じ、その結果、急激なドル高をもたらすことになった。金融危機の深化と為替市場の混乱は、FRBによるドルの市場への実質的な無制限供給によって収束していくこととなり、国際通貨ドルの「最後の貸し手」機能は国際機関であるIMFではなく、FRBにあるということが露わになったということができる。このことはFRBの信任がアメリカの金融覇権を支える仕組みの根源にあるということを表している。

Ⅲ 金融制裁とドル・システムの今

1 ドル体制の中のユーロ

　EUの共通通貨であるユーロは、1991年に電子決済通貨としてまず導入され、2002年からEU加盟の11か国で法貨として現金通貨としての流通が開始された。2023年現在、EU加盟国27か国のうち20か国がユーロを法貨としている。欧州地域で、ユーロを公式通貨としている国がモナコ、サンマリノ、バチカン、コソボ、モンテネグロ、アンドラの6か国あり、EUのERMⅡという固定相場制度の仕組みに加盟しているブルガリア、ERMⅡには加盟していないがユーロに対して為替相場を固定している国がセルビア、北マケドニアの2か国、ユーロに対するカレンシー・ボード制をとっている国がボスニアヘルツェゴビナである。スイスとルーマニアはユーロに対して実質的なクローリング・ペッグをしているとみなされている。欧州の小国はEU加盟国以外でもユーロを利用し、ユーロ圏との結びつきが強い国はユーロに対して為替相場を固定している。また、欧州諸国だけでなく、アフリカ諸国の18か国（うちCFAフランを法貨としてきた国が14か国）もユーロに対する固定相場制度を採用している（IMF［2022a］）。

欧州と欧州周辺の地域では、ユーロを中心にした固定相場体制が形成されているため、ユーロ圏諸国との対外取引の多い国では、ユーロを用いた外国為替取引が一定比率を占めるようになっており、ユーロが地域内の国際通貨として機能するようになっている。しかし、欧州市場における外国為替取引の通貨別割合をみると、ユーロの比率はかつてのドイツマルクの比率とあまり変化はなく、国際通貨としてのユーロの機能は、あくまでも欧州とその周辺地域にとどまっており、先に示したように、欧州域内においてもグローバルな為替媒介通貨はドルが用いられている。ユーロの取引比率が高まっているといっても、それはドルを対価とする取引がほとんどで、ドルとユーロには本質的な差異がある（IMF［2022a］；斎藤［2007］）。欧州を1つの地域としてみれば、地域外の取引はドルを用いているのであり、けっしてドルにとって代わるようなものではないというのが実態である。

2　金融制裁とドル

　2022年に始まったロシアのウクライナへの侵略戦争は、国際社会を震撼させ、欧州諸国とロシアとの関係を劇的に転換させた。21世紀に入って、欧州諸国はNATOの東方拡大を進めることで軍事的な緊張関係は一定程度もちつつも、天然ガスや石油などエネルギー資源のロシアへの依存を強め、ロシアとの経済協力関係を深化させてきたが、現在はロシアに経済制裁を科すという形で経済関係を遮断する方向へと舵を切った。

　この欧米主導の経済制裁はロシア経済に打撃を与えることを目的にしたもので、ロシアがその負担に耐えられなくなり、その結果、軍事侵攻を終わらせることにつながるという理解の下で実施されている。歴史的には、経済制裁は軍事戦略の一環として行われてきたが、現在は、軍事力の行使とは異なる政策手段として国際社会では考えられるようになった。また、経済制裁の手段としても、全面的な禁輸というきわめて厳しいものから制裁対象を限定するというものまでさまざまなレベルがあり、現代の経済制裁は、制裁対象を限定し、特定したものにおいて実施するという形で行われるようになってきている。その理由は、全面的な制裁は国民経済全体に影響を与え、責任のない人々や社会的弱者に犠牲を強いながら相手国の権力者への効果が相対的に弱い傾向にあるということ、他方、ピンポイントで効果的な経済制裁を行

える手段が見出されてきたということである（臼井ほか［2017］）。現在のロシアに対する経済制裁も、特定の企業やオリガルヒと呼ばれる経済人を対象としたもの、特定の品目に限定したものになっている。

　特に、経済制裁の中で金融制裁は制裁対象を特定して実施できるので、近年の経済制裁の中心に置かれるようになっている。アメリカはロシアの国際経済における活動を封じ込めるために、国際通貨であるドルの利用を制限するという手段をとった。アメリカはロシアの中央銀行が保有する外貨準備の利用の制限、凍結を行うとともに、銀行間の国際決済網を構成する国際銀行間通信協会（SWIFT、本部はベルギー）に対してロシアの金融機関を排除するよう求め、実際にSWIFTはロシアの金融機関を排除する措置をとった。このSWIFTからの排除はドルを利用する多角的な決済網から事実上排除されることを意味しており、きわめて厳しいものである。さらに、アメリカは対イラン経済制裁のために成立させた2012年の国防授権法（NDAA）に基づいて、制裁対象国と取引を行う第三国の金融機関に対して、アメリカの銀行との取引を禁止する措置もとった。国際通貨がドルである以上、国際金融取引を行おうとすれば必然的にドルを利用しなければならず、ドル取引のためにはドル預金が必要であり、したがってアメリカの銀行との取引は不可欠になる。それゆえ、外国金融機関であってもロシアとの取引に伴う送金等を担えば、アメリカの制裁対象になるということになり、ロシアとの取引はきわめてリスクの高いものとなった。アメリカはロシアの主要銀行をドルによる多角的な決済網から排除するだけでなく、国際金融取引そのものから排除するという厳しい措置をとったということができる。

　こうした金融制裁は、対外経済関係において、現代の国際通貨システムに依存している国であればあるほど効果は大きくなるものである。国際的な相互依存関係が深まっている現在、世界経済から遮断されても一国の経済が維持できるような国はほとんど存在しない。しかし他方で、この金融制裁は非常に大きな効果をもつがゆえに、アメリカによる金融制裁に対する懸念をもつ国々は、そうした影響を回避するためにドルへの依存を減らす動きをみせはじめている。自国だけでなく、主要な取引相手国が制裁対象となれば大きな影響を受けるからである。中国が人民元の国際化を進め、人民元による国際決済システム（CIPS）の構築を進めているのは、経済安全保障の観点か

らドルへの依存リスクを低下させるためでもある。

　CIPS は2015年にスタートしたもので、参加銀行数は直接参加76行（CIPS内に口座をもち、送金情報の伝達に専用回線を使える銀行）、間接参加1265行（直接参加銀行に口座をもち、決済に参加する銀行）となっている（中田・長内［2022］）。現時点では、間接参加銀行は CIPS で送金情報をやりとりできないので、情報伝達は SWIFT に依存して行われる。また、決済通貨は人民元（2021年から香港ドルも一部対応）に限られており、現実には、SWIFT に代替したり、他通貨を取り扱ったりできるものではない。しかし、アメリカによるロシアの金融制裁を契機に、CIPS 参加銀行はアジア、欧州地域で増えはじめている。厳しい資本移動規制があるままでは人民元が国際的取引で広く利用されるようにはならないと思われるが、貿易等における人民元利用の拡大や人民元以外の通貨の取扱いが進めば、CIPS の役割が大きくなる可能性をもっている。

おわりに

　アメリカの経済覇権を支える柱の一つは、アメリカの国民通貨にすぎないドルが独占的に国際通貨として機能している点にある。そして、その構造は歴史的に形成されてきたもので、その構造そのものが循環的な再生産のメカニズムをもっており、現在までのところその地位は圧倒的である。現在のように、世界にとって不可欠な国際通貨システムがある一国の意思決定の下に置かれていることは、民主主義の観点から見て望ましいことであろうか。FRB は、2022年の春にインフレの抑制を目指して大幅な金融引き締め政策に転じたが、それはアメリカの国民経済的な観点からの政策変更であり、世界のどの国もその重要な決定に関与できない。国際通貨であるドル金利の高騰は、為替相場の変動を生むだけでなく、発展途上国等の債務負担を大幅に増やし、世界的な資本移動に大きな影響を与える。それは発展途上国の通貨危機や金融危機を招きかねないものであり、国際金融危機の引き金にもなりうるものである。また、累積債務国でもあるアメリカは継続的な資本流入に依存せざるをえず、アメリカの高金利によるドル高はドルの暴落とそれによる金融危機の発生という懸念を生じさせる可能性をもつ。現在の金融政策は

1980年代前半のドル高と同様の状況を生み出しかねないものである。

　しかし、現行の国際通貨基金はドルに代わる制度を構築する仕組みは有していない。IMF はドル不足に対応するために、1969年に特別引出権（SDR）と呼ばれる国際準備資産を作り出したが、それは外貨準備を補完するものに過ぎず、決済そのものは米ドルを使うことを前提としている。また、仮に中国の CIPS がドル決済を補完、または相当程度代替するようになったとしてもそれは現在のドル体制がもつ問題を解消するものではない。アメリカと同様、中国もまた自国の利害を最優先することになるからである。そして、2つのシステムの併存という状況は、両国が協力し合えばより安定したものにもなりうるが、グローバル経済の覇権を争うような関係の下では、一層不安定なものになる可能性も秘めている。それゆえ、安定的な国際通貨システムを再構築するためには、IMF という国際機関を活用しつつ、民主的な改革を進めていくことが必要である。特に、現行規定では、出資額に応じて投票権が与えられるため、単独で16％を超える投票権をもつアメリカや欧州諸国等の発言権、理事選出権が強いという状況にあり、それを変えていくことが必要であろう。そのうえで、2000年代初頭に、EU の共通通貨としてのユーロの導入に際して、現金通貨の導入以前に決済通貨としてユーロを導入したときの経験を踏まえて、どの国の国民通貨でもない新たな決済通貨（現在のSDR の活用も一つの手段と考えられる）を国際協力の枠組みの下で形成していくことを真剣に検討していく必要があろう。世界的な不均衡が拡大するなかで、国際的な決済システムをドルの下に置く限り、ドル由来の問題から逃れられないからである。

【参考文献】

臼井実稲子・奥迫元・山本武彦編［2017］『経済制裁の研究——経済制裁の政治的経済的位置づけ』志學社。

斎藤智美［2007］「EU の東方拡大とユーロ——中・東欧諸国における媒介通貨としてのユーロ」『名城論叢』第 8 巻第 2 号、47-68頁。

中田理恵・長内智［2022］「人民元決済システム（CIPS）は SWIFT の代替手段となり得るか」『金融・証券市場・資金調達』（2022年 9 月28日）大和総研。

増田正人［2000］「1990年代の通貨危機」上川孝夫・新岡智・増田正人編『通貨危機の政

治経済学』日本経済評論社。

── ［2007］「パックス・アメリカーナの時代」上川孝夫・藤田誠一・向壽一編『現代国際金融論〔第3版〕』有斐閣。

BIS（The Bank for International Settlements）［2022］Triennial Central Bank Survey of Foreign Exchange and Over-the-counter（OTC）Derivatives Markets in 2019, Data revised on 8 December 2019, Retrieved at BIS Triennial Survey.

IMF（International Monetary Fund）［2022a］Annual Report on Exchange Arrangements and Exchange Restrictions 2021.

── ［2022b］Currency Composition of Official Foreign Exchange Reserves, Last Released on September 30,2022, Retrieved at IMF Data.

SWIFT（Society for Worldwide Interbank Financial Telecommunication）［2022］History, Retrieved at SWIFT history.

The Clearing House Payments Company L.L.C.［2022］Annual Statistics From 1970 to 2022, Retrieved at Annual Statistics.

U.S. Department of Commerce［2022a］U.S. International Trade in Goods and Services, July 2022, Retrieved at Bureau of Economic Analysis Data.

U.S. Department of Commerce［2022b］U.S. International Investment Position, First Quarter 2022 and Annual Update, Retrieved at BEA News Release.

WTO（World Trade Organization）［2022］Statistics on Merchandise Trade, Retrieved at The WTO Stats.

第8章 産業界が生んだ「非正規移民」

下斗米 秀之　*Hideyuki Shimotomai*

はじめに

アメリカを形容する言葉の一つに「移民の国」がある。世界各地から豊富な不熟練労働者、さらに熟練労働者や科学技術者などを受け入れてきたことは、アメリカを経済大国に押し上げる原動力となった。とはいえ、移民の国を自負するアメリカでさえ、移民は常に歓迎されてきたわけではない。

今日のアメリカの移民問題において、特に注目されているのがメキシコなどヒスパニック系の「非正規移民」の増加である[1]。メキシコの負担で米墨国境間に「万里の長城」を建設して非正規移民の流れを止めようとしたトランプ・ウォールの建設は、2016年の大統領選挙における主要争点となった。トランプは、最低賃金以下でも働くメキシコ系移民がアメリカ人の仕事を奪っていると白人労働者階級の危機感を代弁し、移民をめぐる社会の「分断」を煽った。バイデン政権に入ると、米墨国境に大量の移民・難民が殺到したことから、テキサス州知事らが入国手続きを終えた移民たちをバスや飛行機でニューヨークやワシントンに移送する抗議活動を行うなど、移民受入れを

1）正規の入国・滞在資格をもたない移民は、一般に「不法（illegal）移民」と呼ぶ。しかし本章では、彼らの存在が犯罪行為であるかのような差別的な含意をもつ不法移民という用語を避け、正規の手続きを経ていない移民を「非正規（irregular）移民」と表記する。

めぐる緊張感は一層高まった（New York Times, October 24, 2022）。移民に「寛容」とされるバイデン政権においても、一時中止していた壁の建設を再開する動きや不法入国の取り締まりを強化する政策が打ち出されるなど、今後の移民政策の行方には大きな注目が集まっている。

　歴史的にみてもアメリカにおける移民に対する排外主義（ネイティヴィズム）や反移民ポピュリズム感情の高揚は、景気後退の局面において特に強く現れてきた。たとえば19世紀末の経済恐慌は社会不安を増幅させ、急増してきた東欧・南欧からの「新移民」は、その批判の矛先となった。文化や慣習の違いからそれまでの北欧・西欧出身の「旧移民」のようにアメリカ社会への同化が進まなかったことも影響した。労働組合は移民労働者の増加が自らの賃金水準や労働環境を悪化させたとして移民制限を要求し、さらに「科学」を装った人種差別思想が学術的に正当化されると、排外主義はさらに勢いづいた。第1次世界大戦後の孤立主義な外交政策や戦後不況によって、ついに1920年代には新移民の流入を大幅に削減する移民制限法が制定され、「大量移民の時代」は終わりを迎える。

　それからおよそ100年後、かつてない経済格差が拡大した今日では、ヒスパニック系の非正規移民に向けた排外主義が吹き荒れている。しかし、移民流入の責任をもっぱら移住者だけに帰せられるものであろうか。彼らが米墨間の経済格差を背景に増加したのは事実であるが、社会学者のサスキア・サッセンが指摘するように、移民流入は個人の行動の結果でもたまたま起こるものではなく、作り出されるものである。アメリカの企業活動、軍事活動、外交活動が強力に展開されてきたことが、貧困や失業などと結びついて移民は誘発されてきた（Sassen［1988］p.9）。アメリカ資本の開発によって中南米の伝統的労働構造が解体され、大規模な輸出向け農業国となったことがアメリカへの大量移民を生んだ大きな原因なのである。

　本章では、アメリカ産業界の中南米に対する開発過程と関連づけながら非正規移民の問題が政治争点化された、その歴史的背景について考察する。第I節では、近年の人口動態と産業構造の変化から、ヒスパニック系移民に対する排外感情を増幅させた「トランプ現象」について説明する。第II節では、ヒスパニック系移民が流入した背景について、アメリカによる中南米の開発過程や多国籍企業を軸とした国際分業体制の成立から検討する。第III節

では、戦後の移民政策の転換とアメリカ産業界の雇用慣行、北米経済の統合が、ヒスパニック系移民を最大のマイノリティ集団に押し上げる主な要因であったことを明らかにする。第Ⅳ節では、それゆえに産業界にはアメリカ移民問題で果たすべき責任や役割があることを移民経済学の研究成果から示し、最後に今後の移民政策の行く末について若干の展望を行う。

Ⅰ　人口動態および産業構造の変化と「トランプ現象」

　まずは図8-1から見てみよう。これは、1900年から2021年までのアメリカの移民数と人口比の推移、そして国勢調査による2060年までの将来予測を示したものである。2021年における総人口に占める移民の割合（移民数）は、14.2％（4620万人）であるが、これは1910年の14.7％（1350万人）に次ぐ高水準である。予測によれば移民は増え続け、2060年までに17.1％（6930万人）に達するという。ヒスパニック系移民の出生率は白人よりも高く、若年層も多いことから2045年には白人は総人口の50％を下回るとみられている。

　こうした人口動態の変化に対する白人の危機感は、今日の移民に対する排外主義を生み出した要因の一つである。2016年大統領選挙のトランプの目玉公約には、非正規移民を取り締まるために、メキシコの費用負担で重厚な壁を建設するトランプ・ウォールがあった。トランプは選挙中から「メキシコはベストではない人々、麻薬や犯罪を持ち込む人々、強姦魔を送り込んでくる」との問題発言を繰り返し、メキシコからの密入国者が犯罪の温床になっているとして、壁建設の必要性を訴えた。2017年1月以降、トランプは大統領令を多用して移民政策の実質的な変更を進めてきた。イスラム教徒の入国禁止やメキシコを経由したホンジュラスなどからの「移民キャラバン」[2]に対する規制、非正規移民の摘発や難民申請の制限、親の都合で非正規に入国した若者の救済制度（DACA）の撤廃、さらに非正規移民を保護する諸都

2）キャラバンとはホンジュラス、エルサルバドル、グアテマラの3か国から、メキシコを経由してアメリカに向かう移民を指す。彼らは2018年から1000人単位で増加しており、国境警備の隙をつき「非正規」に入国するのではなく、貧困や暴力から逃れるためにアメリカへの亡命申請を行う合法的な入国を求めている。

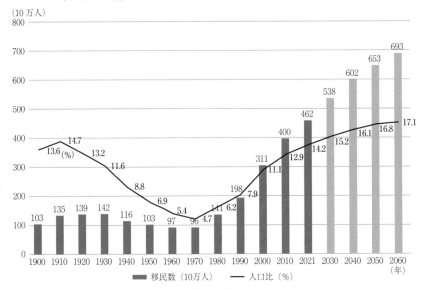

図8-1 アメリカの移民数と人口比の推移（1900～2021年）および国勢調査予測（2030～60年）

出所：Center for Immigration Studies［2021］より作成。

市「聖域都市」（非正規移民の摘発や国外追放に協力しない地域）への連邦補助金の停止やビザ期限切れ滞在者の罰則強化など、移民に対する厳しい態度を示し続けてきた。人権上の懸念から裁判所により差し止め命令が出されるなど、トランプ政権の強引な手法には批判も相次いだ。

　社会学者のダグラス・マッセイは、現実にはトランプ政権が描くような「危機」は存在しなかったと言う。国境を越える非正規移民は過去最低の水準にあり、国境に到着しているのは1980年代のアメリカの軍事介入による悲惨な状況から逃れようとする中南米諸国からの移民・難民であり、その数もかつてに比べて多くない（Massey［2018］）。移民経済学者のジョージ・ボージャスも「現実を直視しないで、国境沿いに壁を建設することで、低技能移民がもたらす財政負担などの問題を回避できると主張することはたやすい」と指摘して壁の建設には慎重な態度を示した（Borjas［2016］p.203）。実際に連邦議会は、壁の建設に必要な予算を一部しか認めなかったため、トランプ大統領は非常事態を宣言して壁の建設を強行した。しかし、そもそも

3000キロメートル以上の障壁を建設するのは物理的にも財政的にも現実的とはいえない。さらに非正規移民の約半数が、合法的に入国しビザの在留期限が切れたオーバーステイであることを踏まえても、壁の有効性は限定的であるとみられる。

　それにもかかわらずトランプ・ウォールに代表される排外主義が台頭したのは、製造業の衰退とサービス業の発展という産業構造の変化と、それに伴う白人中産階級の没落とが深く結びついているからである。1970年代中頃から鉄鋼や自動車、機械など「パクス・アメリカーナ」を経済的に支えてきた基幹製造業は次第に国際競争力を失っていった。当時のアメリカ企業構造は、大規模垂直統合を軸とした硬直的企業組織が形成され、市場環境の変化に柔軟に対応できなかった。苦境に立たされた多国籍企業は、生産拠点を海外に移転するオフショアリング、生産現場の白人労働者を大量解雇するリストラクチャリングを通じて、この危機を乗り切ろうとした。その結果、3200万～3800万人もの職が失われたともいわれる。アメリカ多国籍企業は、国内産業を「空洞化」させていく過程でアジア、ラテンアメリカからの大量の外国人労働者を「柔軟な労働力」として導入し、国内の安定した雇用関係を破壊していった（庄司［2016］127頁）。移民流入やオフショアリングはアメリカ多国籍企業による低賃金労働力の確保手段となり、同時に国内の失業や労働条件を悪化させたのである。

　一方でこれは、冷戦終結後のグローバリゼーションの影響で安価な労働力や商品を生み出すようになった新興国に対する先進国の生き残り戦略でもあった。アメリカ多国籍企業は、移民を含めた非正規労働者の雇用を拡大させることで、台頭する新興国に対する国際競争力を維持しようとした。つまり、非正規労働への転換などの労働者の流動化や格差の拡大、中産階級の没落の本質的な原因とは、移民というより企業や国家の経済競争の結果である。安定的な職種が衰退し、派遣・契約労働などの不安定な労働が増大したことによって、移民が導入されて、労働力価値の低下を招いた。本来、労働者は労働環境が悪化した原因を企業に訴えて、是正を要求するべきところ、ポピュリズムの扇動によってより立場の弱い移民や難民にその矛先を向けるようになった。賃上げや労働条件の改善で協同するべき労働者層の間で、受入国の労働者による、移民・難民に対するゼノフォビア（外国人嫌い）を

生み出している。ポピュリズムの広がりは、アメリカだけの問題ではない。イギリスの EU 離脱や欧州諸国の右翼政党の台頭、2015年以降の移民・難民政策の厳格化は、EU 諸国における反グローバリズム的思考を反映したものである。その影響を受けて、EU を目指せなくなったアフリカや中東、アジアからの移民は、中南米やアメリカに向かうなど、新たな人の国際移動を生み出しつつある。

　こうした世界規模での反移民の姿勢を最も鮮明にしたのがトランプ大統領であった。かつてのアメリカ繁栄の象徴だった製造業や鉄鋼業で働く、ミドルクラスから転落した「ラストベルト」の白人労働者の多くは、アメリカ第一主義で経済再生を掲げるトランプを支持した。これは、世界経済におけるアメリカの地盤沈下と政治的な覇権の衰退の裏返しであり、アメリカ社会の底流にある白人国家という意識の表れでもあった（伊豫谷［2021］36頁）。トランプはそうした状況に悩む労働者の目線を移民に向けさせ、スケープゴートにしたのである。

　ではアメリカにヒスパニック系移民が流入するようになったのはなぜか。一般には高い労働力需要や生活水準が移民を惹きつけるプル要因と経済不況や戦争といった送出国側のプッシュ要因とが重なることで、大量の移民流入が発生するといわれる。とはいえ、このプッシュ＝プル論だけで国際的な人の移動を説明することはできない。次節では、アメリカへの移民を生む大きなきっかけとなった世界的な社会経済システムの構造的な変化に注目しつつ、20世紀初頭に始まるアメリカ多国籍企業によるラテンアメリカの開発過程と国際分業体制の成立について検討する。

II　途上国の開発と国際分業体制の成立

　アメリカが本格的にラテンアメリカ進出を実現させていく重要な画期となったのは1898年の米西戦争であった。当時のアメリカ外交政策において、有望な市場をもつ戦略的拠点となるラテンアメリカの支配は重要であった。中南米・カリブ海諸国が慢性的な債務不履行に陥っていたこともあり、欧米諸国による金融的支配が強められた。自国では入手できない天然資源や一次産品を安定的に確保するために、暴力的に領土を拡張し、ラテンアメリカとの

貿易や資本輸出を拡大させた。こうした工業製品を生産する先進国と原材料や一次産品の生産を行う発展途上国による、古典的な国際分業の成立こそが、いわゆる南北問題を作り出した。中南米諸国はアメリカが排他的に支配する裏庭として、多国籍企業の世界戦略に組み込まれていったのである。

　「ユナイテッド・フルーツ・カンパニー（以下、ユナイテッド社）」による「バナナ帝国」の形成は、その代表例である。同社は、中央アメリカとカリブ海を中心に巨大バナナプランテーションをいくつも所有し、労働集約型の大量生産によって安価なバナナを国際市場に流通させた。19世紀後半にバナナは世界で最も重要な貿易商品となり、ユナイテッド社をはじめとする垂直統合されたごく一握りの多国籍企業が、世界のバナナ貿易に圧倒的な影響力をもつようになった。中米、カリブ海沿岸のグアテマラ、ホンジュラス、コスタリカ、パナマ、コロンビアの5か国と南米エクアドルを加えた6か国はユナイテッド社の勢力圏となり、広大なバナナ栽培圏を形成した。1899年までにアメリカのバナナ輸入業者は114社、うち22社は海外プランテーションを所有していた。なかでもユナイテッド社は中米の25万エーカーを支配し、112マイルの鉄道を運営し、11隻の汽船とチャーター船を運航し、全米の卸売・販売網を確保していった（Fitzgerald［2015］p.90）。バナナが繊細で腐敗しやすい生鮮食品であったことから、それらを効率的に管理するためにユナイテッド社は、中南米諸国の鉄道や港湾などのインフラを敷設・整備しつつ栽培から輸送、販売ルートまでを支配した。減税や免税など同社に与えられた特権を活かして、バナナ栽培や鉄道、港湾などの多角経営を行った。アメリカの法的規制の域外であったために現地の未整備な法制度を利用して、地元のプランターや労働者を収奪することで莫大な利潤をあげた。給与体系の見直しや労働条件の改善を求める労働運動に対しては、現地の軍事政権や独裁者と手を結び、ユナイテッド社からの資金提供と引き換えに、これらを暴力的に鎮圧していった。こうしてユナイテッド社は、モノカルチャー経済に甘んじた低開発諸国の重要な生産物であるバナナを独占的に支配して「巨大な帝国」を生み出したのである。

　もっとも、ラテンアメリカの側にもユナイテッド社への依存を高めざるをえない事情があった。企業の収益に好影響がある場合に限られたとはいえ、ユナイテッド社は営利活動の一環として住宅建設や保健、教育、研究、農業

訓練など各種の社会福祉事業を行い、現地の生活環境の向上に努めた。大恐慌期には、ユナイテッド社の資金援助によって国家予算の破綻が免れたように、同社は中米諸国の国家運営にも深く関わった。そのほかにもユナイテッド社は、ホンジュラスでは歴代政権の事実上のパトロンとなってバナナ・ビジネスの権益を守ったほか、グアテマラでは左派政権による1954年の農地改革でユナイテッド社の所有地の多くが没収されたことから、左派政権を打倒する破壊工作を展開するなど、ラテンアメリカ諸国への不当な政治関与、独裁政権との結託を通じて巨大アグリビジネスを展開していった。アメリカ多国籍企業によるラテンアメリカ諸国のモノカルチャー経済化や政治経済的介入の繰り返しが、同地の民主化を遅らせ、貧困や政治的腐敗を常態化させる一因を作り出したのである。

　こうしてラテンアメリカ諸国では、アメリカ企業の大規模な輸出向け農業および工業の開発が推進されていった。特に1970年代以降、アメリカ企業は生産立地条件の良い場所を求めて発展途上国に対する生産と投資の規模を拡大していく。先進国企業は、労働集約的で低付加価値な活動を企業外部に委託する一方で、企業の強みである「コア・コンピタンス」や知的所有権を確保しつつ、デザインや研究開発、製品開発、マーケティングなど高付加価値な活動に経営資源を集中することができた。こうした先進国と途上国との間の非対称的な国際分業構造においては、途上国側の技術革新に基づく経済発展の芽が摘まれ、長期的な経済発展を抑制することになる。こうしてアメリカからラテンアメリカへの資本投資は、伝統的な労働構造を破壊するだけでなく、途上国は輸出向け製造業の賃金労働者が動員され、この過程で生じた余剰労働力は移民予備軍となった。1970〜80年代にかけてメキシコを含む中南米諸国は、輸出志向型の多額の海外投資を受け入れたことによって、多くの移民をアメリカに送り出すことになったのである。それらに加えて、内戦が激化した中米諸国からは、国民が難を逃れてアメリカに向かう、政治・経済難民も増加していった。このように、アメリカ資本による長年のラテンアメリカに対する開発過程の理解を抜きに移民キャラバンや非正規移民が増加した歴史的背景を捉えることはできない。

　アメリカ側からみると、この新しい国際労働市場で求められたのは、多国籍企業を経営するグローバル・エリート人材や低賃金で長時間労働に従事す

る外国人移民であった。前者は主にアジア系の高度技能移民から、後者は中南米の農村部から調達することで労働コストを引き下げ、国際競争力の回復を図っていった。このように戦後アメリカへの移民は、おもに第三世界から提供され、移民の間にも分極化の傾向が強くみられるようになったのである。次節では、ラテンアメリカ系移民の大幅な増加をもたらした戦後アメリカの移民政策の転換をみていく。

Ⅲ 移民政策の転換とヒスパニック系「非正規移民」の増加

　戦後アメリカに急増したのは、主にメキシコからの移民であった。図8-2によれば、メキシコからの移民は1960年代から増加しはじめ、特に1980年代以降に急増した。2010年には1200万人に近づき、移民全体の3割を占めるに至り、現在もアメリカ最大のマイノリティ集団となっている。

　アメリカとメキシコとは、もともと国境をはさんだ1つの経済圏であり、米墨国境地帯は必ずしも両国の国境線に沿って明確に区分されてはいない。エルパソのように都市自体が国境にまたがっているところもある。そのためアメリカには、あるときは合法移民や季節労働者の形をとって、またあるときは黙認された非正規移民として、メキシコから安価な労働力が送られ、特に南西部の農業や大都市圏のサービス業を支える存在となってきた。貧困と失業、そして革命と内戦が続くメキシコからは、すでに1890年代から1929年にかけて100万〜150万人がアメリカへと入国している。

　1942年には「ブラセロ・プログラム」と呼ばれるメキシコ人農業労働者導入政策が実施され、1964年に廃止されるまでの22年間に延べ約460万人がアメリカに渡った。ブラセロとは、スペイン語の「腕」に由来し、「働き手」や「労働者」から転じてアメリカに出稼ぎに向かうメキシコ人のことを指す。大戦中の労働力不足を解消する目的で、米墨間の2国間協定で定められた正規の契約によって入国した労働者であり、長期滞在と定住を前提とした移民とも、正規の滞在・就労資格をもたない非正規移民とも異なる、限られた期間滞在・就労する短期外国人労働者である。ブラセロによるアメリカへの年間の移住者は、戦時下では約5万人、戦後は1956年の約44.5万人をピークに、1964年までおよそ25万人であった。つまりアメリカは、1964年まで毎

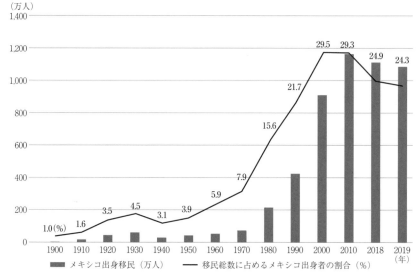

図8-2 メキシコ移民数の推移および移民総数に占める割合（1900〜2019年）

（万人）

凡例：
■ メキシコ出身移民（万人）
― 移民総数に占めるメキシコ出身者の割合（％）

出所：Migration Policy Institute［2019］より作成。

年20万人以上の安価で合法的な労働力をブラセロ・プログラムから調達することができたのである。

　こうした状況を大きく変えたのが、国籍を問わずに平等に入国枠を割り当て、人種間の平等化を目指した1965年改正移民法の成立であった。同法では、１年間の受入れ移民数の上限を東半球（ヨーロッパ、アジア、アフリカなど）から17万人、西半球（南北アメリカ）から12万人の合計29万人とし、史上初めて西半球からの移民にも制限を加えた[3]。しかしこれではアメリカの農業労働力需要を満たすことはできなかった。合法的に入国できなかった人々は、次第にアメリカへ密入国するようになり、入国書類を持たない中南米、カリブ海諸国からの非白人移民が大幅に増加した。歴史学者のデイヴィッド・ライマーズの言葉を借りれば「第三世界がアメリカにやってきた」のである（Reimers［1985, 2020］）。

３）当初、西半球からの移民には国別の上限枠が設けられていなかったこともあり、メキシコからの移民が急増し、その結果1976年にはこれら地域にも各国に２万人という上限が定められた。

メキシコ政府側も、移民の越境防止と雇用創出を目的として、「北部国境工業化計画」を策定し、外国の資本と技術によって米墨国境地帯の工場建設に踏み切った。ここでは、機械や部品を輸入して加工し、完成品に組み立てて輸出することを条件に関税を免除する、マキラドーラと呼ばれる輸出保税加工区が創設された。こうした工業地帯では、主にアメリカ市場向けの部品産業が発展し、国境をはさんでメキシコとアメリカの２つの文化が融合した独自の文化圏が形成されている。この輸出加工区という形態での高度資本主義国から発展途上国への仕事の輸出は、発展途上国内部における新たな国内および国際的な労働力の移動を生み出した。さらに1982年の金融危機をきっかけに、メキシコ経済は「ペソ安」によるインフレの進行と失業率の悪化を招き、多くの非正規労働者がアメリカへと押し寄せる事態となった。

　こうした状況に対応するために成立したのが、「雇用者処罰」と「合法化」を実現させ、非正規移民をアメリカの移民制度に統合しようとした1986年移民改革管理法であった。同法によって、その非正規な身分でありながら、すでにアメリカ社会経済の不可欠な構成員となっていた非正規移民の地位に関するさまざまな規定が設けられた。具体的には、1982年以来継続してアメリカに居住していたことを証明できる非正規移民に対しては、自己申告の条件付きで合法化するアムネスティ条項が定められた。また、非正規移民ということを承知で雇用した企業への処罰を規定し、さらに国外からの短期季節農業労働者に対しては、滞在資格を与える H-2A ビザを新設した。こうして約280万人の非正規移民が合法的な滞在資格を得たのである。とはいえ、必ずしも企業や農業経営者たちは、最低賃金規制や労働時間規制を遵守したわけではない。また合法化された移民がその後、家族を呼び寄せはじめたことから、多くの移民の定住化を推し進める契機にもなった。新たな非正規移民の入国を阻止しようとする目的は、国境警備対策が不十分だったこともあり大幅に裏切られた。それどころか、非正規滞在者を合法化したことが、次なる合法化の機会を求めるさらなる非正規な人の波を惹起したのである。

　特に北米経済の統合が進み、資本や金融、情報の移動が自由化されると、人の国際移動だけを規制するのは不可能であった。1994年に NAFTA が発効すると、メキシコでは輸出経済の活性化や雇用創出への期待が高まったも

のの、現実には協定の発効と同時に安価なアメリカ産の農産物がメキシコ市場に押し寄せた。その結果、メキシコ農村社会は壊滅的な打撃を受け、ますます多くの移民を生み出した。こうして暗礁に乗り上げた非正規移民対策は、1986年移民法の寛容な姿勢から一転、取り締まり強化へと舵を切ることになる。1996年の不法移民改革・移民責任法では、国外追放可能な違法行為の規定の拡大、正規の移民が非正規移民へと転じる事由が追加される一方で、非正規移民が正規の在留資格を得ることがほぼ不可能になった。2001年同時多発テロによって移民と安全保障とが強く結びつけられると、保守的な姿勢は一層鮮明になる。移民に寛容なイメージのあるオバマ政権においても非正規移民に対する取締強化は継続され、強制送還数は歴代政権の中でも最大規模であった。このように1980年代以降、非正規移民問題への対処がアメリカ政治の主要課題になると、時代の要請に応じて合法と非正規との間の境界を引き直す作業が繰り返されてきた。移民政策のジレンマとは、合法的な移動を制限すればするほど、非正規な移動が創出されるということである。ヒスパニック系移民の単純労働に対する飽くなき労働需要とそれを活用する産業界の雇用慣行が継続される限り、非正規移民の流入を止めることは不可能である。

　特にヒスパニック系移民への依存度が高い農業の現場では、雇用労働者の50〜70％は非正規な身分であるとされる。現在1100万〜1200万人といわれる非正規移民のうち、約8割はヒスパニック系移民である。米国農業会連合（AFBF）の試算によると、仮に彼らを強制送還したならば、農産物総販売額は最大15％減少し、アメリカ国内の食料価格は5〜6％上昇するという。アメリカ農業の国際競争力は、低賃金の非正規移民に支えられているのである。ヒスパニック系移民なしにアメリカ経済が正常に機能しないことは、自らの貢献度を証明するために「就業拒否、通学拒否、購買拒否」を訴えた「移民のいない日」デモでも証明された。特に規模の大きかった2006年には、多くの飲食店や商店が休業し、外国出身の調理師やウェイター、清掃係などが抗議デモに加わるなど、都市機能は麻痺した。全米100都市で500万人が街頭デモに参加するほどの、公民権運動のピークを凌ぐ運動の高揚は、アメリカにおける移民の存在感を世界中にアピールすることとなった。

　こうしたデモの後ろ盾となったのが、連邦政府の方針に抗して移民を保護

し、非正規移民を多く擁するサンフランシスコやニューヨーク、ボストンなど、聖域都市と呼ばれる自治体である。1980年代に移民が増加したことを受けて、移民保護的な政策を採用したこれら自治体では、非正規とはいえアメリカ経済の一端を担う彼らに合法的地位を与えるべきとして、アメリカ人の就きたがらない過酷な労働を引き受ける移民労働者を歓迎する立場をとってきた。その一方で移民がアメリカ人の仕事を奪い、賃金を引き下げ、アメリカ市民の税金が移民の高額な医療保険や教育費用に使われていると批判する立場もある。現在のところ両者の妥協点を見出し、有効な移民政策が実現する見通しは立っていない。次節では、移民問題の政策的解決に向けた移民経済学の取り組みを紹介し、アメリカ産業界の果たすべき役割について検討する。

Ⅳ 移民経済学とアメリカ産業界

　経済学が本格的に移民問題を取り上げるようになったのは、非正規移民の問題が政治争点化されてきた1970～80年頃である。それはアメリカ経済が失業とインフレの悪化に見舞われていた時期とも重なった。1990年代に入ると、ポスト冷戦下の軍事費削減と不況が拡大するなかで、教育や福祉サービスをめぐって移民排斥を訴える政治的な動きは、メキシコ系移民の多いカリフォルニア州にとどまらず全国に広がりをみせていた。

　よって移民経済学の当初の関心は、移民が本当にアメリカ人労働者の賃金を引き下げ、失業率を高めたかというものであった。たとえば労働経済学者のバリー・チズウィックは、アメリカに長く住んでいる移民の収入は移住したばかりの移民を大きく上回るとして、収入格差が大きく解消される、移民の経済的同化の進捗を示唆した（Chiswick [1978]）。これまでの研究によれば、分析対象となる時期や労働者グループによって異なるものの、移民はアメリカ人労働者の賃金を引き下げる方向に働くが、マイナスの効果も長くは続かず、アメリカ人労働者の雇用は移民によってほとんど影響を受けないことが示されている。経済学の分野ではアメリカ人が移民から受ける正味の経済便益はそれほど大きくないとしてもプラスの値になると評価されてきた（Powell [2015]）。移民が失業をもたらすという主張についてはどうか。こ

れも多くの研究からは批判的な見方が強い。歴史的にみて、不熟練労働者として産業労働力の底辺に入った移民によって、不熟練工を監督する職種、事務的な仕事、いわゆるホワイトカラー業務の需要が増加し、アメリカ人の職業序列を上昇させる機会が与えられてきた。また移民は家族とともに消費者として需要を刺激し、雇用機会や住宅、工場建設を促進するため、資本投入の高い伸びにも貢献してきたとされる（Gordon［2016］）。

　その一方で、最近の移民はかつてに比べて経済的同化が進まず、アメリカ社会で通用する技能や知識、能力を持ち合わせていない、と主張する研究もある。ジョージ・ボージャスはこれまでの研究が移民の利益を誇張し、損失を矮小化してきたとして、調査の前提条件やデータ次第では、移民がプラスにもマイナスにもなると指摘する。ボージャスによれば、移民の受入れによって受入れ国の国民全体で享受できる経済的なメリットはほとんどなく、「不十分な証拠をもとに、大規模移民や世界秩序を再編するような政策変更（国境の開放など）を支持することは、時期尚早で無責任に思える」と指摘して、一般に「移民は良いものである」という通説にも警鐘を鳴らした（Borjas［2016］p.49）。このように移民が労働市場に与える影響については、これまでのところ設定する仮定や条件など分析方法によって結果が異なるため、はっきりとした結論は出ていない（友原［2020］）。

　たしかに移民がもたらす長期的な財政上の利益を推定するのは困難である。非正規移民の多くは、所得税や社会保障税などを支払う納税者であるため、彼らが新たな納税者として国民の高齢化による財政問題の解消に役立つ可能性はある。とはいえ、移民のもたらす経済的利益は、彼らの利用する社会保障サービスに相殺される可能性も否定できない。さらに移民問題の解決が難しいのは、便益を受ける人も損失を被る人もともに局地的であることである。たとえば、高技能ビザによる移民はサンフランシスコやボストンなど限られた都市に集中する一方で、非正規移民の半数近くは南部の４つの州に集中している。こうした事情は移民をめぐる全国的な合意をとりつける難しさを示している。移民によって生み出される便益も損失もすべての人に等しく行き渡らないからである。

　それでもアメリカでは長年の経済成長を安価な移民労働者が支え、彼らを雇用する政治経済的な力学が強く働いてきた。アメリカ企業は移民労働者の

導入を前提とした経営慣行や労務政策を展開し、移民という柔軟な労働力供給システムを活用した結果、莫大な富が労働者から企業へと移転したのである。安価な移民を雇用する企業は、移民の受入れにおける「勝者」となり、他方で移民に仕事を奪われた、移民と競合する「特定の分野」の労働者が「敗者」となった。

　このように考えると、移民によって得られる経済的利益を一部の受益者が独占することなく、社会全体に還元するための仕組みの実現が求められる。これまでも、書類不所持移民を雇う雇用主に対する罰則の強化や企業による従業員管理の徹底を含めて、移民に影響を受けた産業や地域で働く労働者を支援する制度は模索されてきた。例えば、農業を営む企業やサービス企業は、低技能移民の雇用によって得られる利益を原資に、低技能のアメリカ人が移民との競争により受けた損失を補填し、彼らの再就職支援を行うことなどが提案されている（Borjas［2016］pp.207-208）。とはいえ、実際には低技能労働者用ビザ（H-2A）を得るための煩雑な手続きを忌避して、多くの企業が労働ビザを申請しないなどの問題を抱えている。またH-2B労働の雇用にあたって、賃金未払いや申請した仕事とは異なる仕事に就労させ低賃金で雇う行為が横行した。このため、労働組合は移民の雇用はアメリカ人労働者に悪影響を与えないという経営者側の主張の根拠は崩れていると批判する（中島［2021］194頁）。このようにアメリカ産業界が制度を悪用して、無権利の移民を非正規な形で雇用し続ける限り、移民問題の政策的解決を望むことはできない。

おわりに

　2021年1月に発足したバイデン政権は、移民政策の大幅な転換を進めており、移民受入れには前向きで融和的な姿勢が目立つ。就任直後から大統領令に署名し、国境の壁の建設中止や幼少期に親と非正規に入国した若者の強制送還を猶予するDACAの保護、国境で引き離された非正規入国者の親子の再会を支援するタスクフォース（作業部会）の新設や難民申請の規制や合法移民の受入れ制限の見直しなど、前政権からの方針転換を印象づけた。移民政策の担当官として、国土安全保障長官にヒスパニック系では初となるキュ

ーバ系のアレハンドロ・マヨルカスを任命したことも象徴的な変化である。2021年2月には与党・民主党の上下両院議員が包括的な移民制度改革法案を提出した。それによれば2021年1月1日以前にアメリカにいた非正規移民には合法滞在を認め、納税や犯罪歴調査などの条件を満たせば、8年後に市民権の申請が可能となる。またDACAで合法滞在を認められた若者や農業従事者は3年後に市民権を取得できるようになるというものであった。1100万〜1200万人いると推計される非正規移民に市民権獲得への道を開くことが狙いであった。

　しかし、こうした移民に寛容な政策変更によって、メキシコや中米出身の若者が米墨国境に押し寄せ、2022年5月にはその数は過去20年間で最も多い約24万人に達した。これにより米州首脳会議では、移民・難民への緊急対応として援助額の増額や一次ビザの拡大や国境管理への投資の増額などが議論された。

　もっともアメリカが移民に寛容な姿勢をみせたことで、大量の非正規移民の流入がアメリカの社会不安を増大させているのも事実である。これに対してバイデン大統領は2023年1月にテキサス州エルパソを訪問し、国境管理や非正規移民問題に取り組む姿勢をアピールした。とはいえ移民政策は、党派対立が特に顕著に現れる政策課題である。そのため今後の移民制度改革が順調に進むとは考えにくい。それでも移民なしには2035年までに労働人口は1000万人以上失われるという試算もあり、民間労働力の17％前後を占める移民の重要性は引き続き大きい。

　これまでみてきたように、国際的な移民の流れとは、個々の個人的な動機や送出国と受入れ国との間の経済格差よりも、国際分業による世界経済システムの構築という歴史的かつ構造的な要因が深く関わっている。そうであるならば、国際分業を推し進め、アメリカの労働市場に非正規を含む移民労働者を積極的に導入してきたアメリカ産業界が移民政策において果たすべき役割は小さくないように思われる。

【参考文献】
伊豫谷登士翁［2021］『グローバリゼーション——移動から現代を読みとく』ちくま新書。

小井土彰宏編［2017］『移民受入の国際社会学——選別メカニズムの比較分析』名古屋大学出版会。

下斗米秀之［2019］「1920年代アメリカ移民政策における企業経営者——経済史および労働経済学の移民研究の動向から」明治大学『政経論叢』第87巻1・2号、65-90頁。

庄司啓一［2016］「グローバリゼーションの時代におけるアメリカ合衆国の「新しい移民」・「新しい貧困」——白人ブルーカラー「中産階級」の凋落との関連にて」『城西経済会誌』第37巻、119-140頁。

友原章典［2020］『移民の経済学——雇用、経済成長から治安まで、日本は変わるか』中公新書。

中島醸［2021］「移民政策——移民労働力の重要性と深まる党派対立」河﨑信樹・河音琢郎・藤木剛康編著『現代アメリカ政治経済入門』ミネルヴァ書房。

Borjas, George J. [2016] *We Wanted Workers: Unraveling the Immigration Narrative*, New York, NY: W. W. Norton & Co Inc.（ジョージ・ボージャス／岩本正明訳『移民の政治経済学』白水社、2018年）

Briggs, Vernon M. Jr. [2001] *Immigration and American Unionism*, Ithaca, NY: Cornell University Press.

Center for Immigration Studies [2021] *Immigrant Population Hits Record 46.2 Million in November 2021* https://cis.org/Camarota/Immigrant-Population-Hits-Record-462-Million-November-2021

Chapman, Peter [2007] *Bananas: How the United Fruit Company Shaped the World*, Edinburgh: Canongate.（ピーター・チャップマン／小澤卓也・立川ジェームズ訳『バナナのグローバル・ヒストリー——いかにしてユナイテッド・フルーツは世界を席巻したか』ミネルヴァ書房、2018年）

Chiswick, Barry R. [1978] "The Effect of Americanization on the Earnings of Foreign-Born Men," *Journal of Political Economy*, Vol.86, No.5, pp.897-921.

Fitzgerald, Robert [2015] *The Rise of the Global Company: Multinationals and the Making of the Modern World*, Cambridge University Press.（ロバート・フィッツジェラルド／川邉信雄・小林啓志・竹之内玲子・竹内竜介訳『多国籍企業の世界史——グローバル時代の人・企業・国家』早稲田大学出版部、2019年）

Fitzsimmons, Emma G. and Mays, Jeffery C. [2022] "Mayor of New York City is Struggling to Respond To Unexpected Migrants," *New York Times*, October 24

Gordon, Robert J. [2016] *The Rise and Fall of American Growth: The U.S. Standard of Living Since the Civil War*, Princeton University Press.（ロバート・ゴードン／高遠裕子・山岡由美訳『アメリカ経済 成長の終焉 上・下』日経BP社、2018年）

Massey, Douglas [2018] "Today's US-Mexico 'Border Crisis' in 6 Charts," *The*

Conversation. https://theconversation.com/todays-us-mexico-border-crisis-in- 6 - charts-98922

Migration Policy Institute〔2019〕*Mexican Immigrants: Number and Share of Total U.S. Immigrant Population, 1850–2019.* https://www.migrationpolicy.org/programs/data-hub/us-immigration-trends#source

Powell, Benjamin eds.〔2015〕*The Economics of Immigration: Market-Based Approaches, Social Science, and Public Policy,* Oxford: Oxford University Press.（ベンジャミン・パウエル編／薮下史郎監訳『移民の経済学』東洋経済新報社、2016年）

Reimers, David〔1985, 2020〕*Still the Golden Door: The Third World Comes to America,* New York, NY: Columbia University Press.

Sassen, Saskia〔1988〕*The Mobility of Labor and Capital: A Study in International Investment and Labor Flow,* Cambridge: Cambridge University Press.（サスキア・サッセン／森田桐郎ほか訳『労働と資本の国際移動──世界都市と移民労働者』岩波書店、1992年）

第9章 高度人材の育成と グローバル頭脳獲得競争

下斗米 秀之　*Hideyuki Shimotomai*

はじめに

　アメリカにおけるインド出身の科学技術に携わる高度人材は、その高い経済力や社会的地位を背景に存在感を高めている。とりわけシリコンバレーのインド人経営者や技術者は、「モデル・マイノリティ」として GAFA をはじめとする巨大 IT 企業を支えている。たとえば Microsoft の CEO サティヤ・ナデラや Adobe の CEO シャンタヌ・ナラヤンなど、アメリカを代表する巨大 IT 企業のトップにもインド出身者は多い。また Google の親会社アルファベットの CEO サンダー・ピチャイやソフトバンクグループの元副社長ニケシュ・アローラ、Twitter の前 CEO パラグ・アグラワルらは、アメリカをはじめとする欧米諸国がその設立にも関わったインド工科大学（Indian Institutes of Technology: IIT）の卒業生である。アメリカで活躍する IIT 出身の技術者や起業家、投資家は数多く、インド国外の卒業生12万5000人のうち 3 万5000人までがアメリカに住んでいる。彼らなくして現在のシリコンバレーの活況はなかったといえよう。

　ではなぜ、アメリカにとってインドが高度人材の重要な供給源となったのか。この問いに答えるには、第 2 次世界大戦後のアメリカ技術援助および移民政策の歴史を理解する必要がある。米ソ冷戦を背景に、社会主義ソ連の影響に対する民主主義の防波堤として、アメリカは南アジアに対する積極的な

開発・技術援助政策に乗り出した。なかでもインドは世界最大の民主主義国家成立への期待から、その戦略的重要性をますます高めていた。こうしたアメリカ政府の方針に大型民間財団や企業、大学が協力し、産官学連携による組織的な技術援助政策が展開されていく。

　アメリカへの共鳴者を育成するための若く有能な知識人や人材の交流は「冷戦文化外交」と呼ばれる。その際に民間財団は、外国政府や民間組織との独自のネットワークを活用して国家と各組織とをつなぐ、重要なアクターとなった。たとえばフォード財団は IIT など科学技術の教育研究機関の設立を支援し、ロックフェラー財団は研究奨学金や助成金を通じてインド人研究者を育成してきた（下斗米［2021］）。アメリカ民間財団はインドの科学技術教育の発展および技術者や科学者の養成に大きな影響力を及ぼしてきたのである。

　こうして欧米の教育研究システムや先端的科学技術を吸収したインドは、科学技術を重視する自立的工業化への道を開いていく。しかし皮肉にもその後、インド人技術者など高度人材の一部はアメリカ経済へと「頭脳流出」（brain drain）することになる。その背景には、高度な技術や知識をもつ人材を優先的に受け入れようとする第2次世界大戦後のアメリカ移民政策の転換があった。冷戦下の米ソ競争を勝ち抜くために、科学技術者や専門職従事者の需要が拡大したからである。当時のインドに、高度人材の受け皿となる産業的基盤が十分に整っていなかったことも、頭脳流出を後押しした。このように冷戦初期の技術援助なくしてインドからアメリカへの頭脳流出は起こりえず、またアメリカ移民政策はそれら「頭脳」を受け入れる制度的基盤を提供したのである。

　かつて頭脳流出といえば、途上国から先進国への高度人材の一方的な国際移動を指し、アメリカにとっては「頭脳獲得」（brain gain）にほかならなかった。一方で途上国にとってそれは人的資源の損失のみならず、将来の経済開発の深刻な障害となると考えられてきた。しかし今日では、シリコンバレーで働くインドや中国出身の IT 関連の技術者や起業家たちが、アメリカで得た知識や技術、在外ネットワークを活かして自国でビジネスを立ち上げることも珍しくない。高度人材の国際移動は、必ずしも途上国の資源を奪う「頭脳喪失」ではなくなってきている。先進国の教育を受けて職業経験を積

むことで人材の質を高め、その一部が帰国して母国にも利益を生む「頭脳循環」（brain circulation）の勢いが増している。

　近年では世界各国が海外出身の高度人材に対する優遇的な受入れ政策を実施するようになり、国際的な頭脳獲得競争はますます激化している。海外の優秀な自国民の引戻し策は世界的にも増加傾向で、アメリカで育った人材の国外流出は、アメリカ企業の脅威にもなりうる。こうした人材の移動を通じた技術移転は、民間部門にとどまらず、軍事部門に及ぶ可能性もあることから、国家安全保障上の重要課題でもある[1]。また最近の IIT の卒業生はアメリカへの留学や就職よりもインドでビジネスに携わるケースが増えており、インド人高度人材のキャリアパスにも変化が現れている（Varma and Kapur［2013］pp.326-328）。このように、アメリカ経済を牽引してきたアジアからの「頭脳」は、かつてほど容易に確保できる状況ではなくなりつつある。

　本章では、アメリカを代表する高度人材であるインド人移民の頭脳流出に焦点をあて、それが発生した歴史的背景について考察する。第Ⅰ節ではアメリカの対インド技術援助について、その担い手となったロックフェラーやフォード財団による人材育成や教育インフラの整備に焦点をあて、第Ⅱ節では、育成された高度人材がアメリカへと頭脳流出した背景を、インド国内の産業事情やアメリカの技術援助、移民政策の転換から検討する。第Ⅲ節では、ICT 産業の国際分業やインド系企業の発展に促された「頭脳循環」の実態を検討し、最後に今後の高度人材の国際移動の行方について展望する。

Ⅰ　インドにはなぜ高度人材が多いのか？

1　アメリカの対インド技術援助

　第 2 次世界大戦後のアジア諸国における経済発展と新国際秩序の形成に、欧米諸国の果たした技術援助の役割は大きかった。米ソ冷戦を背景にアメリカ政府も途上国に対する技術援助協力に乗り出したが、その端緒となったの

1）2000年代半ばから、海外出身の高度人材の帰国がアメリカにとっての「逆頭脳流出」（reverse brain drain）であるとして、移民ビザ（永住権）の申請要件の緩和策などが議論されるようになった（手塚［2022a］170頁）。

は、1949年1月にトルーマン大統領が途上国の「科学技術の進歩と産業の発達」を支援することを表明したポイント・フォア計画である。1950年10月には国務省内に技術協力局が設置され、ラテンアメリカやアジア諸国に対する研究協力や施設の提供、研修員の受入れや専門家の派遣を通じて、教育や農業、都市開発など多方面で技術協力が開始された。同年12月にはポイント・フォア計画による米印経済援助一般協定が、52年1月には米印技術協力協定がそれぞれ締結され、インドへの経済・技術協力も拡大していく。

もっとも当初、国防費や軍事費を抑えたいアイゼンハワー政権は友好国でもないインドの経済開発に関わることに消極的であった。しかし中華人民共和国の成立や朝鮮戦争の勃発により、共産圏の拡大を食い止めるため、インドに対する経済援助や技術移転を通じた経済連携の強化は重要な外交課題に浮上した。なかでも人や技術の交流を主とする技術援助は、民間資本進出の環境も整えられる、安上がりで効果的な方法と考えられた。インドへの援助額はアイゼンハワー政権後期の1958年の8980万ドルから1960年には1億9460万ドルに、ケネディ政権期の1962年には4億6550万ドルにまで拡大している（Merrill［1990］pp.3-5）。

インドにとっても経済的自立化の実現には、欧米やソ連からの技術援助は不可欠であった。当初は旧宗主国イギリスに頼っていたものの、1957年にスターリング・バランスの枯渇危機に見舞われると、イギリスに代わってアメリカの影響力が強まっていく。インド援助コンソーシアムによる第1次・第2次・第3次5カ年計画への援助公約額をみると、アメリカは全体の5割近くを提供していた。

しかし1957年にソ連が世界初の人工衛星「スプートニク」1号の打ち上げに成功すると、アメリカをはじめ西側諸国には大きな危機意識が広がった。水爆開発で有名なハンガリー系ユダヤ人原子物理学者のエドワード・テラーは、すでに10年前から科学人材はソ連がアメリカをリードしていたとして、これから10年間はソ連が世界最高峰の科学者集団になると証言し、またある議員は、スプートニクを「科学・技術分野における指導国としてのアメリカの威信に対する破壊的な打撃」と表現した。新進気鋭の政治家ネルソン・ロックフェラーもアメリカの軍事的立場の悪化に警鐘を鳴らすなど、科学技術の遅れを自覚したアメリカは、第三世界に対するソ連の影響力の拡大を恐れ

るようになった（下斗米［2022］178頁）。

　一方のインド政府は、非同盟中立の立場を利用して、米英ソに限らず各国から経済援助を引き出す、「したたかな外交戦略」を展開し、経済的自立の道を歩んでいった。その結果、1950〜65年にかけてインド工業のGDPや生産性は上昇し、インドは輸入依存体質から脱却することができた。インド政府主導で自立的な重工業経済の確立が推進されるなか、欧米諸国からの技術導入は特に重視され、冷戦期の米ソは、インドを自陣営に引き込もうと激しい援助競争を繰り広げた。アイゼンハワー政権は、軍事や経済、文化、広報、東西交流を含めた多様で広範な政策を実施したが、その際に技術援助の経験とノウハウをもつ民間組織、特にロックフェラーやフォード財団の果たした役割は大きかった。

2　民間財団と高度人材の育成

　20世紀転換期頃から民間組織によるアメリカからインドへの技術援助・技術移転は、各分野で進められてきた。なかでもインドの人材育成を多方面で支援したのは、外国政府や現地の民間組織と良好な関係を構築して、アメリカ外交を実質的に補完する役割を担ってきたロックフェラー財団である。1913年に創設されたロックフェラー財団は、早くも1916年にはインドに進出し、1935年にはニューデリーに事務所を設立して、公衆衛生や医学研究に対する支援を本格化させている。

　1950年以降、アメリカ政府による技術援助政策の開始と連動するように、ロックフェラー財団も公衆衛生や医学などのそれまでの中核的な助成事業に加えて、農業および農村開発、生化学や人文科学、社会科学、国際関係学など、多様な分野の研究者や研究教育機関に対して支援の規模を拡大し、高度な知識や技能をもつ専門家の育成に力を注いだ。たとえば1958年にニューデリーにインド農業研究所が設立された際には、財政支援に加えて客員教授を派遣し、建物、設備、備品、消耗品、教員の渡航費、研究費などを助成するなど、インドの要請にいち早く対応してきた。こうした支援を通じて修士号や博士号を取得する学生を育て、将来的には外国の研究機関に頼ることなく、自国で農業技術を習得する環境を整備しようとしたのである。こうしてインドの大学や研究機関の発展のため、ロックフェラー財団は母国で活躍が

期待される優秀な若い科学者や専門家に対して数多くの研究奨学金（フェローシップ）を用意し、インドとの関係強化を図っていく。国際的な文化交流と知的協力を通じた国際相互理解の増進もまた、財団の重要事業であった。1959年には東京の国際文化会館をモデルに文化センター設立構想が立てられると、インドの38の大学が文化交流を主導する国家的計画となった。これらの支援もあって、それまでトップだったインドからイギリスへの移民や留学生は1960年代をピークに減少し、かわってアメリカとの人的ネットワークが急速に拡大していった。

　このようにロックフェラー財団は幅広い分野で精力的に人材育成や教育インフラの整備に力を注いだが、その巨大な影響力は、当該期のアメリカ安全保障政策にも及んだ。先のポイント・フォア計画の具体的な策定作業にあたったのは、後に副大統領になるネルソン・ロックフェラーである。もともとロックフェラーは、南米諸国と友好関係を維持するために開発援助が必要であるとして、ローズヴェルト政権下では米州問題調整官に、その後中南米担当の国務次官補に就任している。トルーマン政権では国際開発諮問委員会で議長を務めて途上国への資金・技術援助を推進し、アイゼンハワー政権では冷戦戦略の柱の一つであった心理戦争担当の大統領特別補佐官になった。1955年には、国営ビライ製鉄所の設立を支援するソ連をけん制して、インドの長期的な開発協力を約束する書簡をネルー首相に送るよう大統領に進言するなど、インド開発における重要人物となった。1960年にケネディ政権の国務長官になったディーン・ラスクもまた、ロックフェラー財団理事長だった1955年に財団の計画を途上国に振り向けると発表し、積極的な支援を開始している。こうして政権の中枢ポストに入り込むほどの巨大な政治的影響力をもったロックフェラー財団関係者たちは、途上国への支援に積極的に関わっていた。

　とはいえ冷戦期の対外援助政策における最大の貢献者は、フォード財団である。1936年に公共の福祉のための非営利団体として設立されたフォード財団は、1968年にはロックフェラー財団の4倍、カーネギー財団の12倍以上、単独でアメリカの財団全体の6分の1の資産価値を占める巨大財団へと成長した。世界最大の慈善団体となった1940年代以降、その潤沢な資金で途上国への技術援助にも力を注ぎ、冷戦下の共産主義の拡大への抵抗、自由と民主

主義の擁護がアメリカの安全保障につながるとのアメリカ政府の援助政策の理念を補完する役割を果たしてきた。インドでは地域開発や農業・水資源、生殖医療、都市開発、森林資源管理、芸術・文化、教育などさまざまな分野へ助成金を提供し、1950～60年代は「インドへの援助の黄金期」となった（Gordon［1997］p.108）。

　高度人材の育成という点から注目されるのは、インドの高等研究教育機関の設立である。独立後のインド工業化とそれを支える先端的な科学技術教育の分野で、アメリカの影響力を発揮する拠点を確立することが目的であった。なかでも IIT カンプール校は、フォード財団やマサチューセッツ工科大学（Massachusetts Institute of Technology: MIT）の援助によって設立された。これは1961年対外援助法に基づき設立されたアメリカ国際開発庁が乗り出した、大規模な国家計画となった。駐印大使のジョン・ケネス・ガルブレイスは、ソ連による IIT ボンベイ校設立支援の動きを警戒しつつ、カンプール校への支援を「世界の一大科学研究センターを途上国に創設するという全米史上初の大学をあげての総合的事業」と位置づけ、その特別な意義を強調した（横井［2022］274頁）。

　ネルーは独立後のインド教育の目指すモデルを MIT と考え、「インドのMIT」として IIT が輩出する高度人材にインドの自立的工業の将来を託した。それは、基礎・応用科学と工学の分野で世界的な評価を受ける MIT の数学、基礎科学、そして人文・社会科学を含んだ弾力的で幅広いカリキュラムが、独立後のインドで必要とされたからである。これに対応してフォード財団は、たとえば1965年にビルラ工科大学を支援するなかで、MIT に対して２年間、145万ドルの助成金を承認し、MIT を頂点とした国際的な専門知識システムの構築に尽力した。フォード財団および MIT の10年間にわたる支援によって、ビルラ工科大学では3000人以上の学部生と1000人以上の大学院生が、MIT をモデルにしたシャリフ工科大学やイスファハン工科大学でも次々と高度人材が育てられ、テクノロジーや鉄鋼、海中調査、ロボット工学などのハイテク産業や国防分野で活かされた。この投資は財団にとって、貧困の解消などインド国内の未来だけでなく、民主化の促進、西側陣営への取り込みなど、自由世界の拡大のためにも必要であった。アメリカ型エリート教育の導入は、非同盟中立のインドで反ソ親米路線を支持するインド人科

学技術エリートの輩出を意味したのであった。

　その結果、インドの自立化を目指して設立されたはずの IIT の卒業生を含む多くのインド人高度人材は、自らのキャリアや能力を即戦力としてアメリカで活かす「頭脳流出」を選ぶことになる。

Ⅱ　アメリカへの高度人材の頭脳流出

1　技術援助が生んだ頭脳流出

　頭脳流出とは、1950年代に主としてインドから旧宗主国であるイギリスへの科学者の流出が問題視されたことに始まる。もっとも1950年代にイギリスやカナダ、旧ソ連からアメリカに移住してきた第一級の科学者のことを指す言葉としても使われ、用語の発祥には諸説ある（House of Representative ［1967］p.1）。現在ではより一般的な意味で、途上国から先進国への国際的な人の移動を意味する言葉として使われている（Sahay［2009］p.111）。アメリカでは、特に1960年代に世界中から高度な訓練を受けた科学者や専門家がアメリカに移住した、事実上の「頭脳獲得」と理解された。

　欧米諸国の技術援助による高等研究教育機関の充実は、インド経済の発展に必要な高度な技術者や専門家の需要を満たすかに思われた。実際にインドの大学数は1951年の27校から1963年には54校へと倍増し、大学生数は1947年の22万8881人から1967年には136万8803人へと 6 倍に、そのうち理工系分野の学生は 4 万5643人から43万2686人へと10倍に急増をとげている（横井［2022］263頁）。

　しかしインドの政府研究機関にも国内産業にも、高度人材を吸収できる産業的基盤は不十分であった。当時のインドには彼らの能力や専門性を活かせる就労機会は少なく、1961年インドの国勢調査によると、科学者と技術者全体の失業率は10.4％で、18.6％は自身の専門外の職に就くなど、国内の就業環境は劣悪であった。高度人材に魅力的な待遇を提供できない途上国の交渉力は弱く、賃金水準の高い豊かな国々にその頭脳を奪われた。インドの英字新聞『タイムズ・オブ・インディア』紙は、アメリカへの頭脳流出を「狡猾な新植民地主義的な強奪」（1969年 4 月17日付）と表現し、その深刻な状況を伝えている。

以上のようにインドの近代化の促進という技術援助の本来の目的は、専門職人材の流出という形で裏切られた。アメリカ側も被援助国の人材流出を補うために、新たに専門家を派遣し、流出した人材の後継者の育成や高等教育・訓練施設の建設・維持費用を負担する必要に迫られた。1970年代にはベトナム戦争の挫折からくる幻滅やそれまでの干渉的な外交活動への反発、国際収支の危機や国内経済問題の増加、対外援助の成果に対する疑念、さらには冷戦精神が弱まったこともあり、徐々に開発援助への関心が失われていった。それどころか開発援助こそが第三世界の貧困や格差を助長しているとの批判が強まったほどで、ついには連邦議会も開発援助を「援助者たちは四半世紀にわたって努力を続け、何十億ドルも費やし、いくつかの素晴らしい偉業を遂げた。しかし全体としては失敗に終わった」と評価するに至ったのである（下斗米［2022］176-177頁）。

2　アジアからの「頭脳」を受け入れた移民政策の転換

　次にインドからの「頭脳」を受け入れる制度的基盤となった戦後のアメリカ移民政策の転換をみていく。もっとも当時の議会ではアジアやメキシコ人移民の増加は想定されておらず、その後の非白人移民の急激な増加や人口動態の変化は、意図せざる予想外のものであったと考えられていた。

　個人の能力によって移民の選別を行う端緒となったのは1952年移民・国籍法であった。同法では1924年移民法で規定されていた、市民権取得の資格のない者に対する移民禁止措置を廃止し、高学歴で優れた能力をもつ申請者を出身国別割当制度の枠内で優先的に採用できるようになった。移民割当枠の優先順位において技能移民が最も高い優先順位となり、離散家族に対する人道的考慮から近親の家族にも優先枠が拡大された。続く1965年改正移民法では出身国別割当制度を撤廃しただけでなく、人道主義的観点から「家族再結合」の原理に基づきアメリカ市民の離散家族に、また産業界の労働需要に応えて技能移民にそれぞれ優先枠が設定された。

　このように戦後のアメリカ移民政策では、それまでの人種に基づく基準から脱却し、個人の知識・技術こそが国力の重要な源であるとの認識に基づく優先基準が設置されたのである。こうした転換を受けて、アジア系移民が増加した。その理由は、第1にアジアで続く紛争の帰結として米軍関係の親

族・家族となった人々の連鎖的な移民が発生したこと、第2に、アジア諸国への援助と特に自然科学におけるアメリカ教育カリキュラムの浸透が留学を拡大し、また雇用基準のゲートからの専門職・技術者の増大が、同時に家族の呼び寄せを誘発したからである（小井土［2017］24頁）。

　アメリカ史上初めて、移民の総数に占める途上国出身者の割合が半数を超えたのは、1966年（51％）であった。1970年にはその割合は6割を超えたが、特に増加が顕著だったのがアジア系移民であった。アジア系移民は、1965年に1万6622人（移民総数の5.7％）だったのが、1970年には8万8418人（移民総数の23.7％）となった。最も多くの移民を送り出したのはフィリピンであったが、最も増加率が高かったのは、1965年の582人から1970年には1万114人へと17倍以上も増加したインド人移民であった（Friedman［1973］pp.39-40）。このうち科学者や技術者などの高度人材に限定すると、インド人移民の存在感はさらに際立っている。1956～66年までの10年間に移民としてアメリカに渡った科学者や技術者、医師の数は、5373人から9534人へと約1.8倍に増加したが、1966年のインド人の896人は、2位フィリピン（397人）の2倍以上である。その後もインド人移民は増え続け、1970年までにアメリカに入国した科学者・技術者全体の22％を占めるまでになった（表9-1と図9-1を参照）。インド人移民には、科学者や技術者、医師などの専門職が多く、航空機や電子通信、ソフトウェアやコンピュータ開発などのハイテク分野に進出し、1970年代初頭には、インド系コミュニティの1人当たりの平均所得は、どのエスニック・グループよりも高かった（Sahay［2009］p.11）。こうした高い経済力と社会的地位を背景に政治活動も活性化し、今日のインド系コミュニティは本国の政治決定者や政党とも強固なネットワークをもつ、強力な政治ロビーの一翼を担っている。

　移民数の増加のみならず、学生ビザを利用した留学生を含む一時滞在者が増加したことにも注目しておきたい。1970年時点で科学者や技術者、医師などの専門職従事者の一時滞在者の約4割は、在留資格を変更して永住権を獲得し、アメリカに残る道を選んだ。科学者・技術者として入国した移民1万3372人のうち、62％にあたる8294人がアジア出身で、その53％までが在留資格を変更している。非移民部門における重要な指標として、アメリカの大学から理工学分野で博士号を取得した外国人の数も挙げられる。1960年から70

表 9-1 特定の発展途上国からの科学者・技術者・医師のアメリカへの移民数（人）
（1956年度、1962〜66年度）

	1956年度	1962年度	1963年度	1964年度	1965年度	1966年度
すべての発展途上国	1,769	2,383	3,362	3,203	2,650	4,390
アメリカ対外援助の主な対象国※1						
グループ1	317	619	1,150	710	612	1,637
ブラジル	121	87	100	85	98	96
チリ	29	34	49	50	51	33
コロンビア	65	131	179	268	193	205
ドミニカ共和国	28	122	111	61	58	109
インド	43	79	349	111	100	896
韓国	6	71	155	43	30	139
パキスタン	※2	16	20	22	11	40
トルコ	25	73	179	67	68	114
ベトナム	※2	6	8	3	3	5
グループ2	253	346	588	721	293	926
中国（台湾）	117	36	190	455	47	234
イラン	27	83	66	86	73	179
イスラエル	71	86	112	91	83	116
フィリピン	38	141	220	89	90	397
計 13か国	570	965	1,738	1,431	905	2,563

※1　グループ1の国々で1966年度のアメリカの2国間援助の79％を占めている。グループ2の国々は、ごく最近までアメリカの主要な援助先に含まれていた。
※2　入手不可
出所：House of Representative［1967］p.7より作成。

年にかけてアジア出身の博士号取得者は全体の44％から49％に増加したが、その増加分の7割を中国人とインド人が占めている。この非移民カテゴリーのかなりの人数が外国人から移民へと在留資格を変更し、永住権を獲得している。こうしてアメリカの大学で学んだ留学生は学位課程の修了後もアメリカに残り、大規模な知識主導型産業の労働力者群を形成するようになった（Biradavolu［2008］p.9）。

　技術者・専門職カテゴリーからアメリカに移民したインド人は、1965年の54人から翌年には1750人に急増し、より長期的にみれば1961年から86年までの25年間で35万4000人以上のインド人がアメリカに移民している（Bassett

図9-1 アメリカに入国した科学者・技術者の国別移民数の割合（1970年度）

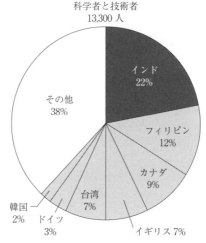

出所：NSF［1972］p.3より作成。

［2016］p.288）。またインド人留学生は、1958～68年に2285人から8221人に
3倍以上増加し、そのうち35％がアメリカでの永住を希望した。特に1960～
85年の間にアメリカに移民したインド人工学系学生全体に占める IIT 卒業生
の割合は4割を占め、分野によっては6割を超えた。こうして IIT 出身者た
ちはアメリカの技術者コミュニティへと吸収され、アメリカの支配する科学
技術帝国に編入されていったのである（横井［2022］287頁）。

Ⅲ 国際的な人材争奪競争と「頭脳循環」

これまでみてきたように、技術援助による高度人材の育成や移民政策の転
換を受けて、アメリカ企業は優秀なインド人技術者を低コストで獲得できる
ようになった。他方で1970年代以降、ICT 産業でも国際分業が進み、アメ
リカ企業はインドに子会社を設立して、現地の技術者を雇用するようになっ
た。アメリカ企業は、移民や留学生を「呼び込む」だけでなく、オフショア
リングを通じてインド人高度人材を活用する方法を確立していった。1980年
代にヒューレット・パッカード社がバンガロールに研究所を設立し、低賃金

で優秀な技術者を雇用したことから、1990年代にはインド人技術者をアメリカに派遣する動きも加速した。また多国籍企業の開発工程の一部を担うインド系企業が登場すると、特に半導体のチップ設計で実績を積み重ね、インドは研究開発のグローバル・ネットワークの主要な拠点の一つとなった（石上［2010］169-170頁）。インド経済の発展の屋台骨を支えたのはICTサービス部門の輸出であり、欧米諸国の外資系企業との連携によってインドは国外市場、特に北米市場へと進出することができた。こうしてPCを中心とするハードおよびソフト産業が世界に拡散すると、アメリカIT企業もまたバンガロールやハイデラバードへと進出し、生産のための技術開発機能が移転されて、多数の現地技術者を活用できるようになった。このようにICT産業における国際分業によって、インド企業が提供するサービスも多様化、高度化し、インド人高度人材のキャリア形成には、国内外問わずさまざまな選択肢が増えていったのである。

　アメリカでインド人技術者の存在が特に注目されたのは、コンピュータY2K問題（2000年問題）を控えた1990年代であった。基本ソフト更新の不具合によって生じたY2K対策や金融機関の決済システムなど、ビジネス現場における実用ソフトウェア開発に多数のインド人技術者が動員されたからである。インド人IT技術者の圧倒的多数は、高度な知識や革新的な技術、ハイエンド・スキルをもったグローバル・エリートではなく、「頭脳ブラセロ」とも呼ばれる、アメリカ人よりも安価で柔軟な労働力として供給された（小井土［2017］33頁）。世界的なIT技術者不足の中でアメリカ経済は優秀かつ安価なインド人技術者の獲得を重要な政策課題に据えたのである。

　こうした課題に政策面から応えたのが1990年の移民法改正であった。同法では、高度な技能・職能を有する移民をアメリカの国際競争力を高める人材として確保することを目指し、知識や技能をもつ専門職に対して発行される期間限定の就労ビザ（H-1Bビザ）を創設した。H-1Bビザはグローバルな人材獲得戦略の一環として、大学卒業以上の学歴をもつ科学・技術・工学・数学（STEM）の高度人材を想定して打ち出され、実際に多くのインド人高度人材は移民ビザ（永住権）を取得する前に、このH-1Bビザを取得した。1998年の段階でH-1Bビザ対象者に占めるインド人の割合は40％を超え、2015年には年間の新規受入れ12万〜13万人のうち70％以上をインド人が占め

ている（小井土［2017］24頁）。

　こうしてアメリカに導入されたインド人高度人材は、シリコンバレーのハイテク企業やITコンサルティング関連会社で最先端の技術を習得していった。ハイテク企業の人材の多くがアメリカの大学院を修了した留学生であり、1990年にシリコンバレーのハイテク産業で働く科学者、技術者の3分の1が外国人で、そのうち3分の2が中国人とインド人であった。シリコンバレーのIT産業における外国出身の高度人材の割合は、1990年の16.4％から2010～14年には41.9％と20年間で急増し、存在感を高めている（手塚［2022a］168頁）。ピュー・リサーチ・センター（2018年）によるアメリカへの移民の出身国別順位（人数、全移民に占める割合）をみると、第1位はメキシコ（1120万人、25％）、第2位は中国（290万人、6％）、そして第3位がインド（260万人、6％）となり、インド人の高度人材の重要性を示している（Pew Research Center［2018］）。

　しかし21世紀に入り、インド人技術者がアメリカから帰国しはじめて、本国のICT産業の発展に貢献する「頭脳循環」の勢いが増している。シリコンバレーで得た自信と資金、在外ネットワークによってインド人起業家が増加したこと、Y2K問題の克服を機にインド系企業の質の高さが見直されたこと、インド政府が印僑コミュニティに積極的に帰国を促したことが主な原因であった。

　インド側にも、高度人材を受け入れる条件が整えられた。1990年のイラクのクウェート侵攻に伴う原油価格の高騰や中東への海外出稼ぎ者による送金減少などの影響から、インド経済は深刻な国際収支危機に見舞われた。これにより1991年から経済自由化路線へと舵を切り、産業規制の緩和や諸外国からの投資の自由化を進め、高い経済成長を実現していった。その過程で、ソフトウェアやITサービス事業といった最先端分野における存在感が高まっていく。2005年にはフォーチュン500の大企業の半分以上がインドのソフトウェア産業の顧客になるほど、インドICT産業の急成長は目覚ましい。ネルーが「インドの未来」と呼んだインドIT発祥の地、バンガロールには350社以上の多国籍企業が集積している。いまや「インドのシリコンバレー」とも呼ばれ、インドのITサービスとソフトウェアの圧倒的な中心地としてソフトウェア輸出と雇用の3分の1を占めている。

今日のソフトウェア産業がインド南部に集中するのは、研究開発施設や工科大学がこの地に設立されていたからである。バンガロールにはインド理科大学院やインド経営大学院バンガロール校をはじめとした高い教育水準を誇る大学だけでなく、国営の重工業や航空産業、宇宙産業、防衛産業の工場群が設置され、ハイテク産業が成長する産学連携の拠点となった。ネルー時代以来、科学技術の育成に大きな力が注がれ、特に高等教育を受けた人材供給が可能となったからこそ、途上国では最大規模の技術・科学人材のプール、そしてITソフトウェア産業の基礎がつくられたのである。しかし言うまでもなく欧米諸国による技術援助がなければ、これを実現することはなかった。

　2002〜03年にかけて、アメリカで5年以上の職業経験をもつ約5000人のインド人技術者がインドに帰国したとされる。こうした高度人材の国際移動は、彼らに帰国をためらわせるような制度的障壁が取り払われたことを意味する。国内外で育成された豊富なIT人材によってサービス内容の多角化・高度化を図りながら、インドはITサービス輸出の世界的拠点になった。2006年時点でインドは、コンピュータと情報サービスの輸出、労働者による海外送金受取額でそれぞれ世界一となっている。

　さらにアメリカからインドへの頭脳流出を後押ししたのは、トランプ政権がイスラム教徒やメキシコからの移民だけでなく、専門技能をもつ人材に対するH-1Bビザの発給基準を厳しくする方針を打ち出したことである。高度人材の流動性の高まりによって、アメリカ人技術者からインド人への技術流出やアメリカ人の雇用を奪っているとの批判が強まっていたことも影響した。たしかにアメリカ労働市場の低迷の主な要因にグローバリゼーションによる雇用の国外移転があったことは事実である。アメリカ多国籍企業は、国内労働者の雇用を拡大することなく、就労ビザによって多数のインド人を雇用してきた。その間、組織的なビザ不正取得や移民手続きの乱用の疑いでインドICTサービス企業が訴訟を起こされるなど、ビザの不正使用は米印間の経済外交の争点となっている（手塚［2022b］131-132頁）。

　高度人材の受入れに寛容な姿勢を示すバイデン政権下においても、H-1Bビザをめぐる多くの問題が起きた。アメリカの大手IT企業によるH-1Bビザを持つ労働者に対する組織的な低賃金雇用、賃金未払いの問題が明るみに

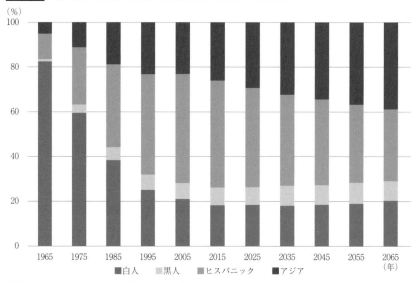

図9-2 移民人口比率の推移と将来予測（1965〜2065年）

（％）

凡例：■白人　▨黒人　▧ヒスパニック　■アジア

出所：Pew Research Center［2015］より作成。

出たことで、アメリカのビザ制度への不信感は一層強まった（Hira and Costa［2021］）。高度人材の積極的な誘致を目的とした H-1B ビザが、安価な労働力を使い捨てる雇用慣行として活用され続けていくのであれば、アメリカはますます激しさを増す高度人材の国際的な争奪戦に遅れをとることになりかねない。

　もっとも、現段階では高度人材の流出がただちにアメリカに深刻な影響をもたらすとは考えにくい。第8章の図8-1で示したように2020年から2060年までに2300万人を超える移民が流入し、その間にアジア系移民が徐々に最大のマイノリティ集団になると予測されている（図9-2参照）。アメリカに優秀な留学生や移民を惹きつける魅力的な研究・教育システムが確立されていることも強みとなる。とはいえ中国やインド、シンガポールをはじめ、世界各国は高度人材の優遇的受入れ政策を本格化させており、海外に在住する自国民の帰国支援にも熱心に取り組んでいる。またインド経済の成長に伴って、優秀な人材が国内に残留する傾向もみられる。アメリカからの頭脳流出によって、アメリカの先端技術が他国の軍事部門への技術移転に活用される

ことへの懸念が高まるなど、「頭脳循環」や「逆頭脳流出」は安全保障上の脅威となる可能性があり、早急な対策が求められる。

おわりに

これまでみてきたように、アメリカ経済は高度人材の「頭脳獲得」の恩恵を受け続けてきた。本章ではこうした「頭脳」の代表であるインド人高度人材について、技術援助政策による人材育成と移民政策による人材の受入れ過程を、それぞれ検討してきた。冷戦構造のもとでアメリカの民間財団はインドへの技術援助を本格化させ、多くの高度人材を育成していった。しかし、インドには彼らの専門性を活かす産業基盤が整っておらず、移民政策の転換も影響して、インド人のアメリカへの「頭脳流出」を引き起こした。

とはいえ、頭脳流出を促進させたことが直ちに途上国への技術援助の失敗とみなすことはできない。そもそもインド人の頭脳流出は、育成された高度人材全体のごく一部であり、そのほとんどは自国経済の発展に寄与してきた[2]。また欧米による技術援助がなければバンガロールやハイデラバードといった世界有数のIT産業の集積は起こりえなかったであろう。かつて高度人材の国際移動とは、途上国からアメリカなど先進諸国への事実上の一方通行であった。しかし今日では、インド人技術者はインドと先進国との間を循環しながらキャリア形成することが多く、先進国市場の情報やより進んだ技術を身につけてからインドで雇用されることも珍しくない。

多くの国が高度人材に対する優遇的な受入れ政策を開始しており、国際的な人材獲得競争が激化している。アメリカからの高度人材の流出に歯止めをかけ、これからも世界の「頭脳」を獲得することができるだろうか。それはアメリカが経済大国としての地位を維持するための必須の条件となる。

※本研究は、2021年公益財団法人松下幸之助記念志財団研究助成を受けたものです。

2）1950年代から60年代にかけて国外にいたインド人の科学者や技術者はインドの上級労働力全体の1％から2％程度であった（Awasthi［1965］p.1447）。

【参考文献】

朝比奈剛 [2011] 「米国 IT 産業における移民労働者」『国府台研究』第21巻第 1 号、127-
145頁。

石上悦朗 [2010] 「インド ICT 産業の発展と人材管理」夏目啓二編著『アジア ICT 企業の
競争力——ICT 人材の形成と国際移動』ミネルヴァ書房。

小井土彰宏編 [2017] 『移民受入の国際社会学——選別メカニズムの比較分析』名古屋大
学出版会。

下斗米秀之 [2021] 「1950年代インドにおけるロックフェラー財団の技術者・専門家養成」
『政経論叢』第89巻第 3・4 号、57-84頁。

—— [2022] 「1960年代インドからアメリカへの頭脳流出——技術移転および移民政策と
の関係に注目して」『政経論叢』第90巻第 5・6 号、165-192頁。

手塚沙織 [2022a] 「米中間の高度人材をめぐる攻防と技術覇権の行方」『CISTEC
Journal』200号、166-174頁。

—— [2022b] 「米印間の高度人材の移動をめぐる齟齬とせめぎあい——WTO への提訴か
ら」明石純一編著『移住労働とディアスポラ政策——国境を越える人の移動をめぐる送
出国のパースペクティブ』丸善出版。

横井勝彦 [2022] 『国際武器移転の社会経済史』日本経済評論社。

Awasthi, S. P. [1965] "An Experiment in Voluntary Repatriation of High-level Technical
Manpower: The Scientists' Pool," *Economic Weekly*, No.18, pp.1447-1452.

Bassett, Ross K. [2016] *The Technological Indian*, Cambridge, Massachusetts: Harvard
University Press.

Biradavolu, Monica R. [2008] *Indian Entrepreneurs in Silicon Valley: The Making of a
Transnational Techno-Capitalist Class*, Amherst, NY: Cambria Press.

Chin, Gabriel J. and Rose C. Villazor eds. [2015] *The Immigration and Nationality Act of
1965: Legislating a New America*, New York, NY: Cambridge University Press.

Friedman, Sheldon [1973] "The Effect of the US Immigration Act of 1965 on the Flow
of Skilled Migrants from Less Developed Countries," *World Development*, Vol.1, No.8,
August, pp.39-44.

Gordon, Leonard A. [1997] "Wealth Equals Wisdom? The Rockefeller and Ford
Foundations in India," *American Academy of Political and Social Science*, Vol.554,
pp.104-116.

Hira, Ron and Daniel Costa [2021] "New Evidence of Widespread Wage Theft in the
H-1B Visa Program: Corporate Document Reveals How Tech Firms Ignore the Law
and Systematically Rob Migrant Workers," *Economic Policy Institute*, Washington, D.C.

House of Representative (United States Congress, House of Representative) [1967] *The*

Brain Drain into the United States of Scientists, Engineers, and Physicians, Washington, D.C.: USGPO.

Merrill, Dennis [1990] *Bread and the Ballot: The United States and India's Economic Development, 1947-1963*, Chapel Hill, North Carolina: University of North Carolina Press.

National Science Foundation [1972] *Scientists, Engineers, and Physicians from Abroad: Trends Through Fiscal Year 1970*, Washington, DC.: USGPO.

Pew Research Center [2015] *Modern Immigration Wave Brings 59 Million to U.S., Driving Population Growth and Change Through 2065*, Washington, DC.

—— [2018] *Mexico, China and India are Among Top Birthplaces for Immigrants in the U.S.*, Washington, DC.

Sahay, Anjali [2009] *Indian Diaspora in the United States: Brain Drain or Gain?*, Lanham, Maryland: Lexington Books.

Saxenian, AnnaLee [2006] *The New Argonauts: Regional Advantage in a Global Economy*, Cambridge, Massachusetts: Harvard University Press.（アナリー・サクセニアン／星野岳穂・本山康之監訳 [2008]『最新・経済地理学――グローバル経済と地域の優位性』日経BP社）

Varma, Roli and Deepak Kapur [2013] "Comparative Analysis of Brain Drain, Brain Circulation and Brain Retain: A Case Study of Indian Institutes of Technology," *Journal of Comparative Policy Analysis*, Vol.14, No.4, pp.315-330.

III

独占と
経済・規制政策論

第10章 コロナ危機下のインフレーション論争

経済力集中の重要性

本田 浩邦 *Hirokuni Honda*

はじめに

　2020年以降の新型コロナウイルス感染症の世界的な拡大とその後の景気回復、2022年2月に始まったウクライナ紛争によってグローバルな物価と金利をめぐる事情は大きく変化した。この数十年間の世界経済のグローバリゼーションに伴う生産拠点の国際化は、世界的な需給バランスを調整し、大きな価格変動なしに取引が行われる条件であった。エネルギーについてもその供給源の多角化は価格の低位安定を支えてきた。しかし、それらが諸事情の変化によって機能不全に陥るやいなや、物価を引き上げようとする有象無象の諸力が解き放たれた。その結果が、現在われわれが直面するグローバルなインフレーションである。世界各地の異常気象による災害の多発はこうした不安感を増幅させている。

　アメリカでの新型コロナウイルス感染症の拡大による景気後退は、当初、物価下落と失業率の急増を招いたが、その後の景気回復と一連の緊急経済政策によって失業率は落ち着きをみせた。しかし物価は、2021年3月頃から上昇に転じ、2022年に入ると、2月のロシアのウクライナ侵攻と対露経済制裁が重なったことによって高進を続け、2022年6月には消費者物価指数（CPI）がおよそ40年ぶりの9％を超えるという事態に至った。

　物価が上昇しはじめた当初、このインフレを一時的なものと捉えていた大

方の政策担当者や経済学者も態度を変化させはじめた。インフレ問題は、2022年のアメリカ議会中間選挙でも重要な政策争点となったことは記憶に新しい[1]。

　本章では、まず第Ⅰ節で、現在のアメリカにおけるインフレーションの原因と政策対応をめぐる論点を整理する。第Ⅱ節において、インフレ問題に対するバイデン政権のアプローチについて考察を加える。さらに第Ⅲ節で、アメリカ運輸業での経済力集中のケースを通じて、インフレと関連する硬直的な経済構造の実態をみる。

Ⅰ　コロナ危機下のインフレーション論争

　コロナ危機下のインフレをめぐって、経済学者の間で激しい論争が行われた。その説明にはおよそ3つのパターンがあった。インフレを、①経済の需要サイドから説明する理論、②供給サイドから説明する理論、③経済力集中を重視する理論の3つである。それぞれの内容と論点を簡単に見てみよう。

1　需要サイド──「賃金・物価スパイラル」

　1つ目の立場は、現在の物価上昇を景気回復に伴う急速な民間需要の回復と景気刺激策をもとにした労働市場の逼迫の結果と捉え、コロナ禍で、あるいはコロナが収束してもインフレが当面続くとみる見方である。需要サイドからのインフレ論といえる。

　これを唱えるのは、元財務長官で元ハーバード大学名誉総長のローレンス・サマーズ、マサチューセッツ工科大学（MIT）のオリヴィエ・ブランチャード、ジョンズ・ホプキンス大学のローレンス・ボールらである。

　彼らの主張は次の点で共通している。第1に、アメリカでは人手不足が賃金を押し上げ、インフレの原因となっている。新型コロナウイルス感染症拡大の当初、経営難、失業手当の加算、各種給付金の支給に伴って失業率が大

1）イギリスをはじめユーロ圏のインフレはアメリカ以上に深刻であり、コロナ禍からの景気回復に域内の地域差があるなかで難しい政策運営を迫られた。日本は、消費者物価上昇率は比較的穏やかであるが、エネルギー価格や国際商品市況の高騰、円安の中、インフレ分を補う十分な賃上げもないまま国民は値上げラッシュに直面した。

幅に上昇し、2020年当初の3.5％から数か月で14％へと跳ね上がった。しかしその後、失業率の上昇は収まったものの、高齢者の早期退職や自主退職があとをたたず、人手不足が深刻となった。インフレはこうした過度な失業給付や景気刺激策の結果によるものである。2021年3月、バイデン政権による1兆9000億ドルの「アメリカ救済計画法」（American Rescue Plan）が施行されたが、これがなければ2022年7月の消費者物価指数は6.5％ではなく3.7％にとどまっていたであろうと彼らは主張した。

　第2に、インフレを抑えるためには人々のインフレ期待を変えねばならない。連邦準備制度（FRB）は大幅な利上げなど強いインフレ対策をとるべきである。そうでなければ深刻な景気後退が起こる可能性がある（Ball et al.［2022］）。

　第3に、人手不足を解消するためには、ある程度の失業率の上昇もやむをえない。サマーズらは、この主張を「ベバリッジ曲線」（Beveridge Curve）で説明している（図10-1参照）。ベバリッジ曲線とは、欠員率と失業率との関係を表したものである。欠員率とは人手不足の度合いを表し、失業率は労働意欲があり失職中の人の割合を指す[2]。失業率が上がれば、働こうとする人が多くなるため、人手不足は解消し、欠員率は下がる。失業率が小さければ、欠員率は大きくなる。つまり両者は負の相関関係にある。摩擦的失業、自発的失業などがあるため失業率は実際にはゼロとはならないが、投資が旺盛であれば、労働需要が強まり、曲線の両端はゼロに近づく。労働市場がスムーズに調整されると、曲線は原点に向かってシフトする。

　サマーズらは、1950年代以降の欠員率の下降局面のケースを調べ、その結果、経験的に欠員率がピークから10％下落すると、翌年の失業率は2.5％ポイント上昇するという事実を見出した。このことから、インフレを目標値の2％まで引き下げるためには、失業率を4.1％程度にまで引き上げる必要があると捉え、インフレを抑え、人手不足を解消し、賃金を抑えるためには、短期的には失業率の上昇をもやむをえないと主張した（Domash and Summers［2022］）。

　こうした需要サイドの主張には、有力な批判がなされた。左派の経済学

2）横軸を失業率ではなく失業者数でみる場合もあるが、いずれも本質的には同じである。

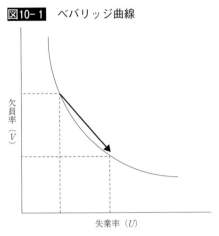

図10-1 ベバリッジ曲線

欠員率（V）

失業率（U）

出所：筆者作成。

者、マサチューセッツ大学アマースト校のロバート・ポーリンは、景気刺激策と人手不足にインフレの原因を求める見解は誤りであるとして次のように述べた。

> 「景気刺激策が経済の崩壊を食い止めたのであって、もしそれがなければわれわれは現在インフレではなく、デフレを議論していたであろう。景気刺激策にはいくつかの問題はあるが、景気を支えるうえで不可欠であったことは事実である」（Pollin［2022]）。

コロナ危機に対する景気刺激策として、失業手当の潤沢な給付や子ども税額控除など、労働者や家計支援に莫大な資金が投入された。そのことによって労働者が交渉力（職種や賃金を選べる裁量）を強め、自発的な離職が増えてきたことは事実である。しかし、ポーリンによれば、それでもこの間の賃上げは年５％ほどであり、物価の８％以上の上昇に追いついていない。より長い目で見れば、この50年間、実質賃金はほぼ低迷を続け、その間、生産性が1.5倍上昇したにもかかわらず、賃金は時給25ドル程度のまま据え置かれている。このコロナ禍では、そのごくわずかを取り戻したに過ぎないのであって、それをインフレの原因とするにはあたらないとポーリンは言う。

　ポーリンの主張には根拠がある。欠員率の上昇は依然として十分な賃金を

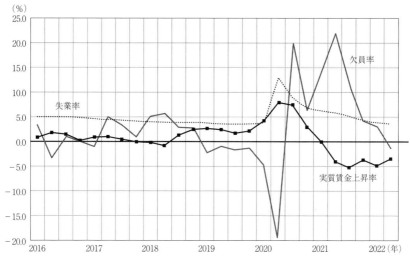

図10-2 アメリカの欠員率・失業率・実質賃金上昇率 (2016〜2022年)

出所：Fereral Reserve of St. Louis より作成。

支払う企業が少ないためである。ミスマッチは、労働者の交渉力の強さからではなく、むしろ企業側が労働者に依然として低い賃金を押し付ける姿勢を崩さず、そのために労働者の就労意欲と労働参加率が回復しないことが原因である。

　このことを確かめるために、図10-2を見てみよう。これはアメリカの欠員率、失業率とさらに実質賃金の上昇率の推移をみたものである。

　新型コロナウイルス感染症の拡大が始まるまで、失業率はきわめて安定して推移していた。その下で2018年と19年には欠員率の低下の傾向がみられ、実質賃金もわずかながら上昇していた。コロナ禍が始まった当初、大規模な需要喪失によって経済の収縮が始まり、失業者が急増した。しかし直後に景気の回復局面が始まり、一転して今度は人手不足が起こり、欠員率が上昇した。その後は失業率は徐々に低下し、実質賃金上昇率も低下を続けた。したがってコロナ禍で労働者側が得た若干の交渉力の強化は、失業率の高まりとともに雲散霧消し、実質賃金の引き下げがそれに続いたということである。欠員率がその後急速に低下したので、労働の需給はかなりバランスしつつある。つまり実際には、賃金・物価のスパイラルではなく、実質賃金はむしろ

その間、引き下げられてきている。したがってコロナ危機下のインフレの原因の多くを賃金に求めることは事実と合致しない。図10-2のように実質賃金を引き下げる余地が狭まっているため、失業率を引き上げてもインフレを抑える効果は限られたものに過ぎないであろう。

　もう一つの論点は、ベバリッジ曲線の解釈の問題である。長期の労働需要と労働供給の関係は、均衡状態においては、ベバリッジ曲線とは違って、すべての労働者が雇用されている場合、失業率はゼロであり、欠員率もゼロである。逆に、すべての労働者が失業している失業率100％のときは、誰も働いていないので欠員率は100％となる。したがってベバレッジ曲線の描く労働需給は短期的な性格のもので、有効求人倍率のような指標で示される欠員率と求職者のプールとの関係から、労働条件が折り合わないなどの雇用のミスマッチを描いているに過ぎない。

　人手不足を解消するために失業率を高める必要があるというサマーズやブランチャードの主張は、働かせたい労働者に働くなと言っているようなものであり、それ自体矛盾した議論である。労働参加率を高めよという趣旨であろうが、だとすれば賃上げなど労働インセンティブを高めることこそ必要と考えるべきである。

　十分な賃金が支払われないことが就労意欲を妨げているときに、労働側に圧力をかけて賃金をさらに抑え、インフレを克服しようとする彼らの主張は、理論的にはベバレッジ曲線の一面的な解釈に基づく労働敵視の恣意的な議論であり、政策論的には、労働参加率を引き下げ、雇用のミスマッチをより強める無分別なものといえる。

2　供給サイド

　2つ目の立場は、供給サイドからこのたびのインフレを説明しようとするものである。物価上昇は需要サイドからというよりも、主にグローバルなサプライチェーンの停滞やエネルギー不足という供給サイドから起こったものであり、需要面からのインフレ圧力はあくまで一時的なものに過ぎず、サプライチェーンの混乱や石油価格の上昇も早晩克服されるとする見方である。ノーベル経済学賞受賞者のポール・クルーグマンなどがその見方である。クルーグマン自身は、消費者物価指数が2021年11月以来、急激な上昇を示した

ことから、当初は自らの予想は楽観的すぎたと自己批判したが、その後も基本的な見方を保持した。

　彼がツイッターや『ニューヨーク・タイムズ』のコラムなどで精力的に拡散した議論をつなぎ合わせると、以下のようになる。第1に、40年ぶりの高水準のインフレにもかかわらず、中期的な期待インフレ率は上昇していない。他方、エネルギーや食料品の価格も低下しつつあり、インフレは落ち着きはじめている。第2に、そうであれば、インフレを抑えるために失業率を引き上げる必要はないし、ましてや1980年代初頭の悪性インフレに対して当時のFRB議長ポール・ボルカーが行ったような厳しい金利の引き上げを行う必要もない。今回のインフレは1970年代のスタグフレーションの時期のそれよりも、47年の戦時経済からの復興の際の需要圧力によるケースと似ており、そうした需要圧力によるインフレはじきに収まる。

　このようにクルーグマンの議論は、インフレをめぐる状況変化に対する観察に基づいたものであり、理論的というよりも経験的な判断である。

　しかし、彼のサプライチェーンの回復、エネルギー価格の安定などに対する見通しにもかかわらず、インフレが当初の予測を超えて高まり、長引いた理由はいかに説明されるべきであろうか。中長期的に事態が収まることは異論のないところであるが、それがどの程度の長さなのか。事態が長引いている理由となると、クルーグマンの議論には弱い点があるように思える。つまり需給バランスの回復を阻害する諸要因については、さらに別の理由が必要と思われる。

3　独占インフレ論——インフレの6割は利潤主導

　3つ目の立場は、コロナ危機下のインフレの原因を、市場支配力のある巨大企業による恣意的な価格引き上げに求める見解である。元労働長官ロバート・ライシュ、アメリカの独占問題の研究者マット・ストーラーなど左派やリベラル派の見解である。

　ライシュは、物価上昇はあくまで症状であり、その深部には経済力を集中した巨大企業の独占的な価格支配力の働きがあり、したがって問題はインフレ自体ではなく、市場が競争的でないことがその理由だという。

　ライシュは次のような例を挙げる。衛生用品関連ではプロクター・アン

ド・ギャンブル（P&G）が、原材料、輸送費の値上げを理由におむつやトイレットペーパーを値上げした。しかし同社の収益率は24.7％と異常に高い。しかもその収益のうち30億ドルを自社株買いに運用している。キンバリークラークも同時期に同じように値上げしている。また、ペプシコは30億ドルの収益にもかかわらず値上げし、コカ・コーラもその動きに追随した。エネルギー各社は、需要の回復にもかかわらず生産を制限し利益を上げた（Reich［2021］）。

　つまり巨大企業が物流の停滞や労働力不足によって上昇したコスト以上に製品価格を引き上げていることが問題だという。そしてそれは市場の大半を独占もしくは数社で寡占的に支配していることで可能となっているというのである。

　たしかに現状をみると、こうした独占的な価格設定をインフレの要因とする主張には説得力があるとみなしてよいであろう。エネルギー大手はガソリンの小売価格を引き上げ、末端では1ガロン6ドルと依然高い。ところがエネルギー会社上位28社を調査した結果、2022年第1四半期の売上増加率は実に127％にも達している（Lawson［2022］）。またエクソンモービルの2022年第2四半期の利益は179億ドル、シェブロンは116億ドルと、それぞれ2021年の3倍以上となった。コスト上昇分以上に価格を引き上げているとされた（Wearden［2022］）。

　アメリカで値上げが顕著な製品の市場はいずれも少数の企業が圧倒的なシェアを占めている。粉ミルクは最上位4社で市場の90％を押さえている。牛肉市場は4社で85％、パスタ市場は3社で78％、シリアル市場は3社で72％といった具合である。そのおかげで、食肉業などは、高利益を得ながら2020年秋以来、大幅な値上げを行うことができた。食肉包装業は300％もの利益増といわれる。

　このように見てみると、インフレの原因は賃金ではなく、企業の利潤追求による価格引き上げが大きな要因であることがわかる。もちろんサプライチェーンの混乱やエネルギー、穀物価格の高騰の影響もあり、すべてが独占的な要因とばかりはいえないことは事実である。この点で、マット・ストーラーは、おおまかに計算して、インフレの60％は企業利潤であると主張した（Stoller［2022］）。また経済政策研究所のジョシュ・ビブンズは2020年第2

四半期から21年第4四半期までの物価上昇の要因のうち、単位労働コストは7.9％、その他コスト増は38.3％、利潤の増加は53.9％と推計した（Bivens [2022]）。こうしたことから、彼らによれば、上記のインフレは、利潤主導が約6割で、「賃金・物価スパイラル」ではなく、「利潤・物価スパイラル」だということになるであろう。

　こうした見解は、インフレをつねに貨幣的現象もしくは労働者が過度な賃上げを要求した結果だと捉えてきた主流派経済学の意見と鋭く対立する。実際にサマーズは2021年12月26日に自身のツイッターで次のように書いた。

　　「このインフレが一時的かどうかといった議論はあるが、反トラストがインフレ対策だという考えはまともな経済学者たちの中にはない」。

　つまりサマーズのマクロ経済学の神殿に、この3つ目の主張の居場所はない。

　しかしサマーズがそのように書いた2021年秋頃から、事態は確実に変化した。物価上昇とともに、ライシュが取り上げたような独占的な価格引き上げの事例がさかんに報告されはじめたのである。2022年4月には、議会下院の公聴会で、コンサルティング会社 Econ One のハル・シンガーが経済力集中とインフレの関連を示したデータを提出した（図10 - 3；Singer [2022]）。これは上位4社集中度と製品価格の上昇率の相関をみたものであるが、値上げ幅が大きいのは集中度の高い企業であることが一目瞭然である。市場支配力のある企業はコロナ危機からの回復過程において場合によっては20～30％といった価格引き上げを行っている。同時に、留意すべきは、価格の伸び率を平均以下に抑えている企業もまた市場支配力の強い企業であり、同時期に低価格で市場支配力を強めている可能性がうかがえる。独占とは価格を引き上げると同時に、引き下げもする。

　原材料価格の高騰やサプライチェーンの混乱・停滞といった要因はインフレを説明する要因の一部分に過ぎない。インフレ問題の大半は企業の恣意的な価格設定行動に起因するとみてよい。価格とはすぐれて市場当事者の力関係を反映する。家計が直接給付で優遇されたとみるや、企業はその分以上に、あるいはこれまでの多年にわたる価格低迷の分を取り返そうとするかのように高い価格を設定する。

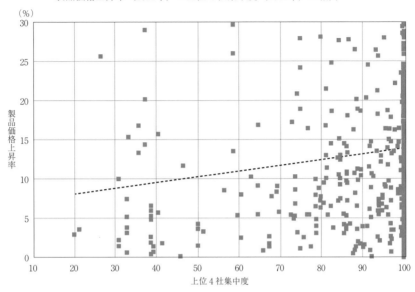

図10-3 経済力集中とインフレーション
製品価格上昇率（2021年）と上位4社集中度（2022年）の相関

出所：Singer [2022] より作成。

　また、この見解は、サプライチェーンをはじめとする経済構造の硬直性、非弾力性をも経済全体に独占、寡占の影響が支配的であることから説明しようとする。その意味で、クルーグマンの議論の欠陥を補っているといえなくもないが、政策的含意はかなり違う。

　クルーグマンのような供給サイドの見方からすると、供給能力が回復するためには市場の競争的機能が発揮されねばならないということになる。しかしこの3つ目の立場からすれば、市場での無分別な競争そのものが独占的、寡占的弊害を生み出すという認識から、市場そのものの政策的規制という真逆の解決策が浮かび上がる。供給サイドの問題からインフレを説明するという点では同じであるが、対策についてはまったく異なる。

　インフレの原因についてのこうした3つの立場をつなぎ合わせると1つの絵を描くことができる。クルーグマンらの供給サイドからのインフレの把握は、市場の硬直性を認める点で正しいが、彼らの予想を超えてサプライチェーンの回復が遅れているのは、市場の基底にある寡占構造が強く作用してい

るためである。供給サイドの問題が長引きそうだとすると、さしあたってとりうる政策として、サマーズらが言うような需要抑制のための引き締め政策が必要との見方が生まれる。しかしそれは基底的な原因に噛み合った対策とはいえない。筆者は独占的経済構造とインフレとを関連させる見方を支持するが、それは少なくともインフレ問題の解決が時間を要するという意味で即効性のないことも併せて認めねばならないであろう。

Ⅱ 経済力集中にどう対処するか

1 新たなインフレーションのメカニズム

　2022年末の時点でインフレ率は７％以上、食料品とエネルギーを除いたコアインフレ率は６％以上と依然高水準であった。FRB のジェローム・パウエル議長は、2022年３月から利上げを開始し、さらに９月には異例の0.75％幅の追加利上げを宣言した。FRB の金融政策運営はインフレ抑制に大きく舵が切られた。

　先述の楽観論派は、2022年末の時点で、２〜3.5％程度への低下を予測していた。したがって彼らは FRB の利上げに批判的であった。逆に、サマーズら悲観論の立場の人々は、高いインフレ率が続く傾向にあるとみて、FRB の利上げを歓迎した。

　独占インフレ論の見方からすれば、現在のタイトな労働市場と賃金の上昇傾向に対して、企業は相応の価格引き上げによってそれに対処すると考えられるであろう。現在、企業部門は全体としてインフレの下で莫大な利益を上げており、とりわけ市場支配力をもった大手企業の収益は歴史的な高さにある。企業部門は総じて現在のインフレを心地よいと考えている。こうしたことからも、企業部門は景気が崩れない程度のインフレを求めるであろう。したがって、おそらく下がっても３〜５％程度で推移すると考えられる[3]。

　３〜５％のインフレ率でも、名目賃金の伸びはそれを下回るため、実質賃

3）ドイツの研究者ラッセル・ナピア（Russell Napier）は、今後15〜20年間、４〜６％の水準のインフレ率が続くと予想している（Dittli［2022]）。ヨーロッパはアメリカ以上のインフレ水準で推移してきたことから、この推論は妥当である。逆に日本はアメリカを下回るであろう。

金は低下し、賃金から利潤への所得移転が確実に加速するであろう。これは
かつての2008年の金融危機までのいわゆる「グレート・モデレーション」
（大安定期）と呼ばれた低インフレ、低金利、低失業率を特徴とした時期の
賃金抑制による所得移転とは異なる価格水準（物価、賃金、金利）での、イ
ンフレ下の新たな賃金抑制の形態であり、それは同時に、この間膨張し続け
た企業債務の整理にとっても好都合なフォーメーションである。

　1970年代以降の不安定化を増す資本主義の推移を、ドイツの社会学者ヴォ
ルフガング・シュトレークは次のように段階的に特徴づけた。

　　「近代資本主義の制度の中でも、もっとも神秘に満ちた制度である貨
　幣。その力を利用して、潜在的な不安定化要因である社会紛争を緩和しよ
　うとしたのだ。最初はインフレを通じて、次には国家の債務を通じて、さ
　らには民間信用市場の拡大を通じて、そして最後は、今日のように、中央
　銀行による国家と銀行の債務買い取りを通じて、それは戦後の民主主義的
　資本主義の危機を、時間を買うことによって先送りし、引き伸ばすための
　方策だった」（Streeck［2013］p.lxii）。

　現在の状況は、このシュトレークに即していえば、再びインフレによって
膨張した債務を整理しようとする動きといえるかもしれない。

2　金融政策のジレンマ

　FRBの利上げ開始以降、クレジットカードの利率、奨学金、オートロー
ン、住宅ローンの金利などが軒並み上昇した。FRBの利上げ加速がインフ
レ沈静化に役立たず、むしろ不況の引き金となるという見方を強めた。

　期待を勘案した標準的なニューケインジアン型のフィリップス曲線によれ
ば、現在の高いインフレ率は将来のインフレ期待を高め、したがってインフ
レを抑制するためには金利と失業率を高めることが必要であり、金融引き締
めを積極的に打ち出すことには、短期的に効果がある。FRBの利上げ姿勢
によってインフレ期待が抑制され、適度に名目の長短金利を引き上げること
ができれば、実質金利（名目金利－期待インフレ率）は着実に上昇し、需要
サイドからのインフレ圧力を抑え込むことができるからである。

　たしかに金利の引き上げは、需要サイドをインフレの原因とみる見方にと

っては、望ましいものとみえるだろう。しかし、アメリカの物価上昇が、サマーズらが主張するような過度な家計の需要というよりは、ライシュらが言うような有力企業の価格設定に起因しているとすれば、現在のFRBが打ち出している金利引き上げは、単に消費と投資を抑制するだけで、物価抑制効果はもたないということになるであろう。

　キャッシュフローが潤沢な今日の大企業にとって金利引き上げは必ずしもインフレの抑止効果はもたず、むしろ実質賃金と購買力を削ぎ落とし、資金を必要とする中小企業の投資を阻害することによって景気にブレーキをかける恐れがある。金利が高まれば、人々がお金を借りて家や自動車を買おうとする意欲は抑えられる。企業は投資を抑制する。消費や投資を抑えることによって需要全般を抑制するであろう。いわばFRB主導の景気後退の可能性を高める。

　供給サイドがインフレの主要な原因とみる人々にとっても、金利引き上げは供給力の回復を抑え、その面からインフレを促進しかねない。引き締めはインフレの原因に突き刺さっていないということになる。

　利上げとサプライチェーンの関連についても議論がある。『ワシントン・マンスリー』の編集長で、ビル・クリントンのスピーチライターを務めたこともあるポール・グラストリスは次のように指摘する。

　「独占化と金融化がもたらしたサプライチェーンの脆弱さの影響は小さくない。診断を誤れば治療方法を間違う。金利の引き上げがインフレの正しい対処方法といえるだろうか。もしも独占がインフレに大きな影響を及ぼしているとすれば、利上げはむしろ経済を窮地に追い込むだろう。独占とサプライチェーンの脆弱性は数十年かけてできたもので、直ちに是正することは難しい。しかし、インフレを是正するためには、できるだけ早くそれに着手すべきだ」（Glastris［2022］）[4]。

4）1980年代のレーガン政権以来、反トラスト法の適用緩和や各種規制緩和を主導したのは民主党よりもむしろ共和党である。そのことからすれば、2022年の中間選挙で一定の有権者が、バイデン政権をインフレへの対応策が成果を上げていないという理由で見限り共和党に投票したことは大いなる皮肉である。インフレに責任があり、にもかかわらず何らの物価政策も示さなかった共和党への投票は逆にインフレ問題の原因を強めることになるのであるから。

3 バイデン政権

　バイデン政権は、第Ⅰ節でみたインフレ論争では、3つ目の立場に近いといえる。

　バイデン大統領は、自らエネルギー業界や精肉業界に値上げを抑える要請をさかんに行ってきた。またサプライチェーンの立て直しのための直接的な措置として、トラック免許取得の簡素化などの応急措置にも取り組んでいる。

　バイデン政権は、さらに中長期的には本格的な独占禁止法の活用に向かうものと思われる。同政権は発足当初から、反トラスト（独占禁止）の取り組みを強める政策を掲げ、専門のスタッフを迎え入れるなど、この分野の体制の強化に取り組んできた。

　結論的には、現在のインフレ問題とはコロナ禍からの経済の急速な回復局面で経済全体の寡占的支配構造の本質が露呈したことによる現象といえる。対症療法ではなく、その根本治療を求めるならば、大企業に対する陳情ベースの製品価格の調整や金利政策などをはるかに超えて、アメリカ経済の体質そのもの、独占的支配構造、あるいは寡占体制そのものの変革が必要となる。

　バイデン大統領は、セーフティネットの張替えではフランクリン・ローズヴェルトでなければならず、人種対立の和解ではリンカーンでなければならず、さらに反トラストという問題ではセオドア・ローズヴェルトでもなければならないという大変な課題を背負った大統領といえるであろう。

Ⅲ　サプライチェーンにおける経済力集中——運輸業のケース

1 供給制約と運輸業における寡占構造——Too big to sail

　前節までで、インフレーションの理論および政策対応の問題を論じてきた。インフレの問題をより具体的に理解するためには、供給制約の要素である経済構造の硬直性とそれに関連する経済力集中の実態を知る必要がある。そのため、以下では、海運および陸上輸送の事例によってサプライチェーンの実態を説明する。

　コロナ・パンデミックの始まりからグローバル・サプライチェーンの混乱

が数年続いた。ウクライナでの戦争と対ロシア経済制裁がそれに拍車をかけた。とりわけアメリカでは、コンテナ輸送や鉄道、トラックによる物流がターミナルでの取扱量の集中や人手不足などで目詰まりし、遅延、品不足、コスト上昇は一時かつてなかった水準となり、流通面でアメリカ経済にブレーキがかかった状況となった。

サプライチェーンが構造的に目詰まりを起こした理由の一つは、多年にわたる新自由主義の規制緩和政策による業界再編がある。その結果、寡占化が進んだことで産業の柔軟性や余力が失われた。

先述のグラストリスは、巨大企業が多年にわたって推し進めてきた短期的利益優先、コスト削減のための海外生産の展開が結果的に現在のサプライチェーンの弱さを生んだと指摘する。

巨大企業のグローバル経営戦略の結果、国内産業基盤が空洞化したため、アジアなどでの部品生産が新型コロナ感染症拡大の影響で止まるとアメリカ経済全体が動かなくなり、自動車からスマートフォンまであらゆる物の価格が上がる。

しかもこの間、反トラスト法の緩和によって企業の経営統合が進み競争他社が駆逐され、生産に不可欠の重要部品を国内で代替できる供給源がなくなってしまったため、需要の回復に対応できない状況が続いた。

サプライチェーンの混乱で2022年には、たとえば中国で玩具を製造しているアメリカ企業が部品の不足で生産が間に合わず、製造できたとしても、アメリカに送るコンテナ船が不足しているためアメリカへの到着が数か月後のクリスマスに間に合うかどうかわからないといったことが懸念された。実際、巨大なコンテナ船が拠点にする港湾ターミナルで、ヤードにコンテナが山積みされている風景が日常化した。

今日のようなコンテナの形式で船の巨大化が進んだのは1960年代であり、それは物流を根本的に変え、「コンテナ革命」と呼ばれた。

コンテナの出現によって、積み込みや積み替え、荷物の保護、陸上輸送との連携が簡素化され（「インターモーダル輸送」）、流通の技術的状況は一変した。コンテナ船の規模それ自体が巨大化し、その大きさは今日までに４倍になった。大型船の場合は全長が400メートル以上になり、このクラスでは大きなコンテナ２万個以上が積載可能である。

国際運輸業の関係者は、巨大コンテナ船は「グローバルな需要増に対応するうえで不可欠」であり、地上輸送よりも「環境にやさしい」と強調する。

　しかし一方で、これ以上高くコンテナを積んだ場合、強い風に船体が耐えられなくなる恐れがあり、船体をさらに大きくすると利用可能な港湾がますます限られるというように、規模の拡大はすでに限界に達しているといわれる。これをして "Too big to sail"（「大きすぎて入港できない」）とは言いえて妙である（Dempsey et al. [2021]）。

　技術変化に伴い、事業には巨額の資金がかかるようになった。コンテナ船の巨大化は、一方で物流コストを激減させたが、船の建造などの初期費用の増大を招き、企業の集中傾向を強めた。またこうした大規模なコンテナ船は、扱うロットの大きさから、港湾ターミナルに対する大規模船舶業者の交渉力を強めた。港湾ターミナルの業者たちは彼らの注文に応じることを余儀なくされた。

2　国際海運の寡占構造——市場の8割が8社に集中

　アメリカで海運業の規制緩和が一気に進んだのはクリントン政権の頃からであった。「1998年海運業改革法」（The Ocean Shipping Reform Act of 1998）は、この業界の規制緩和を推し進めた。同法以前は、運送料金は公開され、無差別でなければならなかったが、この法律によって料金は海運会社と荷主とで個別に設定され、公開される必要もなくなった。そのため小規模で価格競争力の弱い海運会社は淘汰され、他方、安全規制や労働規制が緩和された。結果、同法によって大手海運業者への集中が一気に進んだ。

　主要航路の運送料こそ下がったものの、利用量の少ない路線は縮小し、地方の港湾やターミナル業界は苦境に陥った。その結果、ここでも大規模事業者の全般的な支配力が強まった。

　現在、コンテナ船を保有する国際運輸会社は、Maersk（デンマーク）、MSC（スイス）、CMA CGM（フランス）、Cosco（中国）、Hapag-Lloyd（ドイツ）、ONE（日本）、Evergreen（台湾）、HMM（韓国）などで、これら8社が国際海運需要の81％を独占している。さらにこれらは、2M、ザ・アライアンス、オーシャン・アライアンスの3社に事実上、統合されてきたが、さらに2023年、2Mがグループを解消したことによって、今では2強体

制となっている。コンテナそのものの製造やリース、さらにターミナル・オペレーターの分野でも統合が進んだ。

こうしてこの業界は規制緩和によって効率最優先のギスギスしたものとなり、効率化、寡占化が進む一方で非常時の柔軟性、つまり予備能力や代替手段を失った。すなわちこの産業は、収益性追求の極限で環境変化に耐えられない硬直的な体質を帯びるものとなったのである。中小の同業他社がほとんど駆逐されたため、ある部分が目詰まりを起こすと全体が止まる。「コンテナ革命」を描いた『物流の世界史』の著者マルク・レヴィンソンは、「大規模海運業者は現在のサプライチェーンの混乱に責任がある。彼らがコンテナ船の規模拡大だけを追い求めたためだ」と述べている（Dempsey et al. [2021]）。

コロナ禍からの経済回復による需要増加、さらにウクライナでの戦争のため全般的な物不足が起こり輸送費が値上がりした。コンテナ１本当たり１万ドルだった費用は３万ドルにまで上昇し、それは世界の消費者物価の約１％、物価上昇全体の15〜20％に相当したとみる専門家もいる。コンテナ船業界の2022年の利潤は1900億ドルと2020〜2021年平均の５倍というすさまじい儲けぶりであった。

3 陸上輸送の統合とヘッジファンドの支配

海上輸送で積荷がアメリカ国内に入ってきてからも難問山積である。アメリカの場合、国内の輸送の柱は鉄道とトラックだが、ここでも規制緩和の影響が大きい。

鉄道輸送は、1970年代に規制緩和が始まり、1980年に33社あった１級鉄道（営業収益が２億5000万ドル以上）は現在の７社へと統合された。その過程で、不採算路線は整理され、鉄道路線の距離は40％削減された。主要都市を結ぶ幹線を中心に、百数十両連結された列車で大量のコンテナを運ぶ光景が当たり前のようになった。現在、鉄道貨物輸送の多くは Pershing Square Capital Management や Mantle Ridge などヘッジファンドの支配下にあるといわれる（Longman [2021]）。

そもそも鉄道輸送はトラック輸送に比べ３〜５倍燃料効率がよく、二酸化炭素排出量も少ない。しかし、これまでの統合過程で、不採算路線の切り捨

て、大量の人員整理が行われてきた。旅客鉄道のリストラはさらにすさまじく、日本とは逆に、旅客が貨物に従属する形で細々と維持されている。バイデン政権がインフラ整備計画として立ち向かおうとしているのはこうした鉄道輸送の現状である。

トラック輸送はどうか。70年代までトラック業界は「チームスターズ」（全米トラック運転手組合）という強固な労働組合に守られていた。ドライバーの賃金は高く、労働基準も守られていた。

しかし70年代後半からのカーター政権による規制緩和で、状況は大きく変化した。競争強化という名目で新規企業の参入を促進したために、ドライバーの需要は高まったが、賃金と労働環境はみるみる悪化した。

現在、トラックの台数は370万台で、トラックの運転免許を保有する人口は1000万人もいる。にもかかわらず、業界の調べでは全米で8万人のドライバーが不足しているという。この解離を説明するのは、この業界の離職率が95％という驚くべき事実である。ほぼ全員が1年で入れ替わっているのだ。アメリカ国内輸送の72％がトラックであるため、そのインパクトは大きい。

「人手不足」といわれるが、ペンシルベニア大学の社会学者スティーブ・ヴィセリはそうではないと言う。「人手不足というのはこの業界が政府に補助金を求めるための口実であって、実際は、仕事が劣悪であるからに過ぎない」。

同氏はまた次のようにも言う。「規制緩和が行き着いたところは安い運送料と国際貿易で倉庫を満たして売上を伸ばす大型小売店の台頭であり、その間にトラック・ドライバーという仕事は中流の座から滑り落ち、誰もやりたくない仕事になってしまった」（Goodman［2022］）。

4 寡占的弊害をどう克服するか——再規制の必要性

海運や鉄道輸送などの再編の背景にあったシカゴ学派の規制緩和論は、物流の効率性重視がその眼目であった。たしかに物流のコスト自体は下がった。しかしそれが犠牲にしたものは計り知れないほど大きなものだった。人々は消費者として安い商品を手に入れることはできたが、業界の労働者、生活者としては、まともな賃金と労働保護、地域分散型の経済、柔軟な運輸手段を失った。

こうした経済力集中がもたらした産業構造をどのように是正すべきであろ

うか。先述のマット・ストーラーは、過去にこの産業を規制していた法律に
その手がかりを見出している。一つは、「1916年海運業法」（The Shipping
Act of 1916）である。この法律は第1次世界大戦中、ウィルソン政権の下
でできたものである。ここで海運業は公益企業（Public Utility）として扱わ
れ、独占禁止法の適用を免除される代わりに、無差別公平な料金設定や各種
リベートの禁止、港湾の割当と地域分散、非常時の政府協力、適切な賃金と
労働条件などを義務づけられた。

　もう一つは、「1920年商船法」（Merchant Marine Act of 1920、いわゆる
「ジョーンズ法」）である。同法は民間企業による造船を後押しした。それら
に共通した目的は、業界の無謀な価格設定を抑制し、輸出入業者、小規模海
運業者を保護、地域経済安定の役割を果たすというものだった（Stoller
[2021]）。

おわりに

　アメリカ産業における独占的支配構造は各部門で異なった形態をとり、運
輸業のそれはあくまでその一つの特殊事例に過ぎない。分野が異なれば支配
構造も異なり、必要とされる対処方法も異なることは当然である。しかし、
コロナ・パンデミックが浮き彫りにしたアメリカ経済の構造的脆弱性の基礎
にある寡占体制の問題は遍在的である。パンデミックを奇貨とし数十年にわ
たる新自由主義の規制緩和政策による経済の構造的な歪みを全面的に再検討
すべき時期にきている。

　また、新型コロナウイルス感染症拡大に伴う景気後退からの回復局面で発
生したインフレ問題の国際化は、グローバリゼーションの経路をたどり、世
界を巻き込んで拡大したという特徴をもつ。世界的なインフレは、大きくみ
ればエネルギー、天然資源、食料、生産財などのグローバルな供給システム
の疫学的および安全保障面での脆弱性が、多かれ少なかれ各国の寡占的な経
済構造と結びついて発現した現象である。その意味で現在のインフレは本質
的にグローバルであり、各国の政策レベルの次元を超えた性格をもつ。そう
した意味から、現在のインフレは、これまでのグローバリズムの再検討の必
要性をも示唆するものといえる。

【参考文献】

Ball, Laurence, Daniel Leigh, and Prachi Mishra [2022] "Understanding US Inflation During the COVID Era," *Brookings Papers on Economic Activity*, September 7.

Bivens, Josh [2022] "Corporate Profits Have Contributed Disproportionately to Inflation. How Should Policymakers Respond?" *Economic Policy Institute, Working Economic Blog*, April 21.

Blanchard, Olivier, Alex Domash, and Lawrence Summers [2022] "Bad News for the Fed from the Beveridge Space," *Policy Brief, Peterson Institute for International Economics*, July.

Dempsey, Harry, Philip Georgiadis, and Sylvia Pfeifer [2021] "Too Big to Sail? The Debate over Huge Container Ships," *Financial Times*, March 28.

Dittli, Mark [2022] "We Will See the Return of Capital Investment on a Massive Scale," *The Market NZZ*, October 14. https://themarket.ch/interview/russell-napier-the-world-will-experience-a-capex-boom-ld.7606

Domash, Alex and Lawrence H. Summers [2022] "The Beveridge Curve Still Indicates Low Probability for a Soft Landing," *Medium.com*, August 30.

Glastris, Paul [2022] "Pretending Monopoly Has Nothing to Do With Inflation," *Washington Monthly*, January 12.

Goodman, Peter S. [2022] "The Real Reason America Doesn't Have Enough Truck Drivers," *New York Times*, February 9.

Lawson, Alex [2022] "Energy Prices: What is a Windfall Tax and How Would It Work?," *The Guardian*, May 12.

Longman, Phillip [2021] "Amtrak Joe vs. the Modern Robber Barons," *Washington Monthly*, November 7.

Pollin, Robert [2022] "Fed Attacks the Working Class," *The Analysis News*, September 20.

Reich, Robert [2021] "We Need to Talk about the Real Reason Behind US Inflation," *The Guardian*, November 11.

Singer, Hall [2022] "（Im）Balance of Power: How Market Concentration Affects Worker Compensation and Consumer Prices," Testimony to the House Committee on Economic Disparity and Fairness in Growth, April 6.

Stoller, Matt [2021] "Too Big to Sail: How a Legal Revolution Clogged Our Ports," *BIG*, November 14.

—— [2022] "On Inflation: It's the Monopoly Profits, Stupid," *BIG*, Jun 23.

Streeck, Wolfgang [2013] *Gekaufte Zeit: Die Vertagte Krise des Demoktratischen*

Kapitalismus, Suhrkamp Verlag.（ヴォルフガング・シュトレーク／鈴木直訳『時間かせぎの資本主義――いつまで危機を先送りできるか』みすず書房、2016年）

Wearden, Graeme［2022］"ExxonMobil and Chevron Shatter Profit Records: Eurozone Inflation Hits Record 8.9％ ," *The Guardian*, July 30.

少額ローンと金融包摂

消費者金融法タスクフォース報告書に見る永続的課題

大橋 陽 *Akira Ohashi*

はじめに

　2008年金融危機により多くの人が住宅を差し押さえられたが、差し押さえは低所得者、非白人に集中していた。住宅は資産の大きな部分を占めるが、資産格差について中央値と平均値でみていくと、白人は18万8200ドルと98万3400ドル、黒人は 2 万4100ドルと14万2500ドル、ヒスパニックは 3 万6100ドルと16万5500ドルである（FRB［2020]）。中央値で白人は黒人の7.8倍、平均値で6.9倍の資産を持っている。

　このような資産格差は、ニューディール期に制定された連邦住宅政策に起因する。1933年から1936年まで存在した住宅所有者資金貸付会社（HOLC）は、債券発行により資金調達を行い、暴落した不動産ローンの借り換えを促進した。また、1934年全国住宅法により設立された連邦住宅庁（FHA）は、新しい住宅金融を提供した。それまでは、住宅価格の30〜50％の頭金を必要とし、ローン期間は 5 〜10年、期間終了時に残額を一括返済することが必要であった。FHA は、頭金を10％まで低下させ、ローン期間を最長30年まで延長したのである。しかし、これを利用できるのは白人だけであった。なぜなら、住宅価値を維持するために同じ社会的、人種的階層であることを求める人種分離が公式要件とされたからである（Jackson［1985]; Rothstein［2017]）。

これが所得や人種によって住宅ローンなどの融資差別を行うレッドライニングの始まりであった。それは、低所得層や黒人の比率が高い場所を投融資危険地域として赤線で囲み、そこからのローン申請を一律に却下した慣行であった。そうして郊外住宅地で白人中間層が育まれた一方、都市には黒人居住区が残される人種隔離が制度化された。

　このようなレッドライニングは、1964年公民権法に続いた1968年公正住宅法によって禁止されたが、その影響は前述の人種による資産格差などの形で現在でも残っている。またサブプライム・ローンのターゲットにされたのは、低所得層、黒人、ヒスパニック／ラティーノらであった。レッドライニングが彼らを排除したのに対し、サブプライム・ローンでは逆に彼らをターゲットにしたのでリバース・レッドライニングと呼ばれている。

　かくして差別的慣行や悪質な金融商品・サービスが溢れていたので、2010年ドッド＝フランク・ウォール・ストリート改革及び消費者保護法（以下、ドッド＝フランク法）によって消費者金融保護局（CFPB）が創設された。創設当初、CFPB は住宅モーゲージ・ローン問題にも注力したが、少額、短期、無担保の消費者向けローンであるペイデイ・ローンの問題を優先事項とした。しかし政権が変わると水泡に帰した。よって本章では、CFPB 内に設立された消費者金融法タスクフォースの報告書をテクストとしながら、政策思想面から少額ローンと金融包摂に対する考え方と対立点を剔抉していく。第Ⅰ節で連邦消費者金融法タスクフォースの設置経緯について説明したうえで、第Ⅱ節では、その報告書からアメリカにおける消費者信用の展開とその改革を振り返る。第Ⅲ節では、少額ローンと金融包摂にいかに対処すべきかの政策論について論じる。これは、古くて新しい普遍的問題であり、同時にアメリカならではの問題であるとして本章を結ぶ。

Ⅰ　消費者金融保護局創設から　　消費者金融法タスクフォース設置へ

1　消費者金融保護局と「政府機関の乗っ取り」

　CFPB はエリザベス・ウォーレン上院議員（民主党、マサチューセッツ州選出）の発案であった。彼女は破産法の権威であり、ハーバード大学ロース

クール教授だった2007年、「どんな金利でも危ない」という論文を発表した。家電、コンピュータ、子ども用品では、消費者製品安全委員会によって製品の安全性が守られている。だから5台に1台が発火するようなトースターが市場で売られることはもうない。しかし、金融商品・サービスでは、5件に1件が差し押さえになり人々が路頭に迷うようなサブプライム・ローンが存在し、個人、家族、地域コミュニティを苦境に陥らせている。よって消費者保護にもっぱら取り組む連邦政府機関が必要だという主張である（Cordray［2020］pp.29-32；大橋［2020］134-135頁）。

　アメリカの重層的な銀行監督・規制機関は、銀行業務の安全性と健全性の確保を第一義的な役割としており、消費者保護に熱心であったとは必ずしもいえない。とはいえ、連邦レベルだけ見ても金融消費者保護に関わっていたのは、通貨監督庁（OCC）、連邦準備制度理事会（FRB）、連邦預金保険公社（FDIC）、全国信用組合管理機構（NCUA）、貯蓄金融機関監督局（OTS）の5つの連邦金融行政機関に、連邦取引委員会（FTC）、住宅都市開発省（HUD）を加えた計7つであった（奥山［2016］112-113頁）。

　こうした多くの連邦政府機関に分散した管轄権限を集約したのが、2010年7月21日成立のドッド＝フランク法によって創設されたCFPBであった。クレジットカード、住宅モーゲージ・ローン、ペイデイ・ローン、自動車ローン、学生ローンなど広範囲に及ぶ商品・サービスと金融機関について、ドッド＝フランク法の規定する「不公正、詐欺的、濫用的な行為・慣行」（UDAAP）に対応し、もっぱら消費者保護を目的としたのである（大橋［2020］134-142頁）。

　監督・規制機関はしばしば、その対象となる企業に逆に影響を受けることがあり、これを「政府機関の乗っ取り」（agency capture）と呼ぶ。連邦金融監督・規制機関が複数存在するので、金融機関は時に監督・規制機関を選べる立場にある。よって連邦金融監督・規制機関は金融機関と世界観を共有し、それらを支持するようになり、「私たちの銀行」と呼ぶまでになっていた。CFPBとは反対にドッド＝フランク法によって廃止されたOTSはその筆頭で、ワシントン・ミューチュアル、インディマック、カントリーワイド、巨大保険会社AIGの住宅ローン部門を管轄していたが、これらすべてが2008年金融危機で破綻したり、巨額の損失を出したりした（Cordray

［2020］pp.29-32）。

　こういった連邦金融監督・規制機関には消費者保護を期待することは困難であったがゆえにCFPBが存在価値をもったのである。銀行は監督・規制機関に慣れていたが、ノンバンクはそうではなく、しかもCFPBには監督権限に加えて執行権限があった。実際、民主党のバラク・オバマ政権下でリチャード・コードレイ長官に率いられたCFPBは金融機関に対し、被害を受けた消費者2900万人に120億ドルを返還するように命じた。ところが、共和党のドナルド・トランプ政権下では、行政管理予算局長官のミック・マルバニーがCFPB臨時長官を兼務した。彼は、下院議員時代にCFPB廃止を主張し、金融機関や保守系組織などから政治献金を受けており、「すべての者の法的権利を保護する機関に転換させる」としてCFPBを変革しようとした。そして部下のキャスリーン・クレニンジャーが2018年12月6日に長官に就任することになった。つまり、CFPB自体も「政府機関の乗っ取り」とは無縁ではいられなかったのである（大橋［2020］）。

2 消費者金融法タスクフォース設置

　マルバニー、クレニンジャーと続くなかで、金融における消費者保護は「後退」していった。たとえば、クレニンジャーは長官に就任して間もなくの2019年2月6日、5年半をかけて2017年10月5日に最終規則が発表されたペイデイ・レンディング規則をほぼすべて白紙撤回した。

　クレニンジャーは、2020年1月3日に連邦消費者金融法タスクフォースを設置した。タスクフォースは、2021年1月末に2巻の最終報告書をまとめた。第Ⅰ巻は798頁で、①消費者金融の歴史的・経済的概要、②消費者金融保護の枠組み：消費者保護、競争、イノベーション、包摂、③規制枠組みの近代化と消費者エンパワーメントの拡大、という3つの柱で構成されている。具体的には、「第1章 序論」、「第2章 消費者信用の供与と成長」、「第3章 消費者信用の需要」、「第4章 消費者信用の供給」、「第5章 少額融資——永続的問題」が①に対応し、「第6章 消費者金融保護原理」、「第7章 情報とディスクロージャー」、「第8章 競争と消費者保護」、「第9章 イノベーション」、「第10章 アクセスと包摂」が②に対応し、「第11章 プライバシーとデータ・セキュリティ」、「第12章 消費者エンパワーメント——金融リ

テラシー、若者のトレンド、貯蓄、退職」、「第13章 連邦消費者金融保護法の規制枠組みと近代化の機会」が③に対応している。第Ⅱ巻は100頁で、第Ⅰ巻を踏まえた102の提言が行われた。

　連邦消費者金融法タスクフォースは、トッド・J・ザイウィッキーが委員長を務めた。ザイウィッキーは、ジョージ・メイソン大学ロースクール教授であり、破産法や消費者問題の権威である。2003～04年には連邦取引委員会（FTC）政策企画室長を務め、ジョージ・メイソン大学では、GMU法と経済学センター、メルカトゥス・センター（リバタリアンの自由市場志向組織）のF・A・ハイエク哲学・政治学・経済学高度研究プログラムで活躍した。2009年にはチャールズ・G・コーク人道研究所傑出卒業生賞を授与されている。テレビ出演や寄稿も多く、数々の外部組織で理事や委員も務めており、ケイトー研究所、ゴールドウォーター研究所などで研究員を歴任している（CFPB［2020］）。

　委員には、J・ハワード・ビールズ（ジョージ・ワシントン大学戦略経営・公共政策名誉教授、元連邦取引委員会消費者保護局長）、トマス・A・ダーキン（元連邦準備制度理事会調査統計局シニア・エコノミスト）、ウィリアム・C・マクロード（ケリー・ドライ＆ウォーレン法律事務所、元連邦取引委員会消費者保護局長）、L・ジーン・ヌーナン（ハドソン・クック法律事務所パートナー、元連邦取引委員会消費者保護局副局長）の4名が選出された（CFPB［2020］）。

　ドッド＝フランク法によると、CFPBの目的は、「すべての消費者が消費者金融商品・サービスの市場にアクセスでき、消費者金融商品・サービスの市場が公正、透明、かつ競争的であることを保証する目的で、連邦消費者金融法を実施し、場合に応じて整合的に執行すること」にある。そしてタスクフォース報告書は、広範囲に及ぶ問題を詳細に論じているが、「従来サービスを十分に受けられなかったコミュニティの包摂とアクセスの結果」に大きな関心を寄せているので、本章でも焦点をそこに絞ることにしよう。

Ⅱ 消費者金融法タスクフォース報告書から見る
アメリカ消費者信用小史

1 アメリカ消費者信用の「前近代」と「近代化」

　消費者信用とは、FRB が定義しているように、「不動産担保融資を除いた個人に貸し出される信用」であり、学生ローン、自動車ローン、クレジットカードなどが含まれている。

　消費者信用は、販売信用と消費者金融（貸金）に大別される。販売信用は、1920年代の「耐久消費財革命」による自動車、家電の購入に伴い発展した。他方、消費者金融は、少額ローンという形態で19世紀後半からみられた。

　19世紀後半、多くの州は高利（高利貸し）制限法（usury laws）を定めていた。金利上限は 6 ％か12％であった。工業化に伴い都市に賃金労働者が増えていくなかで、病気、負傷、ストライキ、ロックアウト、季節的失業、レイオフ、工場閉鎖などにより賃金の途絶が生じ、他に寄る辺がない人々からの少額ローンの需要が溢れていたのである。だが、ローンは、少額であるがゆえにその金利では採算が合わなかったので、高利制限法に違反した非合法高利貸し、つまりローン・シャークが登場した（大橋［2017］259-261頁）。

　ローン・シャークは、支払いが滞ると勤務先まで催促に押しかけたりしたため、面倒を嫌がった雇用主は滞納した労働者を解雇するのが常であった。それでもローン・シャークから借りている人々は多く、1911年にはニューヨーク市の被雇用者の35％にのぼったといわれている。そのため、20世紀初めの革新主義期の改革者たちは、さまざまな試みをした。その中の一つは、1910年代にラッセル・セージ財団と一部のローン・シャークが協力し、統一少額ローン法（USLL）というモデル法を策定し、各州で立法化を図ったことである。この意外な組み合わせは、その処方箋も一見意外なものであった。つまり、各州で 6 ％等低利に定められていた高利制限を、300ドル以下の少額ローンに限っては年率36％ないし42％に緩和するというものであった。その年率は高いと思われるかもしれないが、月 3 ％ないし3.5％を年率換算したもので、月々10〜20％、年率500〜1000％かそれ以上のローン・シャークの金利よりも桁違いに低く、しかも他のあらゆる手数料をとることを

禁止したという点で画期的であった。こうして一部のローン・シャークは州免許を得て営業する合法的な貸金業者へと転換したのである（大橋［2017］259-267頁）。

タスクフォース報告書では、ローン・シャークの時代を消費者信用の「前近代」としている。他方、少額ローンの合法化と、耐久消費財の販売信用の普及、さらには消費者信用の学術研究の開始をもって、1920年代を消費者信用の「近代化」の始点と位置づけている（CFPB［2021］p.93）。このように消費者信用はニューディール期に先立って組織化が進んだため、また連邦法レベルではなく州法のレベルで管轄されていたため、ニューディール期に大きな変革を迎えることはなかった。そして、第2次世界大戦期にはインフレ予防のため、FRBの規則Wにより頭金最低額や最長返済期間を定めることで消費者信用は抑制された。

2 全国消費者金融委員会と金利上限緩和・撤廃勧告

タスクフォース報告書が次のポイントとしているのが、1968年消費者信用保護法（CCPA）で設立された全国消費者金融委員会（NCCF）である。NCCFは膨大な専門研究をベースにし、1972年12月31日に最終報告書（以下、「NCCF報告書」）を提出し解散した。NCCFは1974年均等信用機会法（ECOA）、1976年同法改正をもたらすなど、1970年代を通じて消費者信用制度改革に多大な影響を及ぼしたとされている。タスクフォース報告書によれば、今日ではほとんど忘れ去られているとはいえ、「近代化」が始まって50年で消費者信用制度を総点検したのがNCCFであり、それからさらに50年経とうとするタイミングでNCCFに触発されてタスクフォースが設置されたのである（CFPB［2021］pp.16-17, 19）。

ここでNCCFの意義を振り返ると、通説では、その直接的成果は均等信用機会法である。ECOAは、「信用取引のあらゆる点に関し、貸し手が性別あるいは婚姻状態を根拠に申請者を差別するのを違法とする」というものであった。性別、婚姻状態による差別禁止が先行したことで、1976年の同法改正で適用範囲が拡大され、「申請者が契約に値する能力をもつ限り、人種、肌の色、宗教、出身国、性別あるいは婚姻状態、年齢」といった他の属性も含めた融資差別禁止が政治的に容易化したという。とはいえ、この通説は、

NCCFが設置された時代背景や状況を必ずしも正しく捉えていないと考えられる。NCCFは、都市の黒人居住区に住む黒人にも、郊外の白人中間層が享受しているような豊かな消費生活を均霑（きんてん）させるべく設立されたのであった。

　1964年公民権法が成立したにもかかわらず、大都市では黒人暴動が続き「長く暑い夏」と呼ばれていた。リンドン・B・ジョンソン大統領は、頻発する都市騒擾について調査するよう全米市民暴動諮問委員会（通称カーナー委員会）を設置した。1968年2月29日に出されたその報告書や、「貧困の再発見」の一環として行われた調査に基づくデイビッド・カプロヴィッツの著作『貧乏は高くつく』（1963年）などで明るみになったのは、都市の黒人居住区における悪質な商慣行、信用慣行であった。自らの住む黒人居住区内で暴動を起こし、放火が行われたのは、黒人居住区内にはしばしば白人が商店主の悪質な店舗があったからである。黒人居住区以外の商店では信用を利用できない人々を狡猾に囲い込み、おとり商品、虚偽の広告や展示品とは異なる質の悪い商品を配達するなどの手法や、きわめて高い金利を商品価格に紛れ込ませる割賦販売が横行していたのである。

　1968年消費者信用保護法（5月29日成立）は、1968年公正住宅法（4月11日成立、1968年公民権法とも呼ばれる）とともに、4月4日にテネシー州メンフィスで凶弾に斃れたマーティン・ルーサー・キング牧師の死を無駄にしないようジョンソン大統領が議会に呼びかけて成立したものである。ジョンソン大統領は、ベトナム戦争の泥沼化に起因する支持率低下により、すでに3月31日に大統領再選を目指さないことを発表していた（大橋［2022］第1章、第3章；大橋［2017］267-275頁）。

　NCCF報告書は85項目の提言をしたが、その基本的政策思想は、消費者信用の「近代化」始期に設定された少額ローンの金利上限を各州が緩和・撤廃することによって、より低い所得の階層にまで信用を拡大しようとする市場主義的な主張であった。最終的には削除されたが、草案では金利体系が提案されていた。100ドル未満のローン金利の合法性は金利上限ではなく非良心性で判断、300ドルまでは年利42％、301ドルから1000ドルまでは年利21％、1000ドル超は年利15％というものであった（NCCF［1972］p.224）。

Ⅲ 少額ローンと金融包摂

1 消費者信用の経済学

(1) 消費者信用の需要

　タスクフォース報告書は、消費者信用は浪費であるとか、身の丈以上の生活をしているであるとか、貯蓄が常に最初に行われるべきであるという通念を批判する。そして主流派経済学（新古典派経済学）に従って消費者信用の需要について説明している。

　アーヴィング・フィッシャーの『資本と所得の本質』（1906年）、『利子率』（1907年）、『利子論』（1930年）に始まる資本と投資の理論は、消費者信用の分野ではE・R・A・セリグマンの『割賦販売の経済学——自動車産業を対象にした消費者信用研究』（1927年）が開拓し、F・トマス・ジャスターとロバート・P・シェイ『消費者の金融利子率感応度——実証的・分析的研究』（1964年）によって展開されていった[1]。それらの理論とそれに一致した経験則は以下の点を示しているという（CFPB［2021］pp.107-108）。

① 消費者は、収益率と利用できる借入のコストに従って、借入を行うであろう。多くの家計にとって、特定の財・サービス購入資金調達のために借金を用いることは、調達コストを上回る計算上の収益率をもたらす合理的投資である。

② 借入は、耐久消費財の購入、人的資本の獲得、資本の改善および修繕、信用利用がコストの節約になる緊急事態（時には命がかかっている）など、家計の投資案件と関連している傾向がある。

③ 信用利用にはライフサイクル効果がある。なぜなら資産ストックがな

1）フィッシャーはアメリカにおける初期の新古典派経済学者で、貨幣数量説でよく知られている。セリグマンは投資銀行家一族の出身で、GMからの委託で割賦販売の研究を手がけた。ジャスターはミシガン大学アナーバー校教授で家計の貯蓄、資産、時間の研究などで業績を残し、シェイは、コロンビア大学で銀行・金融論教授を務めた。シェイはまた、NCCFのスタッフとして働き、NCCF報告書の金利上限緩和・撤廃勧告の基礎となる経済研究を行った。ジャスターとシェイは信用割当と第2次貸し手の理論を展開した（Juster and Shay［1964］）。

く、貯蓄が乏しく、所得の低い若い消費者はほとんどの場合、人生の後半で収益率が相対的に高くなるからである。

④ 信用は未知の将来に関わるので、その利用にはリスクがある。

⑤ 第1次（低金利）と第2次（高金利）の貸し手があり、ともに発展する。

⑥ 第2次貸し手は、一部の借り手が入手できる信用を補完し、第1次貸し手からは信用を入手できない他の借り手に信用を提供する。

⑦ 貸付にはリスクがあるので、信用割当により、第2次貸し手さえ貸出限度がある。つまり、一部の人々は、高金利の信用しか利用できなかったり、合法的な信用を全く利用できなかったりする。

　これらについて少し説明を補足していこう。信用があることによって消費者は資金の流出と流入のパターンをうまく一致させることができる。挙げられている事例によれば、ある消費者は3万5000ドルの自動車を信用で購入する一方で、預金口座、個人退職勘定（IRA）、529大学貯蓄プランなどで3万5000ドル以上の金融資産を保有している。この消費者は自動車の購入という特定の用途のためだけに信用を利用しているわけではない。低い借入コストの信用によって、それを上回る収益率をもつ選択肢を可能にしている。自動車を買わなければ別の交通手段を利用するコストがかかる、IRAを取り崩すと税金やペナルティを支払わなければならない、大学進学を諦めなければならない、預金口座にある緊急事態のための蓄えを取り崩さなければならない、といった諸理由のために信用は利用される。そして住宅はもちろん、自動車、大学進学などは、現在の消費を排除することなく、時間の経過とともに見返りのある大きな買い物となり、場合によっては生命に関わるような緊急事態が生じたとき、信用はそれを緩和できる。これらが前述の①〜③に相当する。

　図11-1に見られるように、信用の需給は必ずしも均衡水準で決定されるわけではない。NCCFの時代の各州の金利上限を考えてみると、金利上限が低い場合、信用需要が信用供給を上回り、信用にアクセスできない人が多かった。だからNCCF報告書は、金利上限を緩和・撤廃することを勧告し、金利が均衡水準まで上昇して信用量が増加することを期待した。また、金融

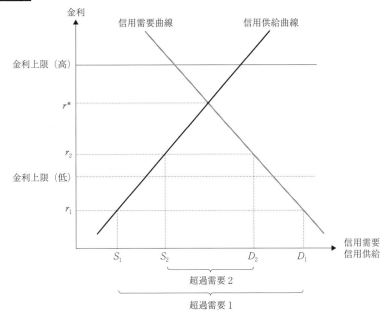

図11-1 信用割当、金利上限の概念図

注：r^*は均衡金利を示す。r_1は第1次貸し手の金利、r_2は第2次貸し手の金利を表す。
出所：筆者作成。

機関が均衡水準よりも金利を低く維持し、借り手を選別してリスクを低減させるという合理的行動の結果、貸出が却下される場合もある。これらを信用割当という。つまり、一定の金利水準で信用需要が信用供給を上回っている状態である。

　より高リスクで高金利のローンを行う意志に基づいて、低金利の第1次貸し手が提供する以上のローン規模の提供をしたり、第1次貸し手が却下した借り手にローンを提供する高金利の第2次貸し手が出現する可能性がある。図11-1は、銀行や信用組合などの第1次貸し手が低金利（r_1）でローンを提供した結果、「超過需要1」＝ $D_1 - S_1$のように大幅な超過需要が生じる。本節第2項で論じるような少額ローンの提供機関は、より高金利でローンを提供する第2次貸し手であり、「超過需要1」の一部を解消するよう高金利（r_2）でローンを提供する。ペイデイ・ローン、自動車担保ローン、質屋などが相当する。NCCFの時代には、黒人居住区の白人商店主が提供する割

表11-1 従来型分割払い貸金業者のローン収入とコスト

（特定年、債権100ドル当たり）

（ドル）

	1964年	1987年	2015年
1. 総収入	21.40	24.89	29.09
（金融料およびその他所得）			
2. 営業費用	12.73	15.16	20.74
2a. 給与・賃金	5.60	6.52	8.77
2b. その他営業費用	4.87	6.13	6.10
2c. 貸倒引当準備金追加	2.27	2.11	5.87
3. 純営業所得（第1行－第2行）	8.67	9.73	8.35
4. 営業外費用	6.34	7.51	4.40
4a. 借入資金コスト	4.17	6.05	2.28
4b. 所得税	2.17	1.46	1.27
5. 総支出（第2行＋第4行）	19.07	22.67	25.19
6. 純所得（第1行－第5行）	2.33	2.22	4.80
7. 備考：1口座当たり債権の平均金額	485.00	3,103.00	2,289.00

注：2015年について、第5行の総支出（第2行＋第4行）は25.14、第6行の純所得（第1行－第5行）は3.90になるが、元の表の数値のままである。
出所：CFPB［2021］p.163より作成。

賦販売が第2次貸し手の典型であった。それでも信用割当によって第2次貸し手からも排除される需要や人々もおり、「超過需要2」＝ $D_2 - S_2$ が生じる。これらが前述の④～⑦の内容に相当する。

(2) 消費者信用の供給

　表11-1は、従来型分割払い貸金業者のローンについての内訳である。第1行「総収入」は1964年の21.40ドルから1987年には24.89ドルに上昇したが、これは市場金利の上昇を反映している。その後市場金利が低下しても「総収入」は2015年の29.09ドルまで増加した。市場金利の上下は第4a行「借入資金コスト」が1964年の4.17ドルから1987年の6.05ドルへ上昇し、その後2015年に2.28ドルに低下したことに表れており、「借入資金コスト」の影響は小さくなっていることがわかる。

　第2行「営業費用」は、1964年の12.73ドルから2015年の20.74ドルまで大幅に増加しており、その要因は第2a行「給与・賃金」と第2c行「貸倒引当準備金追加」の増加にある。1987年から2015年にかけて、この「貸倒引当準

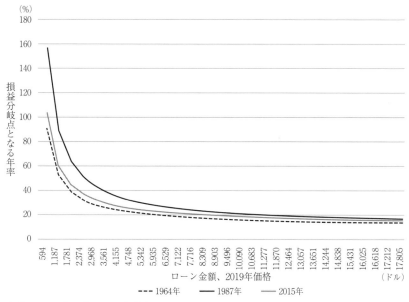

図11-2 損益分岐点となる年率とローン金額の関係、特定年

(%)

損益分岐点となる年率

ローン金額、2019年価格 (ドル)

- - - 1964年 ―― 1987年 ―― 2015年

出所：CFPB［2021］p.166より作成。

備金追加」が増加したこと、同期間に第7行「備考：1口座当たり債権の平均金額」が3103ドルから2289ドルに縮小したことは、よりリスクの高いローンを提供するようになったことを示している。それにもかかわらず第6行「純所得」は増加をみせている（CFPB［2021］pp.162-164）。

　図11-2は、損益分岐点となる年率は、ローン金額の小さいときにはきわめて高いが、ローン金額が少し大きくなると急減し、その後だんだん緩やかな低下になっていく様子を示している。ローンのコストはローン金額に比例して増加するわけではなく、少額ローンであっても固定費は同じようにかかり、手間暇もローン金額の大きさによってそれほど違いがないからである（CFPB［2021］pp.164-166）。

　表11-2は特定の年率に必要な最低ローン規模を示している。インフレ調整済みの数値でみると、1964年と2015年の数値は非常によく似ており、1987年も年率に対する変動は同じパターンである。2015年に36％の年率では2532ドルのローン規模が必要であり、42％では1994ドル、60％では1203ドル、

表11-2 従来型分割払い貸金業者の必要最低ローン規模

（ドル）

年率（APR）	1964年	1987年	2015年
100%	688	1,187	620
60%	1,300	2,259	1,203
42%	2,072	3,647	1,994
36%	2,569	4,550	2,532

注：必要最低ローン規模の単位はドルであり、2015年価格で示されている。
出所：CFPB［2021］p. 167より作成。

100％でも620ドルが必要である。これは第Ⅱ節末尾で述べたように、50年前にNCCFが勧告しようとしたローン規模と金利による金利体系と一致しており、少額ローンを可能にするにはより高い金利を認めなくてはならないことを示している。

2 少額ローンと金融包摂

　消費者信用の残高は、2022年第2四半期に学生ローンが1兆5900億ドルであり、自動車ローンが1兆5000億ドル、クレジットカードが8900億ドル、その他が4700億ドルと続いている（FRBNY［2022］）。その他には少額ローンが含まれているが、2017年の推計によると、分割払いキャッシュ・ローンが200億ドル、質屋取引が140億ドル、自動車担保ローンが70億ドル、店舗型ペイデイ・ローンが180億ドル、オンライン型ペイデイ・ローンが150億ドルで、計740億ドルである（CFPB［2021］pp.186-187）。金額からすれば、消費者信用の他の形態と比べるべくもなく、少額ローンゆえにローン規模も必然的に小さいが、それは低所得層の利用が主であることを示唆している。その使途は、家賃、光熱費、自動車修理、食料、衣類、医薬品、ガソリンなど生活必需品購入、緊急事態や特別な支出であると多くの調査研究が明らかにしている（CFPB［2021］p.185）。

　従来型の分割払いキャッシュ・ローンは、借入金額を一定期間にわたって均等に定期的に返済していくローンである。上限金利が低い州では特に、この方法で利益を上げるのが困難である。そこで登場したのが少額、短期、無担保のペイデイ・ローンであった。この商品・サービスを提供するのは、

1990年初頭には全米で500店舗ほどであった。だが、2000年代後半の最盛期には、ペイデイ・ローンを違法としない州が30州台後半にのぼり取扱店舗数は２万2000店舗にまで急増した。これはマクドナルドとスターバックスの店舗数合計を上回る数字である。

「ペイデイ」とは給料日の意である。次の給料日までの２週間、350ドルの融資を受けるとする。２週間後を返済期日、金融料が100ドルにつき20ドルだとすると額面420ドル（金融料70ドル）の先日付小切手を借り手は振り出す。金融料を金利として年率換算すると521％という驚くべき数字になる。返済期日にその小切手を現金化することにより取引が完結する。特徴的なのは、借り手は返済期日に全額一括返済するか、金融料を再び支払って借り換えをするか、この２択しかないことである。何度金融料を支払ったとしても元本は減らない。

ペイデイ・ローンは１度借りると抜け出せない「債務の罠」であるとの社会的批判が高まり、コードレイ長官は監督・規制、執行を大幅に強めた。しかし、少額、短期という商品構成ゆえに年率表示が高いだけであって、金額表示の金融料で判断すべきだという意見もある。少額、短期のローンに年率表示がそぐわないのは、CCPA第Ⅰ編貸付真実法が、金額表示と年率表示の両方を示すよう定めた所以であるとの意見である。

タスクフォースはこのように少額ローンを擁護し、前項で論じたように高価格はその供給コストが高いことに起因するとして正当化している。これを否定すると、少額ローンがまったく供給されなくなるか、政府介入もしくは慈善事業による供給しかない。だが現実的ではない。したがってタスクフォース報告書には金利上限などの規制が金融包摂を阻んでいるとの批判が溢れているが、ここでは代表的な３つの事例に言及しておく。

第１は、1978年マーケット・ナショナル・バンク・オブ・ミネアポリス対ファースト・オブ・オマハ・サービス社判決である。ネブラスカ州に本拠をもつファースト・ナショナル・バンク・オブ・オマハ（以下、「オマハ銀行」）は、全国ブランドのバンカメリカードに加盟し、近くのミネソタ州居住者に郵送でクレジットカード勧誘を行っていた。貸出金利について、ネブラスカ州では、未払残高999.99ドルまでは年利18％、1000ドル以上の残高については年利12％を認めており、15ドルのカード年会費を認めていた。他

方、ミネソタ州では、未払残高への年利は12％までで、10ドルのカード年会費しか認められていなかった。オマハ銀行はミネソタ州の自行クレジットカード保有者に対し、ミネソタ州の規定を超える金利を課していた。そこでミネソタ州のマーケット・ナショナル・バンク・オブ・ミネアポリスは、ミネソタ州法に準拠するようオマハ銀行を訴えた。最高裁は、国法銀行は営業する州ではなく本店が所在する州の高利制限法に従うべきとの判決を下し、この原理は「金利輸出説」と呼ばれている。

　その結果、銀行は金利上限のない州にクレジットカード事業を移転させた。1970年には銀行系クレジットカードを持つ家計の割合はわずか16％であったが、2001年までに73％まで急増し、低所得層での保有割合も劇的に増加した（CFPB［2021］pp.544-549）。

　第2は、ドッド＝フランク法第1075条による交換手数料引き下げである。デビットカードはクレジットカードと同様に、消費者がカードを利用するときに交換手数料を支払う。銀行はその交換手数料を無料当座預金口座の提供という形で消費者に還元していた。2001年、無料当座預金口座の割合は7.5％であったが、2009年には76％まで上昇した。しかし、第1075条の規定により、銀行が徴収する交換手数料の平均は1取引当たり0.51ドルから0.24ドルに引き下げられ、無料当座預金口座の割合は2013年には38％と半減し、当座預金口座の口座維持手数料月額は倍増し、最低必要預金口座残高は増加した。つまり、交換手数料引き下げは低所得層に不当に重い負担をかけている（CFPB［2021］pp.585-604）。

　第3は、2009年クレジットカード説明責任・責任・開示法（CARD法）の成立である。クレジットカードは、貸付真実法とFRBの規則Zによって規制されてきた。しかし、サブプライム・ローン以前から、リボ払いに伴う諸問題や、金利引き上げ、高額な遅延損害金、限度額超過手数料などの「不公正または詐欺的な行為または慣行」があり、それに対処する目的で、CARD法が制定された。たしかに、法律に規定された部分については改善がみられたが、クレジットカード保有の総コストは上昇し、特に低所得者はクレジットカード取得が困難になり、与信枠が少なくなり、より高い金利を支払うことになった（CFPB［2021］pp.596-604）。

おわりに

　タスクフォースは、金利上限に対する懸念を隠さず、限界的消費者に対する高利制限法の意義を否定し、金利上限を継続している州に、その現実の効果を検証し、場合によっては修正するよう勧告した。これは50年前にNCCFが行った勧告と瓜二つであり、100年前の「近代化」始期の改革で少額ローンの合法化を図ったのとまったく同じ方法である。

　これらの主張は、コードレイ長官下でCFPBが金融機関の「不公正、詐欺的、濫用的な行為・慣行」から消費者を保護するために講じてきた規制や、ジョー・バイデン政権下で当初の使命に戻りつつあるCFPBの方針とは相容れない。

　また、消費者団体はタスクフォースが「一様に業界の意見を代表する」委員で構成されており、コンサルタントや弁護士として業界と密接な関連があるとして提訴した。業界側だけの意見が反映され、消費者側の意見が吸い上げられないため、公正を旨とする連邦諮問委員会法に違反しているというその主張が認められた。それによってタスクフォース報告書は連邦諮問委員会法に違反して作成されたという免責事項を表示することなどが求められ、バイデン政権下では当のCFPBも同意しているのである。

　このように少額ローンと金融包摂は、アメリカにおいて長年にわたって浮上してきた普遍的な問題である。それと同時に、低所得層への金融拡大によって貧困や福利の問題を解決しようとしてきたアメリカ的問題ともいえる。

【参考文献】

大橋陽［2017］「二分化された金融——低所得層の金融アクセスとフリンジ・バンキング」谷口明丈・須藤功編『現代アメリカ経済史——「問題大国」の出現』有斐閣。

―――［2020］「乗っ取られる政府機関——消費者金融保護局の成功と金融機関の反撃」大橋陽・中本悟編著『ウォール・ストリート支配の政治経済学』文眞堂。

―――［2022］「現代アメリカ低所得層消費者信用史論——「二分化された信用制度」の生成」名古屋大学大学院経済学研究科、博士学位請求論文。

奥山裕之［2016］「米国における金融消費者保護局の設立と展開」『レファレンス』第66巻第1号、109-128頁。

CFPB (Consumer Financial Protection Bureau) [2020] Taskforce on Federal Consumer Financial Law, Member Biographies, January 2020.

CFPB (Bureau of Consumer Financial Protection) [2021] Taskforce on Federal Consumer Financial Law Report, Vol. I, January 2021.

Cordray, Richard [2020] *Watchdog: How Protecting Consumers Can Save Our Families, Our Economy, and Our Democracy*, New York, NY, Oxford University Press.

FRB (Board of the Governors of the Federal Reserve System) [2020] 2019 Survey of Consumer Finances (SCF), Last Update on March 10, 2022, Retrieved at Federalreserve.Gov.

FRBNY (Federal Reserve Bank of New York) [2022] Household Debt and Credit Report (Q2 2022), Last Update on August 2, 2022, Retrieved at Newyorkfed.Org.

Jackson, Kenneth T. [1985] *Crabgrass Frontier: The Suburbanization of the United States*, New York, NY: Oxford University Press.

Juster, F. Thomas and Robert P. Shay [1964] *Consumer Sensitivity to Finance Rates: An Empirical and Analytical Investigation*, New York, NY: National Bureau of Economic Research.

NCCF (National Commission on Consumer Finance) [1972] *Consumer Credit in the United States: Report of the National Commission on Consumer Finance*, Washington D.C.: U.S. Government Printing Office.

Rothstein, Richard [2017] *The Color of Law: A Forgotten History of How Our Government Segregated America*, New York, NY; London, UK: Liveright Publishing Corporation.

第12章 Amazon と反トラスト政策
反トラスト政策の歴史的な歩みと現在地

安岡 邦浩 *Kunihiro Yasuoka*

はじめに

　日本の独占禁止法など、世界各国には公正な取引を実現させるための競争法が存在する。これらの法を用いて市場の秩序を維持するための政策を競争政策という。アメリカでは歴史的経緯から競争政策は反トラスト政策と呼称される。2021年6月15日、バイデン大統領は反トラスト政策を担う連邦政府の機関たる連邦取引委員会（Federal Trade Commission: FTC）の新委員長に、コロンビア大学准教授であったリナ・カーン（当時32歳）を指名した。この指名によって、カーンは歴代最年少のFTC委員長になった。まさに、異例の大抜擢であったといえる。アメリカ全土にわたり商取引を監督する連邦政府の機関のトップに、弱冠32歳の若きリーダーが誕生したことは驚きをもって迎えられたのだった。

　しかし、驚きはこれだけにとどまらなかった。指名からわずか15日後の6月30日、カーンは公平性に欠けるとし、Amazon.com, Inc.（以下、「Amazon」）はFTCに対し、Amazon に対する調査から彼女を除外するように求める意見書を送りつけたからである。FTC 委員長の公平性が疑問視されることなどこれまで例がない。ゆえに、この意見書の提出もまた異例のことであった。最年少FTC委員長の誕生とこれに対するAmazon の対応は、規制当局と巨大企業との間で鋭い対立が発生していることを感じさせ

た。

　われわれ消費者の目には、インターネットを通じてあらゆる商品を購入できるAmazonのサービスは、きわめて有益なものであるように映っている。しかし、カーン新委員長を筆頭に、FTCはAmazonのあり方を問題視している。いったい、Amazonのどこに、公正な取引上の問題があるのだろうか。

　本章では現代アメリカにおける独占を考える一環として、Amazonと反トラスト政策の関係を検討していく。まず、第Ⅰ節では、Amazonがどのような環境でビジネスを展開し、どのように成長してきたかを論じる。次に、第Ⅱ節では、Amazonが抱える反トラスト政策上の問題を取り上げる。ここではAmazonの何が問題になっているのかが具体的に明らかにされる。第Ⅲ節では、カーン新FTC委員長の認識に沿いながら、反トラスト政策の歴史的な歩みと変化について分析される。また、現在の反トラスト政策の動向も論じられる。

Ⅰ　AmazonのビジネスとアメリカEC市場

1 Amazonのビジネス・モデル

　Amazonはジェフ・ベゾスによって1993年にアメリカで創業された企業である。創業時からまだ約30年しか経過していない比較的若い企業である。しかし、その経営規模は大きい。Amazonは世界19か国で事業を展開しており、2021年の総売上は約4698億ドル（＄1＝110円換算で約50兆円超）にものぼる。また、全世界で約160万人（2021年）を雇用しており、本拠地であるアメリカでは約81万人（2020年）を超える人々が雇用されている。

　Amazonの主たる事業はインターネット上に存在する仮想店舗であるAmazonマーケット・プレイス（Amazon Market Place、以下、「AMP」）の管理運営である。仮想店舗であるAMPでは、インターネット上でなされる電子商取引、すなわちエレクトロニック・コマース（Electronic Commerce、以下、「EC」）を通じ、一般消費者を対象に、さまざまな商品が販売されている。Amazonと契約すれば、誰でもAMPにおいて商品を販売することができ、会員登録すれば誰でもAMPで商品を購入することができる。

2 EC 市場の拡大と Amazon

インターネットの普及とともに、電子商取引市場である EC 市場は全世界において急拡大を遂げてきた。そして、この EC 市場の急拡大とともに、Amazon も急成長してきた。2000年時には約28億ドルであった Amazon の売上高は、2021年には約4698億ドルにも達しており、約20年でなんと167倍にもなっていることがわかる（図12－1）。この数値はいかに Amazon が急成長してきたのかを端的に示している。さらに、今もってなお、EC 市場は堅調な伸びをみせている。アメリカ EC 市場の規模は15％から20％で成長していくと分析されており、2022年には 1 兆ドル（＄1 ＝110円換算で110兆円）を超え、2026年には 1 兆6720億ドルに達すると推計されている（図12－2）。

企業別シェアをみた場合、アメリカ EC 市場において Amazon は37.8％のシェアを占めている（図12－3）。Amazon の次にシェアが高いのはウォルマート（6.3％）であり、その次に Apple（3.9％）、eBay（3.5％）と続く。Amazon を除く上位14社のシェアを合計したとしても28.6％にとどまり、Amazon 1 社のシェアに及ばない。このことからも Amazon はアメリカ EC 市場において、圧倒的なシェアを有していることがわかる。

アメリカにおいて、非常に多くの人々が AMP を利用していることは、さまざまなサービスを受けることができる有料会員（Amazon プライム）の数からも明らかである。アメリカにおける Amazon プライムの料金は年額139ドル（月額14.99ドル）と、日本の料金（年額4900円、月額500円）の倍以上の金額に設定されている。にもかかわらず、調査会社 CIRP（Consumer Intelligence Research Partners）の調べでは、2022年末の時点で約 1 億6800万人もの人が Amazon プライム会員になっている。また、調査会社 Numerator は2022年において約53.6％もの世帯が Amazon プライムを利用していたと報じている。

Ⅱ Amazon の何が問題になっているのか

1 ルール・メーカーとプレイヤー

われわれが消費者として Amazon に接するとき、Amazon はきわめて有

図12-1 Amazon の年間売上高（2000〜2021年）

出所：Amazon Annual Report 2000-2021 より作成。

図12-2 アメリカ EC 市場の売上高と前年比成長率（推計）

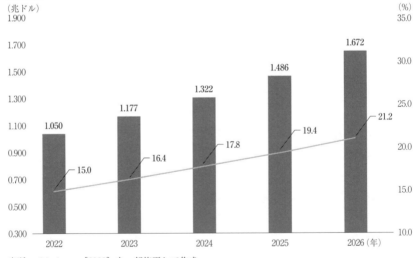

出所：eMarketer［2022］を一部修正して作成。

益なサービスを提供していると感じられるだろう。デジタル・デバイスを操作し、時間や労力をかけずに、AMP に出品されているさまざまな商品を購入できるからである。月並みな言葉で表現すれば、ボタン1つで気に入った商品をすぐさま購入することができる。購入した商品は自宅へと配送され、

図12-3　アメリカ EC 市場におけるシェア率

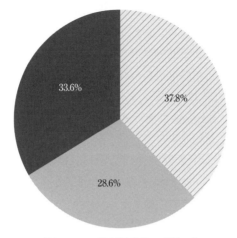

注：上位14企業の内訳は Wal-Mart（6.3%）、Apple（3.9%）、eBay（3.5%）、Target（2.1%）、The Home Depot（2.1%）、Best Buy（1.6%）、Costco（1.6%）、Cavana（1.5%）、Kroger（1.4%）、Wayfair（1.1%）、Chewy（1.0%）、Macy's（0.9%）、Lowe's（0.9%）、Qurate Retail Group（0.7%）。
出所：Statista［2022］より作成。

われわれは動かずして商品を手にすることができる。

　このように、消費者目線でみた場合、有益なサービスを提供する Amazon であるが、AMP に商品を出品している事業者や反トラスト政策に携わる者の立場からみた場合、公正な競争を害し、市場に悪影響を与えていると考えられる事項が存在する。それは AMP を維持管理する Amazon が、同時に、自らも商品を AMP で販売していることである。AMP のシステムの仕組みを詳しく見てみよう。

　重要なのは、Amazon 以外の事業者が Amazon の管理する AMP を経由し、商品を販売した際、手数料がかかることである。この手数料の額は出品する商品の種類で異なっており、約 8 ％から15％ほどの手数料がすべての商品の販売にかかってくる。AMP を経由して商品が 1 つ売れるたびに、その商品を出品した事業者は Amazon に対し、販売額の 8 ％から15％の手数料を支払わなくてはならない。そのため、出品事業者は Amazon に支払う手

数料分を商品価格に上乗せしていかねばならない。

　この手数料は Amazon 以外の出品事業者が AMP の管理者たる Amazon に対して支払う手数料である。ゆえに、当然、Amazon 自身が AMP で商品を出品する場合には発生しない。そのため、仮にまったく同じ商品が Amazon とそれ以外の出品事業者から AMP に出品された場合、Amazon が販売する商品価格は手数料分の約 8 ％から15％ほど常に安くできる。つまり、AMP において Amazon は他の出品事業者に対し、常に価格面において有利な状況で、商品を販売することができる。

　さらに出品にかかる手数料を Amazon は独自に決定することができる。たとえばアレクサなど Amazon 系列のデバイス用アクセサリの販売には45％もの高い手数料が設定されている。この45％という手数料は、他の事業者に Amazon 系列のデバイス用アクセサリの開発や販売を躊躇させる要因として、つまり、参入障壁として機能する。もしも、このような手数料が存在せず、参入障壁がなければ、より多くの出品事業者による関連商品の開発や販売が見込まれる。しかし、高い手数料のために、この領域は主に Amazon によって担われるという構造になっている。

　また、Amazon は AMP に出品している他の事業者の販売情報を取得し、自身の商品開発、価格設定、販売方法などに役立てているとされている（European Commission［2020］）。このような情報は AMP を管理する Amazon でしか知りえない情報である。欧州委員会は仮想店舗の管理という地位を乱用して不当な優位性を得るものであり、支配的立場の濫用の禁止（EU 機能条約102条、旧 EC 条約82条）に違反する可能性があるという見解を示している。どのような商品が、いつ、どれだけ、どのような値段で売れているのかを把握している Amazon は、売れる可能性が高い時期に、売れる可能性が高い商品を、他の出品事業者よりも低い価格で提供することが可能である。Amazon は高品質低価格を謳いながら、Amazon ベーシックとして多数の商品を販売しているが、その背後には、このような仕組みが存在している。

　結局のところ、Amazon は AMP においてルール・メーカーであり、かつ、プレイヤーでもある。その事実をどのように捉えるかで Amazon に対する意見は分かれる。たしかに、AMP という仮想店舗においてどのような

手数料が課されようとも、それは Amazon の自由であると考えることもできる。数十年に及ぶ Amazon の経営努力の結果、現在の AMP は構築されたものであり、この AMP は Amazon によって管理されている仮想店舗なのであるから、他の出品事業者にどれほどの手数料を請求しようが、それを制限することはできないという意見も存在する。しかし、ルール・メーカーが同時にプレイヤーであることを許すべきではないという意見もある。手数料で垣間見えたように、ルール・メーカー兼プレイヤーは容易に他のプレイヤーに勝利することができる。このような環境は健全な競争環境とはいえない。また、この構造を放置し続けることは他の出品事業者だけでなく、経済全体に悪影響を与える可能性がある。ゆえに、反トラスト政策上の問題となっているのである。

　Amazon が作り出した構造を問題であると捉える立場から、AMP の管理運営と商品出品は分離されるべきだという主張がなされている。仮想店舗の運営の必要経費として出品事業者から手数料を取ることは是認されるべきであるが、それは特定のプレイヤーに対し有利な条件とならないように配慮されねばならない。ゆえに、ルール・メーカーとプレイヤーは分けられるべきだという提言である。この提言は、すでにインドで実行されている。インド政府は2016年に Amazon に対して営業許可を出したが、その許可は AMP の管理運営のみの許可であった。Amazon は自身の仮想店舗であるインド AMP で商品を販売することはできなかった。この規制を回避するため、Amazon は合弁会社をインドで立ち上げ、同社を通じて商品の販売を試みてきたが、2019年には関連会社を通じて商品を販売することも違法であるとみなされ、Amazon の商品出品は再度禁止されることとなった。このインドの政策は国内小規模小売業者を保護するという側面が強いものの、Amazon が1人勝ちしていく構造を規制しえた稀有な事例となっている。

　インド政府は Amazon に商品販売の許可を与えないことによって、Amazon だけが有利な市場構造を構築することを防いだ。アメリカでもこのような措置、つまり特定の産業や市場において経済力をもつ企業が、他の産業や市場を支配することを防ぐ規制が必要なのではないかという声が強まりつつある。また、構造規制という方法をアメリカ反トラスト政策はとってきたという歴史がある。たとえば、かつて、アメリカの長距離電話事業を独占

していた AT&T という企業は、1954年の司法省との取り決め（同意審決）によって[1]、事業範囲を電話事業にのみに限定され、他の事業を営むことはできなかった。この取り決めが締結された理由は、電話事業における独占を梃子として、他の関連産業や市場が独占されていくことが危惧されたためである。また、同時に、電話事業に専念させることによって、公共性の高い電話事業を堅実に運営させるためであった。1960年代までのアメリカでは、反トラスト政策を媒介に、社会的かつ経済的な調整が行われたという伝統がある。このような伝統に即しても、Amazon は AMP の管理運営にのみ従事すべきだという議論が高まっている。

　端的に言って、Amazon によって作り出されている構造は、Amazon が競争において勝つように作り出された構造である。もちろん、事業者はAmazon への出品を避けることもできる。しかし、それは即座に巨大な市場（アメリカ EC 市場の約38％）における商品販売の可能性を失ってしまうことになる。Amazon への出品を拒否し、実店舗販売や Amazon 以外の仮想店舗によって商品を販売していくこともできる。しかし、多くの企業がアメリカ EC 市場において最もシェアをもつ AMP を忌避できない。商品販売経路のゲート・キーパーとして圧倒的な力をもつ Amazon によって、手数料という形で利益の一部が奪われ続けたとしても、付き合っていかざるをえない状況が形成されている。これが反トラスト政策上の問題となっている。

　さて、ここまでの議論を経て、事態をよく理解した賢明な読者は、AMPを利用しつつ、Amazon の支配網を抜け出るための方策を考えると思われる。たとえば、AMP における商品価格を割高に設定しつつ、自社の HP や他の仮想店舗において同じ商品を安く販売することで、Amazon に手数料を取られることなく商品を売ることができると構想されたのではないだろうか。しかし、この構想は、出品事業者と Amazon との間でなされている契約に含まれる「最恵国待遇条項」によって阻まれている。この「最恵国待遇条項」もまた、反トラスト政策上における Amazon の問題となっている。

1）同意審決（consent decree）は政府と企業の和解に裁判所が法的拘束力をもたせたものである。判決と同等の法的効果があるとされる。

2 「最恵国待遇条項」

　一般的に最恵国待遇とは通商条約などが締結される場合において、最も有利な待遇を与えることによって、待遇に差を設けないことを指す。出品事業者と Amazon との間に締結される契約に含まれる「最恵国待遇条項」とは、AMP と他の仮想店舗との間に価格差を設けないようにせねばならないという契約条項である。つまり、Amazon は AMP の出品事業者に対し、AMP 以外の仮想店舗で商品を売る場合においても、AMP で設定している販売価格と同等の価格を付けることを契約条件として課している。そのため、AMP に商品を出品する事業者は、自社の HP や他の仮想店舗において、商品を安く販売していくことが原則的にはできないようになっている。

　Amazon の「最恵国待遇条項」をめぐっては、すでにアメリカ国内で訴訟が起こされている。2021年5月にコロンビア特別区（首都ワシントン）の司法長官によって起こされた反トラスト訴訟である（DC v. Amazon, No. 2021-CA-001775-B）。反トラスト訴訟を起こしたラシーン司法長官は、Amazon が最安値を維持するための「最恵国待遇条項」によって、結果的に、アメリカ EC 市場における商品価格が人為的に上昇させられていることを問題視していた。もし「最恵国待遇条項」が存在しなければ、先ほど述べたように、Amazon に課される手数料を除いた商品価格で商品を提供することができる。しかし、Amazon の「最恵国待遇条項」の下で、たとえ自社の HP を経由した商品売買であっても、AMP と同程度の価格で商品を提供せねばならなくなっている。そのため、すべての商品価格が上昇させられており、住民全体が被害を被っているというのがラシーン司法長官の訴えであった。Amazon は他事業者や消費者を犠牲にして自社の利益を最大化しようとしており、競争を阻害し、革新を抑えつけ、違法に市場を自らに有利な状況に偏向させているとラシーン司法長官は厳しく Amazon を批判している。

　この反トラスト訴訟は商品価格の上昇が Amazon の「最恵国待遇条項」によることを証明しきれていないとして、2022年3月に、裁判所によって退けられた。しかし、訴状に修正を加え、再度、訴えが起こされている。このコロンビア特別区における反トラスト訴訟では、一見すれば、消費者の厚生を高めると思われる Amazon のビジネスが、実は全体的な商品価格の上昇につながっている可能性が示唆されており、他事業者のみならず、消費者に

対しても害悪をもたらしていると主張されている点において注目に値するものであった。

3 企業買収と投資控え

　最後に、企業買収とその影響についても述べておかねばならない。Amazon は創業以来、多くの企業を買収してきた。最近では、2022年8月5日に発表されたアイロボット（iRobot）の買収や、2022年7月21日に発表されたワン・メディカル（One Medical）の買収が記憶に新しい。アイロボットはロボット掃除機ルンバでよく知られる企業であり、約17億ドルでの買収となった。ワン・メディカルは全米188か所の拠点で日常的な医療診断（プライマリー・ケア）を提供している企業であり、ここ数年はモバイル・アプリを駆使して24時間年中無休の遠隔診断を提供することに力を入れていた。ワン・メディカルの買収額は約39億ドルとされている。

　アイロボットやワン・メディカルの買収は、より良いサービスが提供されるようになる可能性を秘めている。進化したロボット掃除機ルンバに一声かけるだけで家中が掃除されるような未来、身体に何らかの不調を感じたときに手持ちのスマートフォンから AMP 経由で即座に医者の診断を受けることができる未来が、この買収によって近づいたのかもしれない。しかし、反トラスト政策に関わるいくつかのレポートでは不都合な真実の存在が指摘されている。それは Amazon などの巨大 IT 企業の進出が予想された場合、その領域（つまり後に競合する可能性があるとされる領域）で活動するベンチャー企業に対する投資が減少するという指摘である。Amazon らと競合する事業者に対する投資は2012年から2019年にかけて22％ほども下落したと指摘されている（Warren [2019]）。

　投資控えが起こる理由は明快で、Amazon との競争に敗れれば、投資資金を回収することができなくなるからである。2012年に、米投資情報会社が Amazon による事業参入の影響を受け、業績の悪化が見込まれるアメリカの小売関連企業銘柄を Amazon 恐怖銘柄指数（英語名は Death by Amazon）として発表し、注目を浴びたが、考え方はこれと同じである。依然として、Amazon と競合せねばならなくなった企業は苦境に立たされることが必至であると考えられており、スティグラー委員会の最終報告書（Stigler Center

［2019］）のような、比較的最近発表されたレポートにおいても、Amazon ら巨大 IT 企業と競合する事業領域はキルゾーン（死の領域）という名称で呼ばれている。

Amazon によるアイロボットの企業買収によって、ロボット掃除機の製造販売事業はキルゾーンに入ったとみることができる。もし、指摘されているように、ベンチャー企業への投資控えや、これに起因する事業撤退などがあれば、ロボット掃除機における技術開発速度は低下する恐れがある。つまり、企業買収によって、夢のような未来の実現が、結果的に遠のく可能性もある。メディカル事業についても、同様である。Amazon に対抗しつつ、メディカル事業を立ち上げていくことには困難が予想される。ゆえに、活発な競争が起こるとは考えづらい。Amazon ら巨大企業によって、広範な領域で企業買収がなされればなされるほど、キルゾーンが拡大し、次世代のアメリカを担うハイテク企業が誕生、成長しにくい状況が形成されていくと批判されている（Warren ［2019］）。

Amazon ら巨大 IT 企業による企業買収は、有効な製品やサービスが生み出されるために必要不可欠な事柄であると考えるか、逆に、次世代のアメリカを担うハイテク企業の事業機会が失われていくと考えるかについては意見が分かれる。しかし、欧州委員会や米連邦議会下院の反トラスト小委員会など、多数の調査報告書が警告を発していることを考えれば、あまり楽観視できる状況ではない。

Ⅲ　反トラスト政策の転換

1　Amazon はなぜカーン新 FTC 委員長を恐れるのか

これまでの議論で、Amazon のビジネス・モデルが反トラスト政策上いくつかの問題点を抱えていることが理解できたと思われる。さて、今日になって、やっと問題点が指摘されはじめたが、これまでアメリカ反トラスト政策は Amazon を見逃し続けてきた。インド政府のように早々に対策を講じることができていれば、さまざまな問題が列挙されるような事態になるのは避けられたはずである。なぜ、このような事態になるまで、アメリカ反トラスト政策はこの問題に対処することができなかったのだろうか。

この問いに対して、反トラスト政策の執行者が、消費者の厚生にのみ目を奪われて、課さねばならなかった構造規制を課すことを怠ったためであると批判したのが、本章冒頭で紹介したカーンFTC委員長である。カーンは1970年代から反トラスト政策が弱体化したため、Amazonは急激に成長することができたと分析する。どういうことだろうか。ここでは、新FTC委員長であるカーンの論説（Khan［2017］）に依拠しながら、反トラスト政策の歩みと変化を見てみよう。

　カーンFTC委員長はイェール大学ロースクール在学中の2017年に「Amazonの反トラスト・パラドクス（Amazon's Antitrust Paradox）」という論文を発表したことで注目を浴びた。注目された理由は、消費者の厚生にのみ注目する1970年代以降の反トラスト政策のあり方（シカゴ学派的反トラスト政策）によって反トラスト政策における構造規制が弱体化したために、Amazonのような企業の登場を招いてしまったと論じたからである。

　1960年代までFTCや司法省など反トラスト政策を担う執行者は市場構造を注視していた。そして、必要であれば市場を分割することによって、異なる企業が活躍できる場を創出しようと努めてきた。再度、AT&Tの事例を持ち出せば、AT&Tは系列の研究機関（ベル研究所）において半導体の開発に成功したが、半導体の製造販売に着手することはできなかったのである。その理由は、すでに述べたように、司法省との取り決めで電話事業に従事することが決まっていたからである。結果的に、アメリカではフェアチャイルドセミコンダクターなどの半導体メーカーが創業されることとなった。他の事例でいえば、司法省と1950年代にかわした取り決め（同意審決）によって、IBMは長らくサービス業への進出を禁じられていた。また、IBM製品と互換性をもつ製品を他企業が製造できるようにするための技術を提出させられており、この取り決めが多くの企業の支えになったのであった。

　このような形で反トラスト政策が実行されていったのは、経済力の分散や事業機会の確保といった事柄が反トラスト政策の目的であると考えられていたからである。しかし、1960年代半ばから、反トラスト政策の目的は経済効率の達成を通じた消費者の厚生の最大化であるという理解が広まり、多数派かつ主流派になっていった。この考え方がいわゆるシカゴ学派と呼ばれる人々の考え方である。経済力の分散や事業機会の確保といった旧来の反トラ

スト政策が追求してきた目的について、シカゴ学派の面々は否定的であった。数値や数式を用いて、反トラスト政策の効果を実測していこうとする肯定的な面をシカゴ学派は有しているが、問題を抱える巨大企業が存立していることに鑑みれば、カーンが言うようにシカゴ学派は消費者の厚生に目を奪われていたといえよう。

　経済効率および消費者の厚生を反トラスト政策の究極の目標と置くシカゴ学派の台頭によって、反トラスト政策は変化した。とりわけ、構造規制を忌避するようになった。そして、これが Amazon を台頭させる要因であった。カーンの見立てによれば、Amazon は1970年代以降の反トラスト政策のあり方をよく理解しており、各種サービスを充実させることによる消費者の厚生の増加を前面に押し出しつつ、他の事業者に対して有利な立場を戦略的に築いていったのである。現在、いかに Amazon が有利な立場にいるかは、すでにみてきたとおりである。

　反トラスト政策としては、Amazon の戦略を早々に看破し、EC 市場において、何らかの規制をかける必要があったのだが、われわれと同じく、反トラスト政策の執行者たちも、Amazon は新たな技術を駆使し、消費者の厚生を増幅させていく企業であるとみていた。そのため、Amazon を反トラスト政策の規制対象外とみなしてしまったのだった。

　カーンに対し、Amazon は反論することができていない。反トラスト政策と Amazon についてのカーンの分析は、現状を捉えた認識であると評価することができよう。この認識こそが Amazon を追い詰めているといえる。上記のように考えるカーンは、当然、Amazon に対し規制が必要であるという立場をとっている。それゆえ、Amazon はカーンを恐れているのである。

2　転換期の到来

　Amazon のような巨大企業の台頭、カーンのような新たな論者の登場によって、反トラスト政策のあり方が見直されはじめている。ここでは、やや羅列的になってしまうが、現代反トラスト政策に関連する動きを把握してみよう。

　まず、反トラスト政策の論調に変化がみられる。経済効率の達成を通じた消費者の厚生の最大化を反トラスト政策の目的とするシカゴ学派的見解は、

もはや主流とはいえなくなりつつある。現在はいかにバランスをとりながら巨大企業を規制するかという論調に移りつつある。その結果、構造規制や事業機会の確保など、反トラスト政策で伝統的に論じられていた事柄が再度論じられるようになってきている。この論調の変化を端的に示しているのは、たとえば、スティグラー委員会の最終報告書（Stigler Center [2019]）である。シカゴ大学を拠点とするスティグラー委員会はシカゴ学派の流れをくむ。しかし、スティグラー委員会の最終報告書は、ロックイン効果やデータ蓄積が参入障壁を高め、近い将来、新規参入ができない状況が形成されると予測している。そのため、危機感に満ちた語り口で、構造的な規制の必要性が訴えられている。また、消費者の厚生のような特定の観点からのみではなく、社会全体を捉える観点から政策を考える必要性を強調している。これは消費者の厚生を最重要視する思想からの離脱であり、明らかに過去のシカゴ学派的認識を否定したものになっている。

政治領域においても、規制が模索されはじめており、いくつか動きがみられる。すでに参照したところでいくと、たとえばウォーレン・レポート（Warren [2019]）などは注目に値する。このレポートは民主党上院議員であるエリザベス・ウォーレンによって提出されたレポートであり、Amazonを含めた巨大IT企業の解体が提言されたことで注目を浴びた。巨大IT企業が経済力を利用し潜在的競争者を滅ぼすことに歯止めをかけなければ、次世代のハイテク企業が誕生、成長していく機会が奪われてしまうとウォーレンが警告していたことはすでに述べたとおりである。

議会の動きでいえば、米国連邦議会下院に設けられている反トラスト小委員会（The Subcommittee on Antitrust [2020]）において、Amazonを含めた巨大IT企業4社（Apple、Google、Facebook（Meta））すなわちGAFAに関する調査が行われた。対象となった4社は反競争的な方法で市場支配力を拡大しており、競争を回復するために、早急に行動する必要性があると報告されている。

さまざまな提言を受けて、反トラスト法を強化し、執行しようとする法整備も進められている。自社製品の優先、他事業者との差別を禁じる旨の法案（American Innovation and Choice Online Act）や支配的な企業が複数事業分野に力を行使することを制限する旨の法案（Ending Platform Monopolies

Act）など、複数の法案が米議会に提出され、下院および上院で審議中（一部は通過）となっており、今後の動向が注目されている。まさに、反トラスト政策は転換期を迎えているといえよう。

おわりに

　本章では Amazon と反トラスト政策の関係について解説した。Amazon は間違いなく優れた企業であるが、同時に、重大な問題を数多くはらんでいる企業である。消費者の厚生を低下させることなく、公正な取引や競争秩序を維持するようなバランスのとれた競争政策のあり方が摸索されはじめているが、言葉で言うほど簡単ではない。言い換えれば、解決策が容易く出せるほど、現実は単純ではない。

　社会経済活動は、インターネットという新たな技術の登場と浸透によって、あらゆる意味で急激に様変わりしてきた。まさか、Amazon の経営規模が20年間ほどの間に167倍以上になるとは、誰も予想できなかったのである。恐ろしいほどの速度で変化していく世界のあり方に対し、反トラスト政策は、今、必死でアップデートを試みているといえる。しかし、理論的にも、実践的にも、積み残している課題は多い。

　他方で、アップデートを試みなければならないのは、Amazon も同様である。世論の変化や反トラスト政策の変化に対し、Amazon も対応する必要が出てきている。たとえば、Amazon は他の仮想店舗との価格競争に敗北しないように最恵国待遇条項を設けたのであるが、今や、この「最恵国待遇条項」は人為的に商品価格を上昇させるものであると批判されてしまっている。外部環境は、若きジェフ・ベゾスによって創業されたばかりのあの頃とはまったくと言っていいほど違っているのであり、環境の変化に対応していかねば、状況は悪化の一途をたどるだろう。

　急激に変化している外部環境を、能動的にコントロールしていくことが、Amazon の経営課題になっている。そして、この課題をともに考えてくれるパートナーこそ、Amazon の最大の批判者であるカーンにほかならない。カーンは Amazon を完全に否定しているのではない。むしろ、その戦略性や行動力を認めており、Amazon がこれまで歩んできた道のり（歴史）を、他

の誰よりも丹念に理解しようと試みてきた。課題を解決していくために、Amazon が知恵を借りるべき相手はカーンなのである。

　たしかに、規制するものと規制されるものという属性上、カーンとAmazon との間に敵対性が発生してしまうことは否めない。しかし、敵対しているからこそ、相手に真摯に向き合わねば、状況を打開する策はみえてこない。カーンの認識に明らかな瑕疵があり、まったくもって彼女がFTC 委員長の座に相応しくないと判断するのであれば、調査から彼女を除外するよう求める意見書を送りつけるのではなく、カーンの認識に対して、徹底的に反論せねばならなかった。そうでなければ、Amazon は自身の正当性を示しえないからである。高まる批判と相次ぐ反トラスト訴訟に対して、どのように向き合っていくのか。Amazon の真価が問われている。

【参考文献】

杉本和行［2019］『デジタル時代の競争政策』日本経済新聞出版社。

松下満雄・渡邉泰秀編［2012］『アメリカ独占禁止法 第 2 版』東京大学出版会。

Amazon.com, Inc ［1998-2021］ "Annual Reports, Proxies and Shareholder Letters," Accessed August 30, 2022. https://ir.aboutamazon.com/annual-reports-proxies-and-shareholder-letters/default.aspx

Bork, Robert H. ［1978］ *The Antitrust Paradox: A Policy at War with Itself*, New York, NY: Basic Books.

Consumer Intelligence Research Partners ［2022］ "Has Amazon Prime Membership Plateaued in the US?" accessed August 30, 2022. https://cirpamazon.substack.com/p/has-amazon-prime-membership-plateaued

eMarketer ［2022］ "US Retail E-commerce Sales to Surpass $ 1 Trillion This Year," accessed August 30, 2022. https://www.insiderintelligence.com/content/us-retail-ecommerce-sales-surpass- 1 -trillion-this-year

European Commission ［2020］ Antitrust: Commission Sends Statement of Objections to Amazon for the Use of Non-public Independent Seller Data and Opens Second Investigation into Its E-commerce Business Practices. accessed August 30, 2022. https://ec.europa.eu/commission/presscorner/detail/en/ip_20_2077

Khan, Lina M. ［2017］ "Amazon's Antitrust Paradox," *Yale Law Journal*, Vol.126, No.3, pp.710–805.

Levin, Michael and Josh Lowitz [2023] "US Amazon Prime Membership Has Found Its Limit," CIRP-Amazon Report, Consumer Intelligence Research Partners, accessed June 8, 2023. https://cirpamazon.substack.com/p/us-amazon-prime-membership-has-found

Numerator [2022] "Explore the Leading Edge of Retail with Single-Source Insights," accessed June 8, 2023. https://www.numerator.com/retail-membership-tracker

Statista [2022] "Market Share of Leading Retail E-commerce Companies in the United States as of June 2022," accessed August 30, 2022. https://www.statista.com/statistics/274255/market-share-of-the-leading-retailers-in-us-e-commerce/

Stigler Center [2019] "Stigler Committee on Digital Platforms: Final Report," accessed August 30, 2022. https://www.chicagobooth.edu/-/media/research/stigler/pdfs/digital-platforms---committee-report---stigler-center.pdf

Sullivan, E. Thomas and Herbert Hovenkamp [2003] *Antitrust Law, Policy, and Procedure: Cases, Materials, Problems,* 5th ed., LexisNexis.

The Subcommittee on Antitrust, Commercial and Administrative Law of the U.S. House Committee on the Judiciary [2020] "Investigation of Competition in Digital Markets, Majority Staff Report and Recommendations," accessed August 30, 2022. https://judiciary.house.gov/uploadedfiles/competition_in_digital_markets.pdf

Warren, Elizabeth [2019] "Here's How We can Break Up Big Tech," accessed August 30, 2022. https://medium.com/@teamwarren/heres-how-we-can-break-up-big-tech-9ad9e0da324c

第13章 巨大プラットフォーマーと市民社会

社会問題化の現在と将来

森原 康仁 *Yasuhito Morihara*

はじめに

　コミュニケーションそのものを利潤獲得の手段に変えたという点で「画期的」である GAFA だが、彼らをはじめとするアメリカの巨大プラットフォーマーへの社会的関心は強く、そこには批判や懐疑の声も多い。その一例として、Google のスマートシティ計画——都市を「コミュニケーションの集積地」とみなせば、都市はプラットフォーマーにとって「宝の山」である——のとん挫が挙げられる。Google はカナダのトロントに「スマートシティ」を建設するプロジェクトを進めていたが、これは住民の反対運動にあってとん挫した。都市交通をはじめあらゆる情報が私企業に管理されることに対して、住民が「否」の声を挙げたのである（Andrew［2020］）。

　また、私たちの日常生活はプラットフォーマーの提供するさまざまなウェブ・サービス抜きに成り立たなくなっており——Gmail や Zoom なしの生活は考えられないし、Facebook（Meta）や Twitter、Instagram のような SNS が日常性と一体不可分になっている人も多い——、産業や経済に関心をもたない人も、プラットフォーマーの活動に関心をもたざるをえない状況が目の前に広がっているのである。しかし、ここでもやはり、プライバシー保護や虚偽情報の拡散などに対する批判や懐疑が少なくない。

　情報技術の進展の画期性として、認知、情動、コミュニケーションといっ

た人間的自然に関わる領域の系統的な機械的媒介が可能になったこと、こうした機械的媒介によって、人間的自然のこの種の領域を対象とした資本蓄積が可能になったことの2点を挙げることができると思われる。そのことは、巨大プラットフォーマーに対価なしの「データ労働」の取得に基づく巨額の独占的超過利潤をもたらしているが（第1章参照）、同時に、巨大プラットフォーマーの生活世界への浸透にもつながっている。私企業による都市経営への批判やプライバシー保護への懸念などが生じるのは、このような経済的・技術的背景があるからである。

　本章の課題は、この経済的・技術的背景について掘り下げて検討することにある。そのため、まず、「コミュニケーション資本主義」ともいわれるプラットフォーマー主導の社会経済システムの特徴について整理し、次に、データの無償取得に基づく利潤獲得メカニズムとそのことがもつ労働や生活への影響を検討する。そして、こうした利潤獲得動機に基づくコミュニケーション基盤に人々が依存することのもつ意味に触れる。これらの作業を通じて、ビッグ・テックの独占と民主主義という問題にも接近することができるだろう。

I　コミュニケーション資本主義の台頭

　伊藤守は、アメリカの政治学者ジョディ・ディーンの所説を引きつつ、膨大な量の情報とメタデータが生み出され循環する社会を「コミュニケーション資本主義」と特徴づけ、その特徴を以下の4つに整理している（伊藤［2019］）。

　第1に、「コミュニケーション」が資本蓄積の対象になっているとはいえ、コミュニケーションの内容ではなく、その「数」が問題になるということである。「数」というのは、アクセス数に代表されるウェブ上での参照・言及の量であり、これが多い限り、虚偽（フェイク）であろうが、真実であろうが問題にならない[1]。

　第2に、情報空間の中に極度のヒエラルキーが形成されるということである。たとえば、検索サービスはほぼGoogleの一社独占となっており、あるいはSNSはFacebookやTwitterなどごく少数の巨大企業による寡占が生

じている。これは、第1章でも触れたネットワーク外部性が作用することの帰結でもあろう。

　第3に、「公開性」（publicity）の社会的意味が変容したことである。「情報公開」が市民社会や民主主義の健全な発展にとってポジティブな響きをもつように、これまで「公開性」は民主主義にとって肯定的なものとみられてきた。ウェブ上のコミュニケーションもこうした側面をもつが、しかし同時に、「個人情報を匿名加工情報とすることによって、そのオープンな流通を可能にする」といったように、「公開性」は私企業の利潤獲得の手段にもなっている。

　第4に、ウェブ上のコミュニケーションとりわけ SNS 上のコミュニケーションが、情動的（affective）[2]なネットワークになっているということである。この結果、公共的なコミュニケーションの前提とされた、証拠、参照、議論、説得、それらの結果として得られる反応の形式の間にあるリニアな関係性が崩れ、知覚的刺激が身体の感応性を直接活性化させる傾向がますます一般化してきた。

　以上は次のように整理できるだろう。すなわち、ウェブ上のコミュニケーション基盤は特定の巨大プラットフォーマーによって支配されており（②）、彼らはデータを無償取得するために「公開性」を追求している（③）。その目的は利潤獲得であるが、そうであるがゆえにそこでやりとりされるコミュニケーションの内容がどのようなものであるかは問題にならない（①）。かつてハーバーマスは妥当性要求に基づいたコミュニケーションを公共圏における発話行為の理想型としたが（ハーバーマス［1994］）、そうした想定はこの種のメディアにおいては必ずしも通用しない（④）。むしろ、情動を意識

1）このことは、元 Facebook 従業員のフランシス・ホーゲンによる内部告発によっても証明された。ホーゲンは2021年10月にアメリカ上院で証言を行い、Facebook のアルゴリズムが真実性や公正さによってではなく、ユーザーの「強い反応」を引き起こすかどうかによってコンテンツ表示の優先度を変えていると指摘している（Silberling［2021］）。

2）情動や感情の役割については、以下の指摘を参照せよ。「伝統的に〈新〉皮質的とされてきた合理性の装置は、これまた伝統的に皮質〈下〉的とされてきた生体調節のそれなしには機能しないように思える。自然は合理性の装置を生体調節装置の上に組み立てただけでなく、〈そこから〉、そして〈それを使って〉組み立てたのだ」（ダマシオ［2010］205頁）。ダマシオの指摘は合理性至上主義の潮流に対して、鋭い問題提起を含んでいる。

的に刺激するような方向にプラットフォームを構築することが、プラットフォーマーにとっての利益になりうる。このことを踏まえると、市民社会と民主主義の関わりで検討すべき事柄は、(i)データの無償取得に基づく利潤獲得のメカニズムとそのことがもつ意味は何か、(ii)特定の巨大プラットフォーマーによって提供されるコミュニケーション基盤に依存することがもつ意味は何か、という2点になると思われる。以下、順を追って検討したい。

Ⅱ　対価なしの「データ労働」の取得

1 GAFA の利潤獲得メカニズム

　第1章でも触れたように、巨大プラットフォーマーの独占の根拠は、ネットワーク外部性という需要側に生じる規模の経済を対価なしのデータ労働を取得するために活用していることに求めうる[3]。そして、そうして得たデータをもとに、一方ではターゲティング広告など有料サービスの精度を高め、他方では、提供しているプラットフォームに生じているネットワーク効果をさらに強化するために多様で魅力的なサービスを開発している。巨大プラットフォーマーは、このような「好循環」を通じて自らの独占を強化しているのである。

　ここで重要なことは、取引プラットフォームを提供する巨大企業の独占的超過利潤が、これまでの、あるいはその他の産業の巨大企業による独占的行為と同一の点と異なる点の両面があるということである[4]。前者については、競争排除（特定のサービスへの消費者のロックイン）やプラットフォーム利用者に対するオーバーチャージ（中小業者からの収奪）が挙げられるが[5]、後者については一般消費者からの新たな形での「収奪」を問題にしな

3）以下、第Ⅰ節と第Ⅱ節は、森原［2022］の一部である。理論的な側面についての試論は、こちらを参照されたい。
4）「独占利潤」は、一般には、規模の経済に基づくコスト・リーダーシップ、特別に生産性の高い技術の独占に基づく差別化、共謀による価格操作等によって得られる利潤を意味するが、ここでは、現実の労働の基礎をもたず、生きた労働の観点からみれば空虚な社会的価値（市場価値）の取得も念頭に置いている。後者は、かつてマルクスが「虚偽の社会的価値」と呼んだものであり、レントと呼んでもよい。
5）前二者の簡潔な整理については、福田［2021］を参照のこと。

ければならない。

　すなわち、プラットフォーマーはデータ収集に際して対価を支払っていない。もちろん、魅力的なサービスの提供など、データの「採掘」には一定の経営努力とコストを支払わなければならないが、データそのものは無償で手に入れている。もしこうしたデータの収集に際して一定の対価を支払っていれば、巨大プラットフォーマーの計上するきわめて高い利益率はなくなるだろう。このように考えれば、現代のプラットフォーマーは、かつての巨大企業とは異なった形で、一般消費者から収奪を行っていると考えることができる[6]。

　このような見方が妥当だとすれば、プラットフォーマーの独占の源泉は、その優れたアルゴリズムとともに――この点は技術独占という、これまでもみられた独占の源泉である――、一般消費者からの対価なしのデータの収集ということになる。そうすると、消費者が自ら進んで巨大プラットフォーマーのサービスを利用するような「依存」をどのように組織するかということが、彼らの競争戦略にとって死活的な問題になる。あるいは、プラットフォーマーにとって都合のよい生活世界を「開発」することが独占の源泉になっていると言ってもよいだろう。この結果、日常生活と社会的ネットワークの生産はより深化された方法で統合されることになるだろう。このことがユーザーのGAFAへのロックインを強化することは想像に難くない。

2　社会的生活世界そのものの資本蓄積への動員

　以上を踏まえると、巨大プラットフォーマーは、人々の社会的生活および社会的生活世界そのものを資本蓄積に動員しているともいいうる（そして、そうであるがゆえに、産業や企業の専門家だけでなく一般社会のプラットフォーマーへの関心が強くなるのである）。直接的には、人々は自らの意志で

6）なお、プラットフォーマーのレント獲得と対価なしの「データ労働」に関する議論は最近になって顕著に増えてきており、筆者だけのものではない。たとえば、ズボフ[2021]がその代表例である。ズボフは「サービス向上以外の目的で用いられる（……）行動データ」（82頁）を「行動余剰」と呼び、この「行動余剰」がプラットフォーマーの莫大な利益の源泉であるとしているが、これは「対価なしのデータ労働」の収奪に基づくレント獲得というアイデアと同型である。ポズナー、ワイル［2020］も同様の指摘を行っている。

「自発的」に、Google の検索サービスを利用し、Facebook を利用している。しかし、そうした行為は取引プラットフォーム企業にデータを提供するある種の「労働」でもある。直接には自らの意志で行ったことが、特定の経済主体のレントの源泉になっているというメカニズムがあるからこそ、「自由」で、「自発的」なウェブ環境が提供されているということができる。

　ここでは、余暇と労働時間の境界線があいまいになっているが、このことがもつ重大性は、もし仮にこうした行為が「労働」とみなされ、それにふさわしい報酬が支払われたと仮定すると経済規模は 3 ％も拡大するという試算をみれば明らかである。

　　「どれくらいの利益を見込めるか、大まかに計算するために、今後20年間で（われわれの提案が実現しないで）データの提供者に対価を支払わない AI が経済の10％を占めるようになると仮定しよう。さらに、人件費の占める割合が、それ以外の経済の分野と同様、3 分の 2 とする。また、労働に適正な対価が支払われると、このセクターの生産が30％拡大するとする。20世紀初めに労働慣行がより公正になったときの生産性の伸びを考えると、この想定はきわめて妥当だと思われる。そうだとすると、われわれの提案が取り入れられれば、経済の規模は 3 ％拡大し、経済の約 9 ％が資本の所有者から労働の所有者へと移転することになる。（……）上位 1 ％の人が所得に占める割合は約 3 ％ポイント下がる。経済全体の規模と比べれば小さいように聞こえるだろうが、4 人世帯の所得の中央値は大きく押し上げられ、2 万ドル以上増える。これは 2 度にわたる世界大戦後の30年間に見られた増加幅に相当する高い水準だ」（ポズナー、ワイル［2020］349-350頁）。

　この試算の重要性は、所得の不平等が縮小し、平均的な世帯所得の中央値も大幅に上昇するという点にある。言い換えると、「対価なしのデータ労働」の収奪的性格がきわめてわかりやすく表現されていることが重要な点である。

　イギリス『エコノミスト』誌シニア・エディターのライアン・エイヴェントは、「デジタル革命」が仕事を変質させ、労働力を過剰化すると指摘している（エイヴェント［2017］）。その理由は、①自動化が一部の職業を「機

械」へ代替すること、②グローバリゼーションに拍車がかかることで先進国の雇用が喪失すること、③スキルの高い労働者の生産性をテクノロジーが大きく押し上げたことで、以前なら大勢の人員を要した仕事が高技能労働者だけでできるようになったこと、である。しかも、エイヴェントは、将来の雇用機会は、仕事を自動化するテクノロジーと労働力の過剰化によって制限されるだろうと予想する。また、この2つの要因は、①高い生産性と高い給料、②自動化に対する抵抗力、③労働者の大量雇用の可能性の3つを同時に達成することはできないという「雇用のトリレンマ」につながるとも指摘する。

　しかし、雇用が失われ、一部の高技能者のみが富を獲得する経済は、長くはもたないということがこれまでの常識だった。これは単に経済が「需要不足」に直面するからということだけではなく、中長期的にみた供給面での制約も生じるからである。すなわち、多くの人が職を失ってしまうと、職業生活を通じた新技術の発見や導入が滞り、結果として広い意味での技術進歩も低迷してしまう。つまり、技術進歩と雇用は互いに補完性があるものと考えられてきた（したがって、一般論としては、私たちがここ数十年経験している低処遇雇用の蔓延は経済成長にとってもプラスではなく、経済成長を前提としてもなお、所得再分配の重要性は主張しうる）。

　しかし、ダロン・アセモグルらの論文「ロボットと雇用」（Acemoglu and Restrepo［2017］）は、労働力を代替するという今日の技術進歩の特徴を踏まえるなら、経済が成長する下でも、労働者の所得が低迷し、所得格差が拡大する可能性があると指摘する。つまり、雇用が失われ労働者の所得も低迷しているのに技術は進歩し、その結果経済も成長を続ける、という。このシナリオが正しいとすれば、少なくとも技術的にみれば、不平等拡大の歯止めはないということになってしまう。

　これは「テクノロジー封建制」[7]といってもよい。というのも、第1に、こうした経済では租税国家の基礎が崩れてしまうため、政府の機能が大幅に縮小する可能性がある。主権国家システムが衰退し、権力の分散した前近代的な社会になる可能性すらあるのである。第2に、AIやビッグデータを解析するアルゴリズムによって、現在政府や自治体が行っているサービスのかなりの部分が代替されるようになる可能性がある（スマートシティ構想を想

起すればよい）。ここでは社会的生活世界が私的な、特定の経済主体によって一手に担われる。民主的なコントロールが完備されることは考えにくい。冒頭で紹介したトロントにおける Google の計画がとん挫したのはこのためだった。

　以上は、ある種のディストピアであるが、ポズナーらの指摘するように「データ労働」への適切な対価が支払われれば一定の打開策になりうる。顧みれば、性別役割分業の下での女性のケア労働や人種や民族等の「理由」で差別された人々の労働は、公正な報酬が支払われるべき「労働」とみなされなかった。こうした不平等は依然としてなくなってはいないが、それでもこれらの人々の運動によって一定の前進がもたらされてきた。テクノロジーそれ自体が自動的に社会的な困難を解決するというのは誤っているのであり——むしろアセモグルのシナリオが正しいとすれば、困難は一層深まる——、重要なことは社会編成のありようを打開する人々の行動である。

Ⅲ 「依存」の組織とプラットフォーマーのヘゲモニー

　余暇と労働が不分明となり、人々が「自発的」にプラットフォーマーへデータを提供するようになっていると述べた。しかし、そのためには、そもそもプラットフォーマーの提供するプラットフォームが「魅力的」でなければならない。言い換えれば、人々が SNS や彼らの提供するウェブ・サービスに「依存」する必要がある。対価なしのデータ労働が法外なレント獲得の条件であるのだから、こうした依存の組織はプラットフォーマーにとって中核的な経営課題であるといっても言い過ぎではない。実際、Google でデザイン倫理を担当していた T・ハリスは、テクノロジーが人間の弱みにつけ入る方法を研究してきたと証言している。彼は iPhone を「スロットマシン」と

7）テクノロジーと再封建化の可能性に触れている議論として以下があるが、筆者の注目している点とは異なる。ポズナー／ワイル［2020］は「データ労働」が小作農に類似した特徴をもっていることをもって「テクノロジー封建主義」という言葉を使っている（328-329頁）。フォード［2015］は、プルトノミー（超富裕層の支配する経済）台頭の可能性との関係でこの言葉を使っている（267頁）。なお、資本主義の浸透と再封建化とを関わらせた議論は、これらが新しいわけではない。たとえば、ハーバーマス［1994］を参照のこと。

呼んでギャンブルと同様の中毒性があると言い、「写真を投稿した直後に『いいね』を付けた人に報酬を与えると、行動が強化され、場合によっては習慣化する可能性がある」と言う[8]。

　こうした依存は、ギャンブル依存症にきわめて酷似している。文化人類学者でニューヨーク大学准教授のナターシャ・ダウ・シュールは、「ギャンブリング」についての体系的かつ学問的な大著を著しており、その冒頭で、モリーというギャンブル依存者へのインタビューで聴き取った「マシン・ゾーン」という言葉を紹介している。

　　「大勝したかったのかと聞くと、彼女は短い笑い声をあげ、片手を振って否定した。『初めのころは勝とうっていう意気込みがあったけれど、賭けつづけていくうちに、自分にどの程度勝算があるかわかるようになったから。ただ、賢くはなっても、それまでより弱くもなって、やめることができなくなっていました。（……）人からは理解されないんですが、私は勝とうとしてプレイしてるんじゃないんです』
　　では、なぜプレイするのだろう？　『プレイしつづけるため——ほかのいっさいがどうでもよくなるハマった状態、〈マシン・ゾーン〉にいつづけるためです』と彼女は言う。
　　〈マシン・ゾーン〉とはどういうものか、モリーに聞いてみた。（……）『台風の目のようなものって言ったらいいかな。目の前のマシン上では視界がクリアなのに、まわりでは世界がぐるぐる回っていて、何も耳に入らない。そこにはいない——マシンのそばにいて、マシンだけを相手にしているんです』（シュール［2018］8-9頁、傍点筆者）

　ジル・ドゥルーズは、情報技術の進展が以下のような事態をもたらすと指摘していた。すなわち、「いま目の前にあるのは、もはや群れと個人の対ではない。分割不可能だった個人（inDividus）は分割によってその性質を変

8）この点で、ギャロウェイ［2018］のような最近の一般向けの読み物が、GAFAの「魅力」を強調するのは理由がある。このほかにも、GAFAが意図的に「中毒性」を引き起こしているという批判は多数ある。Lewis［2018］によれば、YouTubeのレコメンダル・システムは視聴時間によって最適化されている。これは確証バイアスに拍車をかける。

化させる『可分性』（dividuels）となり、群れのほうもサンプルかデータ、あるいはマーケットか『データバンク』に化けてしまう」（ドゥルーズ[2007] 361頁）。ここでは、個人は文脈から切り離され、「全体」を見渡すこともない、「可分性」ないし「分人」となり、集団性の効果も「データ」（集合知）として特定の主体に占有される。

ミシェル・フーコーが指摘したような規律社会は人々の個別性を特定の型にはめたが（つまり「自発性」は否定されたが）、今日においては、人々の「自発性」は開放的な環境の下で奨励されるものの、その種の「自発性」は「全体」に向かうことがあらかじめ閉ざされた「自発性」となっている。そこでは、特定の観念を植え付け、「型にはめる」規律権力ではなく、むしろ権力を行使される側の「自発性」を引き出す。しかし、その種の「自発性」は、恒常的かつそれ自体としては内容のない「動き」に依存したものであり、こうして服従者の観念から内容を奪うのである。モリーの言う「ゾーン」とは、まさにこうした事態を言い表しているといえる。

「ゾーン」を意識的に作り出すためには、相応のマーケティング上の操作が必要である。その操作は、第1に、サービス・マーケティング論の領域で「雰囲気」（atmosphere）とされているものである。ネバダ大学のレスリー・ジョンソンらは、カジノにおける「雰囲気」が、テーマ、レイアウト、天井の高さ、従業員の制服、騒音という5つの要素で定義されるとし、このうち、天井の高さ、制服、騒音の3つがゲーム体験の満足度に正の影響を与えることを回帰分析で示した（Johnson et al. [2004]）。「雰囲気」は特にサービス産業において消費者の満足度を高めるうえで決定的な前提となる。逆にいえば、こうした産業が「優位性（独占）」を構築しようと思えば、「雰囲気」の研究とそれへの投資が不可欠となる。

第2に、当然のことであるが、サービスが提供される「雰囲気」とともに、サービスの内容も重要である。かつて、ハンガリーの心理学者ミハイ・チクセントミハイは、「1つの活動に深く没入しているので他の何ものも問題とならなくなる状態、その経験それ自体が非常に楽しいので、純粋にそれをするということのために多くの時間や労力を費やすような状態」（チクセントミハイ [1996] 5頁）を「フロー」と呼んだが（シュールの言う「ゾーン」は、「フロー」の生じる領域ということになる）、チクセントミハイによ

れば「フロー」が成立する条件は、①短期の小さな目標、②明確なルール、③即時的なフィードバック、④制御（自己コントロール感）と挑戦が同時に生じているという感覚、の4点であるという。これはそのまま、ギャンブリングに当てはまる。

　要するに、意識以前に生じる「ゾーン」（つまり没入的な依存）体験は——これは、第Ⅰ節で示した「情動」の一種である——、マーケティングによって意識的に作り出すことができる。直接には誰からも強制されていないのに、特定の「動き」を繰り返させることが可能なのである。

　SNS上のコミュニケーション、きわめてパーソナライズされたデバイスからの情報受容（「いいね」の「通知」によるスクリーンの明滅のような内容のない情報を含む）[9]、それに刺激される形での情報発信もまた、これらと似た構造をもっている。そうであるからこそ、T・ハリスはiPhoneをスロットマシンになぞらえたのである。こうしたことを踏まえると、GAFAをはじめとしたとしたプラットフォーマーが、生活世界と彼らの提供するプラットフォームが一体不可分になるように意識しているとみなさざるをえない。

　Facebook（Meta）が毎年生み出している価値のうち、プログラマーに支払っている報酬の割合は1％に過ぎない。これに対して、ウォルマートは価値の40％を賃金に充てている。あるいは、大手ハイテク企業の労働分配率は、概ね5～15％という推計がある。これは、原油などの採掘作業を除けば、どの産業よりも低い。また、これは、ウォルマートなどのサービス産業を下回っている（ウォルマートの労働分配率はおおむね80％とされる）。もし、こうした企業のビジネスモデルが将来にわたって変わらないまま、経済に占める割合を拡大させたら、労働分配率が現在のおよそ70％から20～30％に劇的に下がる世界になるかもしれない（ポズナー、ワイル［2020］299-317頁）。こうした経済的関係を持続させる条件となっているのが、生活世界とプラットフォームの癒着とそれに基づく依存の組織である。この点は何度注意してもしすぎることはない。

9）中毒研究が示すように、何かに依存している者は、その何かの内容ではなく量そのものが問題になっていく。たとえば、ウィルソン［2021］を参照のこと。

おわりに

　2022年現在において、アメリカにはEUのGDPR（一般データ保護規則）のような体系的な個人情報保護規則が存在しない。その一方で、非個人データ（産業データ）とされたデータの「公開性」——商業的利用——をめぐる要求はエスカレートしており、そのことが社会問題になってきた。カリフォルニア州など一部の州では個人情報保護に関する州法施行の動きがあったが、連邦レベルでの法整備はEUなど諸外国に後れをとってきたのが実情である。そうしたなかで2021年1月に発足したバイデン政権では、GAFAの独占に批判的なティム・ウーが大統領特別補佐官に、リナ・カーンがFTC（連邦取引委員会）委員に就任した。そして両氏を中心に、アメリカ版GDPRの立法化が現実味を増している（2022年現在）。米国データプライバシー保護法案（America Data Privacy and Protection Act: ADPPA）と名付けられた個人情報保護法案は、2022年7月20日に下院エネルギー・商業委員会において超党派的な支持を得て可決し、下院本会議の審議が行われる見込みである[10]。超党派的な合意があったことからうかがえるように、巨大プラットフォーマーに対する社会的な圧力は強いのである。

　本章では、こうした社会的圧力の強さの背景として、(i)データの無償取得に基づく巨額の利潤獲得、(ii)特定の巨大プラットフォーマーによって提供されるコミュニケーション基盤が社会的依存を引き起こす十分な理由があることの2点を指摘してきた。このことを踏まえれば、プラットフォーマーに対する社会的規制はプライバシー保護法制の整備だけでは足りないように思われる。先にも触れたポズナーらは、「データ労働組合」の立ち上げとその運動によって、公正な価格が付けられていない「データ労働」を通常の労働と同等のものとすべきだというラディカルな提案を行っている。何が賃労働であり、何が賃労働でないかという社会的線引きは、歴史的・社会的に決まる

---

10) 同法案の特徴は、個人情報を取得・利用する企業に対して「忠実義務」（duty of loyalty）を課している点である。この考え方は、データ主体とデータ保有者の関係は、医者と患者、弁護士と依頼人の関係に類似しており、両者に情報の非対称性があるという点を重視したものである。こうした関係では事前の契約によって事後に生じた結果をカバーしきれない。

ものであって、技術的な自明性はない。その意味では、ポズナーらの主張は突飛なものではない。

　あるいは、虚偽情報（フェイクニュース）の拡散とそれによる差別扇動や排外主義の台頭についても喫緊の課題である——先述のように、プラットフォーマーにとって問題なのは情報の公正さや真実性よりも参照・言及数であり、彼らにこの種の扇動を規制する自発的動機付けはほとんどない。虚偽情報の拡散の舞台としてSNSの一種であるTwitterが使われることが多いが、ヘイトスピーチにしても、各種の排外主義的な陰謀論にしても、Twitter社は自主規制に消極的であった。アメリカにおいても、日本においても、社会運動や社会的批判の高まりによってようやく取り組みを始めたのが実情である[11]。

　コミュニケーション基盤が特定の巨大企業によって独占されるというトレンドは、まだ初期段階である可能性が高い。ロボットによる感覚器官の代替は現実味を増しているのであり、物理的な接触のかなりの部分をデジタル・プラットフォーム上のコミュニケーションによって代替しうる社会が到来するのも時間の問題と思われる。その便益の大きさは無視してよいものではないが、なんの社会的圧力もなしにこの傾向が進むと、先に述べたようなディストピアの現実味は増しうる。テクノロジーが自動的に公益や福祉の増大をもたらすという想定はナイーブに過ぎる。ポズナーらの提案にもみられるように、固定観念を取り払った分析と社会的行動が求められている。

【参考文献】

伊藤守［2019］「デジタルメディア環境の生態系と言説空間の変容」伊藤守編『コミュニ
　　ケーション資本主義と〈コモン〉の探求——ポスト・ヒューマン時代のメディア論』東
　　京大学出版会。
ウィルソン、ゲーリー／山形浩生訳［2021］『インターネットポルノ中毒——やめられな
　　い脳と中毒の科学』DU BOOKS（Wilson, Gary, *Your Brain on Porn: Internet*

11）その実態の一端は以下のような指摘を参照せよ。「もともとツイッターやブログで在
　　日コリアンはずっと攻撃の対象でした。ネトウヨ（ネット上の右翼）は在日コリアンの
　　ミクシィのコミュニティやツイッターのリストを見つけては攻撃してきますし、ツイッ
　　ターでは在日だというだけで絡まれます」（李・安田［2014］p.91）。

Pornography and the Emerging Science of Addiction, Commonwealth Publishing, 2014.）。

エイヴェント、ライアン／月谷真紀訳［2017］『デジタルエコノミーはいかにして道を誤るか――労働力余剰と人類の富』東洋経済新報社（Avent, Ryan, *The Wealth of Humans: Work, Power, and Status in the Twenty-first Century*, St Martins Press, 2016.）。

ギャロウェイ、スコット／渡会圭子訳［2018］『the four GAFA――四騎士が創り変えた世界』東洋経済新報社（Galloway, Scott, *The four: The Hidden DNA of Amazon, Apple, Facebook, and Google*, New York, Portfolio, 2017.）。

シュール、ナターシャ／日暮雅通訳［2018］『デザインされたギャンブル依存症』青土社（Schüll, Natasha D., *Addiction by Design: Machine Gambling in Las Vegas*, Princeton University Press, 2012.）。

ズボフ、ショシャナ／野中香方子訳［2021］『監視資本主義――人類の未来を賭けた闘い』東洋経済新報社（Zuboff, Shoshana, *The Age of Surveillance Capitalism: The Fight for a Human Future at the New Frontier of Power*, Public Affairs, 2019.）。

ダマシオ、アントニオ／田中三彦訳［2010］『デカルトの誤り――情動、理性、人間の脳』ちくま学芸文庫（Damasio, Antonio, *Descartes' Error: Emotion, Reason, and the Human Brain*, Penguin Books, 2005.）。

チクセントミハイ、ミハイ／今村浩明訳［1996］『フロー体験――喜びの現象学』世界思想社（Csikszentmihalyi, Mihaly, *Flow: The Psychology of Happiness*, Rider, 1992.）。

ドゥルーズ、ジル／宮林寛訳［2007］改訂版、初版1992「追伸――管理社会について」『記号と事件――1972-1990年の対話』河出書房新社（Deleuze, Gilles, *Pourparlers*1972-1990, Minuit, 2003.）。

ハーバーマス、ユルゲン／細谷貞雄・山田正行訳［1994］『公共性の構造転換――市民社会の一カテゴリーについての探究』第2版、未來社（Habermas, Jürgen, *Strukturwandel der Öffentlichkeit*, Grin Verlag, 1990.）。

フォード、マーティン／松本剛史訳［2015］『ロボットの脅威――人の仕事がなくなる日』日本経済新聞出版社（Ford, Martin R., *Rise of the Robots: Technology and the Threat of a Jobless Future*, Basic Books, 2015.）。

福田泰雄［2021］『格差社会の謎――持続可能な社会への道しるべ』創風社。

ポズナー、エリック・A、E・グレン・ワイル／安田洋祐監訳、遠藤真美訳［2020］『ラディカル・マーケット――脱・私有財産の世紀』東洋経済新報社（Posner, Eric A. and Eric G.Weyl, *Radical Markets: Uprooting Capitalism and Democracy for a Just Society*, Princeton University Press, 2018.）。

ホネット、アクセル／日暮雅夫・三崎和志・出口剛司・庄司信・宮本真也訳［2017］『私

たちのなかの私——承認論研究』法政大学出版局（Honneth, Axel, *Das Ich im Wir: Studien zur Anerkennungstheorie*, Suhrkamp, 1959.)。

森原康仁［2022］「コミュニケーションからレントを獲得する——新自由主義的統治性の下でのプラットフォーマー」唯物論研究協会編『唯物論研究年誌、第27号、「つながる」力の現在地』。

李信恵・安田浩一［2014］「人間と社会を傷つけるヘイトスピーチ」『世界』862号、89-95頁。

Acemoglu, D. and P. Restrepo［2017］"Robots and Jobs: Evidence from US Labor Markets," *NBER Working Paper*, No.23285, March.

Andrew, J. H.［2020］"Alphabet's Sidewalk Labs Shuts Down Toronto Smart City Project," *The Verge*, May 8.

Johnson, L., K. J. Mayer, and E. Champaner［2004］"Casino Atmospherics from a Customer's Perspective: A Re-Examination," *UNLV Gaming Research & Review Journal*, Vol.8, No.2, pp.1-10.

Lewis, P.［2018］"Fiction is Outperforming Reality: How YouTube's Algorithm Distorts Truth," *Guardian*, February 2.

Silberling, A.［2021］"Facebook Whistleblower Frances Haugen Testifies before the Senate," *TechCrunch*, October 6.

あとがき

　私たちが、現代アメリカ経済の分析書を日本評論社から初めて出版したのは2005年であった。当時のアメリカは「ニュー・エコノミー」と呼ばれた1990年代の長期経済成長が、2000年12月からのITバブルの破綻で潰えた後、今度はサブプライム・ローンとその証券化を基礎に住宅バブルに沸いた頃であった。そして2001年には中国がWTOに加盟し、グローバリゼーションが加速した時期でもあった。私たちは、当時のグローバリゼーションをアメリカが主導するアメリカン・グローバリゼーションとして捉え、その諸側面を分析しようとした。『現代アメリカ経済——アメリカン・グローバリゼーションの構造』という書名には、そのような意味を込めた。

　アメリカン・グローバリゼーションは、新自由主義をイデオロギー面での推進力としながら内外にわたる規制緩和を進めグローバル規模で市場原理を広げた。対中戦略でアメリカン・グローバリゼーションが期待したのは、中国の対外開放と市場経済化が脱中央集権を加速させ、中産階層を増やし、政府の情報独占を解体し、これらが相まって民主的政治体制への移行を進めることであった。しかし現実には、中国の経済・貿易大国化はアメリカの期待とは裏腹に、中国における軍事力と国家権力の増強をもたらし、米中両国が同盟国を巻き込んで国際秩序をめぐって争う現下の覇権争いを生んだ。戦後の国際秩序においてアメリカを凌ぐ地位を占めた国はないが、いまや中国がその地位に挑戦しており、「国際秩序を再編する意図をもつ唯一の競争者」であり、インド太平洋地域における影響力を強め世界を主導する大国になろうとしている、とアメリカ政府はみている（*National Security Strategy,*

2022)。こうしたなかにあって、主要国に求められるのは両国の対立面を最小化し共通の課題への取り組みを最大化するための外交戦略である。

　アメリカン・グローバリゼーションはグローバル規模の競争をもたらしたが、それはまたアメリカにおける独占化を進めた。競争に勝つ手段としてライバル企業と協調的な行動をしたり、ライバル企業を買収するからである。本書ではここ40年以上にわたって進んできたアメリカ経済の独占化とその多面的な影響を「新しい独占のひろがり」として捉えている。といっても有り体に言って、「新しい独占」について執筆者間で共通の理解にいまだ達していない。そこでこの「新しい独占」について、さしあたり個人的意見を簡単に述べておきたい。

　まず第1に、それは企業のグローバル競争のもとで消費者利益があれば、独占化をもたらすような企業合併も是認するアメリカの反トラスト行政当局と司法当局の対応の結果である。その背景には、シカゴ学派の強い影響があった。シカゴ学派によれば消費者利益があれば、独占も容認される。本書はこの独占の強まりを「新しい独占」として捉えその諸側面を分析した。

　第2に、いまや外資系多国籍企業がアメリカ企業の買収を含む直接投資を通じてアメリカに拠点を設置したり、アメリカの独占的企業と協調行動をとることによってアメリカ市場で独占的な市場支配を強めているところにも「新しい独占」をみることができる。かつてのような国際カルテルによる世界市場分割は、今では多くの国で反トラスト法（独占禁止法）によって違法とされる。もちろん違法だから存在しないというわけではないが、少なくとも公然とは展開できないのである。

　第3は、GAFAMのような新興独占企業の台頭である。これらはいずれもICT（情報通信技術）関連のハードウェア、ソフトウェア、サービスを供給する企業であり、ネットワーク効果によって独占化が急速に進んだ。ネットワーク効果は電話などの通信業や空輸業などの輸送業にもみられるもので、それ自体は新しいものではない。

　新しいのは、これらの企業が「購入」、加工、そして販売するのがデジタル・データだということである。たとえばGoogleの場合、検索サービスと引き換えに個人の基本情報、購買データ、検索データ、共有データなど膨大なデジタル・データを無償で「購入」し、それをアルゴリズムによって広告

商品として加工し、販売業者にターゲティング広告として販売し、高利潤を得る。のみならず Amazon のように、自社のプラットフォームを使い自ら有利に商品を販売する。蓄積されたデジタル情報は将来の消費者行動予測を可能にするなど、情報の資産価値をさらに高める。そしてネットワーク効果は、これらプラットフォーム企業を短期間に少数の巨大企業へと押し上げたのだった。

デジタル・データを取引するビジネスは、デジタル貿易と呼ばれる新たな形のサービス貿易を生んだ。それは、①電子商取引、②オンラインで提供され消費されるサービス（音楽や動画のストリーミングなど）、③デジタル・データからなる。デジタル貿易額はコロナ禍で急減した旅客サービスや観光・宿泊サービス、国際輸送などのその他サービスとは異なり、傾向的に増加し続けている（Council of Economic Advisers, *Economic Report of the President*, 2023, Ch. 3）。かくしてグローバル規模で拠点を設置し、デジタル・データを「購入」し、高収益商品として加工、販売する多国籍企業が、この業種の独占企業の存在形態である。

情報化社会ではデジタル・データは個人の生活、ビジネス、政府活動のあらゆる領域で必要不可欠な要素である。その使い方次第では感染症対策、病気の治療、気候変動対策、知識の普及、シェアリング・エコノミー等々、その成果が大いに期待できる。反面、デジタル・データ独占企業がもたらす問題もまた多い。市場支配と優越的地位の濫用、「情報独占」と個人情報の漏出、デジタル・データ操作による政治や社会への介入、政治的レントシーキング、デジタル時代の反トラスト法、ギグワークなどである。

このように問題は市場における独占価格形成にとどまらない。このことは本書の諸章が明らかにしている。そして、独占の影響は経済のみならず、政治や社会の領域にまで及んでいる。このように「新しい独占のひろがり」は明らかであるが、本書でその分析が十分にできたとはいえない。今後さらに研究を深めていきたい。

編者の一人として
中本　悟

執 筆 者 紹 介 （執筆順）

①生年、②最終学歴（学位）、③現職、④専攻研究領域

中本 悟 （なかもと さとる） ──────────────────── 序章
　　　　　　　　　　　（編者紹介参照）

森原 康仁 （もりはら やすひと） ───────────── 第1章および第13章
① 1979年
② 2014年 京都大学大学院経済学研究科博士後期課程修了、博士（経済学）（京都大学）
③ 専修大学経済学部教授
④ 国際経済論、国際経営論、産業論

大橋 陽 （おおはし あきら） ───────────── 第2章および第11章
　　　　　　　　　　　（編者紹介参照）

名和 洋人 （なわ ひろひと） ──────────────────── 第3章
① 1971年
② 2009年 京都大学大学院経済学研究科博士後期課程修了、博士（経済学）（京都大学）
③ 名城大学経済学部教授
④ アメリカ経済論、経済政策論、現代アメリカ経済史

藤田 怜史 （ふじた さとし） ──────────────────── 第4章
① 1981年
② 2014年 明治大学大学院文学研究科博士後期課程修了、博士（史学）（明治大学）
③ 岐阜市立女子短期大学国際コミュニケーション学科准教授
④ アメリカ現代史

浅野 敬一 （あさの けいいち） ──────────────────── 第5章
① 1970年
② 2003年 大阪大学大学院文学研究科博士後期課程修了、博士（文学）（大阪大学）
③ 大阪経済大学経済学部教授
④ 現代アメリカ経済史、中小企業政策史

田村 太一 （たむら たいち） ──────────────────── 第6章
① 1979年
② 2009年 大阪市立大学大学院経済学研究科博士後期課程修了、博士（経済学）（大阪
　　市立大学）
③ 大阪経済大学経済学部教授
④ アメリカ経済論

284

増田　正人（ますだ まさと）―――――――――――――――――――――― 第7章
① 1960年
② 1989年 東京大学大学院経済学研究科第二種博士課程単位取得退学
③ 法政大学社会学部教授
④ 国際経済論

下斗米　秀之（しもとまい ひでゆき）――――――――――― 第8章および第9章
① 1984年
② 2017年 明治大学大学院政治経済学研究科博士後期課程修了、博士（経済学）（明治大学）
③ 明治大学政治経済学部専任講師
④ アメリカ経済史、移民政策史

本田　浩邦（ほんだ ひろくに）―――――――――――――――――――― 第10章
① 1961年
② 1991年 一橋大学大学院経済学研究科博士後期課程単位修得退学、2018年 博士（経済学）（一橋大学）
③ 獨協大学経済学部教授
④ アメリカ経済論

安岡　邦浩（やすおか くにひろ）―――――――――――――――――――― 第12章
① 1984年
② 2020年 京都大学大学院経済学研究科博士課程単位取得退学
④ 経営史、アメリカ反トラスト政策史

編 者 紹 介

大橋　陽（おおはし あきら）

　1972年生まれ

　2002年　一橋大学大学院経済学研究科博士後期課程単位修得退学

　2002〜2022年　金城学院大学国際情報学部（旧現代文化学部）専任講師から助教授、准
　　教授を経て教授

　2008〜2009年　ジョージワシントン大学客員研究員

　2022年　名古屋大学大学院経済学研究科博士後期課程修了、博士（経済学）（名古屋大学）

　2022年　立命館大学経済学部教授

　現代アメリカ経済史、アメリカ経済論を専攻

　（単著）『現代アメリカ消費者信用史──「二分化された信用制度」の生成』（日本評論
　　社、2023年近刊）

　（共編著）『ウォール・ストリート支配の政治経済学』（文眞堂、2020年）

　（訳書）エリザベス・ウォーレン『この戦いはわたしたちの戦いだ──アメリカの中間
　　層を救う闘争』（蒼天社出版、2018年）

中本　悟（なかもと さとる）

　1955年生まれ

　1985年　一橋大学大学院経済学研究科博士後期課程単位修得退学

　1985〜1988年　静岡大学人文学部助教授

　1988〜2003年　大阪市立大学経済研究所助教授を経て教授

　2001年　博士（経済学）（京都大学）

　2003〜2012年　大阪市立大学大学院創造都市研究科教授

　2012〜2021年　立命館大学経済学部教授

　2020〜2022年　日本国際経済学会会長

　2021年　立命館大学経済学部特任教授

　現代アメリカ経済研究、国際経済論を専攻

　（単著）『現代アメリカの通商政策──戦後における通商法の変遷と多国籍企業』（有斐
　　閣、1999年）

　（編著）『アメリカン・グローバリズム──水平な競争と拡大する格差』（日本経済評論
　　社、2007年）

　（共編著）『米中経済摩擦の政治経済学──大国間の対立と国際秩序』（晃洋書房、2022
　　年）、『ウォール・ストリート支配の政治経済学』（文眞堂、2020年）など

現代アメリカ経済論──新しい独占のひろがり

2023年7月20日／第1版第1刷発行

編　者　大橋 陽／中本 悟
発行所　株式会社日本評論社
　　　　〒170-8474　東京都豊島区南大塚 3 -12- 4
　　　　電話　03-3987-8621（販売）
　　　　　　　03-3987-8595（編集）
　　　　https://www.nippyo.co.jp/
印刷所　精文堂印刷株式会社
製本所　井上製本所
装　幀　菊地 幸子

©2023 A. Ohashi and S. Nakamoto　検印省略　　　　　　Printed in Japan
ISBN 978-4-535-54031-6